O.W. BARTH

Tara Brach

Dein furchtloses Herz

Mit der **RAIN-Methode** schwierige Emotionen heilen

Aus dem amerikanischen Englisch
von Judith Elze

O.W. BARTH

Die amerikanische Originalausgabe erschien 2019 unter dem Titel »Radical Compassion. Learning to Love yourself and your World with the Practice of RAIN«, Viking, an imprint of Penguin Random House LLC, New York, USA.

Besuchen Sie uns im Internet:
www.ow-barth.de

Aus Verantwortung für die Umwelt hat sich die Verlagsgruppe Droemer Knaur zu einer nachhaltigen Buchproduktion verpflichtet. Der bewusste Umgang mit unseren Ressourcen, der Schutz unseres Klimas und der Natur gehören zu unseren obersten Unternehmenszielen. Gemeinsam mit unseren Partnern und Lieferanten setzen wir uns für eine klimaneutrale Buchproduktion ein, die den Erwerb von Klimazertifikaten zur Kompensation des CO_2-Ausstoßes einschließt. Weitere Informationen finden Sie unter: www.klimaneutralerverlag.de

FSC
www.fsc.org
MIX
Papier aus verantwortungsvollen Quellen
FSC® C083411

Deutsche Erstausgabe April 2020
O. W. Barth

Ein Imprint der Verlagsgruppe
Droemer Knaur GmbH & Co. KG, München

Covergestaltung: atelier-sanna.com, München
Coverabbildung: Collage aus Shutterstock-Motiven
Satz: Adobe InDesign im Verlag
Druck und Bindung: CPI books GmbH, Leck
ISBN 978-3-426-29287-7

2 4 5 3 1

Für Mia und alle unsere Kindeskinder –
mögen eure klaren, reinen Herzen
unserer Welt Heilung bringen

Ich lebe mein Leben in wachsenden Ringen,
die sich über die Dinge ziehn.
Ich werde den letzten vielleicht nicht vollbringen,
aber versuchen will ich ihn.

Rainer Maria Rilke

Inhalt

Geführte Reflexionen, Meditationen und kurze Übungen

Vorwort

Heilung durch Selbstliebe

Vor vielen Jahren las ich einen sehr bewegenden Artikel von einem Hospizbegleiter, der Tausende von Menschen in ihren letzten Lebenswochen begleitet hatte. Ein Satz ist mir besonders im Gedächtnis geblieben. Nachdem er den Sterbenden zahllose Stunden zugehört hatte, fasste er deren größtes Bedauern mit den Worten zusammen: »Ich wünschte, ich hätte den Mut gehabt, mein Leben in Übereinstimmung mit mir zu leben.«

Ich begann, mir Fragen zu stellen wie: »Wie lebst du in Übereinstimmung mit dir? Wie fühlst du dich, wenn dein Leben mit dem übereinstimmt, was dir im Innersten wichtig ist? Lebst du heute in Übereinstimmung mit dir? Jetzt gerade? Einige Monate später begann ich, diese Fragen auch meinen Meditationsschülern zu stellen.

Was ich herausfand, war, dass dieses Bedauern der Sterbenden auch für die meisten anderen Menschen gilt. Für meine Schüler bedeutet in Übereinstimmung mit sich zu leben, liebevoll, präsent und authentisch zu sein. Sie reden von Ehrlichkeit, vom Dienst an anderen und an der Welt. Davon, der Kreativität Ausdruck zu verleihen, an den eigenen Wert zu glauben, an dem zu arbeiten, was sie lieben. Und die Stärke zu haben, über die eigenen Unsicherheiten hinauszuwachsen und gestörte Beziehungen in Ordnung zu bringen.

Außerdem sagen sie, dass sie diese Bestrebungen und Absichten fast täglich aus dem Blick verlieren. Stattdessen geraten sie in die Fänge von Reaktivität – Selbstkritik, Schuldzuweisungen, Kleinlichkeit, Egoismus, Automatismen. Ein Schüler drückte es so aus: »Jeden Tag erlebe ich die große Schere zwischen dem, was möglich ist, und dem, wie ich mein Leben tatsächlich lebe. Und dahinter lauert ständig das Gefühl des persönlichen Scheiterns.«

Dieses Gefühl des Scheiterns kenne ich nur allzu gut. Viele Jahre hat mich die »Trance des geringen Selbstwertgefühls« als Freundin und Tochter, Partnerin und Mutter in einem Gefühl der Unzulänglichkeit gefangen gehalten. Dieses Gefühl schürte die Zweifel an meinen Fähigkeiten als Therapeutin und Lehrerin. Und es führte, als ich es dann mit einer schweren körperlichen Erkrankung zu tun bekam, zu anfänglichen Selbstvorwürfen: »Was habe ich falsch gemacht, dass ich so krank geworden bin?«

Dabei ist gerade dieses Leid – das Leid daran, dass ich mich unzulänglich und abgetrennt fühlte – für mich der fruchtbarste Boden für das Erwachen gewesen. Es hat mich auf einen spirituellen Pfad und zu Übungen hin geführt, die ich liebe. Und wenn ich in schmerzhaften Gefühlen stecken bleibe, bringt mich das zu einer immer wiederkehrenden Erkenntnis, einer Einsicht, die mein Leben zutiefst verändert hat: *Ich muss mich selbst lieben, damit ich heilen kann.* Der einzige Weg, der mich zu mir heimführen kann, ist der Weg des Selbstmitgefühls.

Es ist egal, ob ich in Wut, Selbstzweifeln oder Einsamkeit feststecke oder Angst davor habe, bei etwas Wichtigem zu scheitern. Ebenso egal ist es, ob ich mich womöglich noch einmal mit Bewegungseinschränkungen und Krankheit auseinandersetzen muss. Eine heilende Medizin besteht immer zu einem Teil aus Fürsorge, Mitgefühl und Vergebung. Auf irgendeiner Ebene sage ich mir: »Bitte sei gut zu dir.« Diese Hinwendung zu liebevoller Präsenz ist das Tor zu einem Leben in Übereinstimmung mit uns selbst.

»Radikales Mitgefühl«[1] bedeutet, dass wir die Verletzlichkeit dieses Lebens – und zwar allen Lebens – in unser Herz hineinnehmen, dass wir den Mut haben, uns selbst, einander und unsere Welt zu

1 Der englische Titel dieses Buchs lautet *Radical Compassion* (»Radikales Mitgefühl«).

lieben. Radikales Mitgefühl wurzelt in achtsamer, verkörperter Präsenz und drückt sich aktiv durch eine Fürsorglichkeit gegenüber allen Lebewesen aus.

Von der Achtsamkeit und dem Mitgefühl als zwei Dimensionen, die nicht vom Erwachen zu trennen sind, gibt es ein Bild, das das Gewahrsein als einen Vogel mit zwei Schwingen darstellt. Sind beide Schwingen entfaltet und in ihrer ganzen Schönheit zu sehen, kann der Vogel fliegen und frei sein.

Das vorliegende Buch habe ich geschrieben, um eine Praxis des radikalen Mitgefühls mit Ihnen zu teilen, die die Schwingen der Achtsamkeit und des Mitgefühls zum Leben erweckt, wenn wir sie am meisten brauchen. Sie hilft, schmerzhafte Überzeugungen und Gefühle, die uns daran hindern, in Übereinstimmung mit uns zu leben, zu heilen und loszulassen. Diese Praxis nennt sich RAIN. Der Name ist im Englischen ein Akronym, das für vier Schritte steht: Recognize *(Erkennen),* Allow *(Zulassen),* Investigate *(Erkunden)* und Nurture *(Nähren)*[2]. Die Arbeit mit diesen vier Schritten hat mir einen zuverlässigen Weg hin zu Heilung und Freiheit eröffnet, der sich auch inmitten von emotionalem Schmerz gehen lässt.

Wie Sie sehen werden, sind diese Schritte leicht zu lernen und können auch Ihnen in Augenblicken, in denen Sie sich gestresst, ängstlich, reaktiv und verwirrt fühlen, als Rettungsanker dienen. Eben diese Schritte stärken, wenn man sie wieder und wieder vollzieht, die Belastbarkeit und das Vertrauen in das eigene weise, erwachende Herz. Sie werden Ihnen helfen, Ihr Leben so zu leben, dass

2 In der vorliegenden Übersetzung sind die einzelnen Schritte – *Erkennen, Zulassen, Erkunden* und *Nähren* – jeweils kursiv geschrieben, damit sie als Praxisschritte erkennbar sind. Es gibt noch eine andere häufig verwendete Übersetzung im Deutschen, die versucht, das Akronym RAIN direkt zu übertragen mit Registrieren, Akzeptieren, Interessiert erforschen, Nicht identifizieren. Der Verlag ist der Überzeugung, dass die hier verwendete Übersetzung den Sinn der englischen Worte besser trifft und eine direkte Übertragung des Akronyms nicht zwingend ist. Überdies wird der letzte Buchstabe von RAIN von Tara Brach nun explizit mit Nähren *(nurture)* gefüllt, was gerade ihren entscheidenden Erweiterungsschritt von RAIN kennzeichnet.

sich die Wahrheit und Tiefe und der Geist dessen ausdrückt, wer Sie sind. Ein Leben aus dem eigenen vollen Potenzial heraus – das ist das Geschenk von RAIN.

Ich habe das Akronym RAIN nicht als Erste verwendet. Wie manche Leser vielleicht wissen, wurde es von der hochrangigen buddhistischen Lehrerin Michele McDonald in den Achtzigerjahren ursprünglich als Meditationsanleitung eingeführt und ist seitdem von Achtsamkeitslehrern auf unterschiedliche Weise angewendet und angepasst worden. In den letzten fünfzehn Jahren habe ich meinen eigenen Zugang zu RAIN entwickelt und einen Schritt (N – Nurture/*Nähren*) hinzugefügt, der direkt das Selbstmitgefühl anspricht. Mit diesem wesentlichen Schwerpunkt pflegt RAIN die gleichzeitige Kraft von Achtsamkeit und Verbundenheit des Herzens – die beiden Schwingen des Gewahrseins. Diese Version habe ich inzwischen mit Hunderttausenden Menschen geteilt. Die Resonanz war überwältigend. Menschen aus aller Welt haben seitdem berichtet, wie sie mithilfe von RAIN direkt im Gewirr ihres täglichen Lebens eine achtsame, fürsorgliche Präsenz einbringen und ihren Zugang zu Intimität stärken können, weil die Praxis sie von ihrem Suchtverhalten befreit, sie in ihrer Arbeit für die Welt stärkt und in Krisenzeiten unterstützt. Sie erzählen, dass sie endlich im Mitgefühl für sich selbst gehalten sind und eben dieses Mitgefühl auch anderen entgegenbringen können. Und sie sprechen von dem Geschenk innerer Freiheit, von der Erkenntnis darüber, wer sie sind, jenseits aller Geschichten über sich selbst.

Mit diesem Buch möchte ich Sie darin unterstützen, Ihre Fähigkeit zu radikalem Mitgefühl zu entwickeln. Sie werden mithilfe von Geschichten, Unterweisungen, geführten Meditationen und vielen Gelegenheiten zur Selbstreflexion lernen, mit RAIN zu arbeiten. Zudem werde ich anhand neuer Erkenntnisse der modernen Neurowissenschaften verdeutlichen, warum der Einfluss von RAIN so tief und anhaltend ist. Sie werden des Weiteren meine Antworten auf Fragen meiner Schüler lesen können und etwas über die vielen kreativen Wege erfahren, die sie gefunden haben, um sich die RAIN-Praxis zur Gewohnheit zu machen. Hier eine kurze Vorausschau auf unsere gemeinsame Reise.

Teil 1 ist eine Übersicht über jeden einzelnen RAIN-Schritt. Ich stelle Ihnen Beispiele vor, die Ihnen gleich zu Beginn bei der Arbeit mit den einzelnen Schritten helfen können. Schon ein paar Minuten mit RAIN können den Zustand des inneren Getrenntseins unterbrechen, den ich als »Leben in Trance« bezeichne, und uns erlauben, mit uns selbst und anderen gegenwärtiger zu sein. Mit der Anwendung von RAIN können wir zudem mehr und mehr die verschiedenen Arten durchbrechen, auf die wir Nein zum Leben sagen, und einen ersten Blick auf das wahre Potenzial unserer Wesensnatur werfen.

Teil 2 leitet Sie dabei an, wie Sie RAIN in Ihr Leben integrieren können. Anhand von konkreten Gegebenheiten, an denen meine Schüler und ich gemeinsam gearbeitet haben, beschreibe ich hier, wie Sie die vier Schritte in vielen verschiedenen, herausfordernden Umständen verfeinern und verwenden können, angefangen von Scham und hinderlichen Ängsten bis hin zur Entdeckung Ihrer tiefsten Sehnsucht. Ich biete hier zudem spezielle Techniken an, mit denen Sie Ihre inneren Kräfte aktivieren und kultivieren können.

In Teil 3 führt Sie die Reise ins Feld der Beziehungen. Die Kapitel dieses Teils beinhalten Übungen, mit denen Sie Ihre Fähigkeit zu vergeben wecken können. Sie helfen Ihnen, hinter die Maske der »unechten anderen« zu schauen und Konflikte, verborgene Vorurteile und Meinungsverschiedenheiten weise zu handhaben. Mit der Zeit wird Ihre sich vertiefende Achtsamkeit und liebevolle Güte alle Menschen mit einschließen, an die Sie denken und mit denen Sie näher zu tun haben. Sie werden den Segen von radikalem Mitgefühl und rückhaltloser Liebe entdecken.

Ich hatte das Glück mitzuerleben, wie sich zahllose Menschen mit dem radikalen Mitgefühl, das durch RAIN genährt wird, heilen konnten. Was mich immer wieder überrascht, ist, wie sehr der RAIN-Prozess das Vertrauen in unser Gutsein fördert und uns infolgedessen hilft, zu erkennen und darein zu vertrauen, dass alle Wesenheiten von ein und demselben Licht durchdrungen sind. Es stärkt meinen Glauben an unser Potenzial, wenn ich sehe, wie viele meiner Schüler und Schülerinnen, Freunde und Freundinnen und Familienmitglieder dieses warmherzige und offene Gewahrsein entdecken.

Und es bereitet mir Hoffnung für unsere Welt. Aus evolutionärer Sicht entspricht die Entwicklung des Gehirns der menschlichen Gattung einer wachsenden Fähigkeit zu Selbstgewahrsein, rationalem Denken, Empathie, Mitgefühl und Achtsamkeit. Verbunden mit unseren kognitiven Fähigkeiten machen uns gerade unsere sehr menschlichen Ängste und unsere Gier fraglos zur größten Gefahr der Erde für uns selbst und alle anderen Lebewesen. Doch sind wir noch nicht am Ende unserer Evolutionsgeschichte angelangt. Wir verfügen über die nötigen Werkzeuge, mit denen wir Achtsamkeit und Mitgefühl in uns selbst wecken können. Mit ihrer Hilfe können wir lernen, weise und liebevoll mit anderen umzugehen.

Unsere Hingabe an das Erwachen unseres Herzens ist wesentlicher Bestandteil der Heilung unserer kostbaren Welt. Der weltweite Ausdruck des Leidens – die Gewalt, die Unterdrückung nicht dominanter Bevölkerungen, der untragbare, süchtig machende Konsum, der unsere Erde bedroht –, all das entsteht aus Angst und wurzelt in Gefühlen des Abgetrenntseins und Andersseins. Radikales Mitgefühl drückt die Wahrheit unserer gegenseitigen Abhängigkeit und unserer gegenseitigen Zugehörigkeit aus. Mit sich selbst in Übereinstimmung zu leben wird vollständig zu einem Leben in Übereinstimmung mit unserem kollektiven Weg zu Heilung und Freiheit, zu einer gemeinsamen Sehnsucht nach einer friedlichen, liebevollen Welt.

Bitte denken Sie daran und vertrauen Sie darauf, dass wir diese Reise ins Erwachen gemeinsam gehen. Mögen Sie wahres Glück und Freiheit finden auf diesem Weg.

Mit liebenden Segenswünschen
Tara

TEIL I

Wie Aufmerksamkeit heilt

1

RAIN bringt Licht und Klärung

Versuche nicht, die ganze Welt zu retten oder etwas Großartiges zu tun. Schaffe lieber Licht im dichten dunklen Wald deines Lebens.
MARTHA POSTLEWAITE

WIR ALLE VERIRREN uns immer wieder im dichten Wald unseres Lebens, in unaufhörlicher Sorge und Planung, in unseren Urteilen über andere und in unserem ständigen Versuch, Anforderungen gerecht zu werden und Probleme zu lösen. Wenn wir in diesem Dickicht feststecken, können wir leicht aus dem Blick verlieren, worum es eigentlich geht. Wir vergessen, wie sehr wir uns danach sehnen, liebevoll, warmherzig und offen zu sein. Wir vergessen, was uns an diese heilige Erde und an alle Lebewesen bindet. Und in einem ganz tiefen Sinne vergessen wir, wer wir sind.

Dieses Vergessen ist Teil eines Trancezustandes – eines teilweise unbewussten Zustandes, in dem wir, wie in einem Traum, komplett von der Wirklichkeit getrennt sind. Sind wir in Trance, ist unser Geist verengt, fixiert und gewöhnlich in Gedanken versunken. Unser Herz ist dann oft abwehrend, angsterfüllt oder betäubt. Erkennt man erst einmal die Anzeichen der Trance, beginnt man sie überall zu sehen, bei sich und bei anderen. Sie sind in Trance, wenn Sie auf Autopilot leben, wenn Sie das Gefühl haben, von den Menschen, die Sie umgeben, wie durch eine Wand getrennt zu sein, wenn Sie sich ängstlich, wütend, schikaniert oder unzulänglich fühlen und in diesen Gefühlen gefangen sind.

Glücklicherweise haben wir die Fähigkeit, uns daraus zu befreien.

Haben wir uns im Wald verirrt, können wir erst einmal einfach innehalten, uns von unseren tosenden Gedanken abwenden und uns unserer Erfahrung von Augenblick zu Augenblick gewahr werden. Dieses wache, unmittelbare Gewahrsein nenne ich »Präsenz«. Es wird auch als Bewusstsein, Geist, Buddha-Natur, wahre Natur, erwachter Herz-Verstand und vieles andere bezeichnet. Sind wir wieder voll und ganz präsent in der Gegenwart, können wir uns ohne jeden Widerstand für das öffnen, was in uns vor sich geht – für den sich ständig wandelnden Fluss an Empfindungen, Gefühlen und Gedanken. Das macht es uns möglich, unsere Lebensmomente klar und mitfühlend zu leben. Diese Verlagerung vom Verlorensein in unbewusster mentaler und emotionaler Reaktivität zum vollen Erleben der Präsenz ist ein Erwachen von der Trance.

Die vier RAIN-Schritte – *Erkennen, Zulassen, Erkunden, Nähren* – werden auf unserer gemeinsamen Reise das Werkzeug sein, mithilfe dessen wir in der Gegenwart ankommen können. *Einfach gesagt: Mit dem RAIN-Prozess erwecken wir Achtsamkeit und Mitgefühl, wenden sie dort an, wo wir feststecken, und klären emotionales Leid.* Die Grundlagen sind leicht zu lernen, die Schritte sofort anwendbar. RAIN bringt Licht in den dichten Wald, und in diesem Licht können Sie an Herz und Geist voll und ganz genesen.

In diesem Kapitel biete ich Ihnen einen kurzen Durchgang durch jeden RAIN-Schritt und – sozusagen zum Aufwärmen – eine einfache Übungsform an, die Sie in Alltagssituationen anwenden können. Doch zunächst hier die Geschichte von einem Nachmittag, an dem ich RAIN brauchte.

»Nicht genug Zeit«

Der Grundton in meinem dichten Wald ist das Mantra: *Ich habe nicht genug Zeit.* Ich weiß, dass ich damit nicht alleine bin; es gibt viele Menschen, die sich den ganzen Tag abhetzen und hektisch die Punkte auf ihrer Liste abarbeiten. Oft geht das Hand in Hand mit einem Gefühl von Überlastung, Gereiztheit angesichts von Unterbrechungen und Sorgen darüber, was gleich um die Ecke auf uns wartet.

Meine Unruhe eskaliert, wenn ich mich auf einen bevorstehenden Vortrag vorbereite. Ich erinnere mich an einen Nachmittag vor einigen Jahren, an dem ich im Last-Minute-Modus war. Ich suchte in meinen sehr unorganisiert gespeicherten Dateien wie verrückt nach Material für einen Vortrag, den ich am selben Abend über liebende Güte halten würde. Ganz ähnlich wie die Dateien war ich durcheinander und unklar im Kopf. Irgendwann erschien meine dreiundachtzigjährige Mutter, die inzwischen bei mir und meinem Mann Jonathan lebte, in meinem Büro. Sie fing an, mir etwas über einen Artikel aus dem *The New Yorker* zu erzählen, der ihr gefiel. Da sie mich jedoch (wahrscheinlich stirnrunzelnd) am Bildschirm kleben sah, legte sie mir die Zeitschrift still auf den Schreibtisch und ging wieder. Als ich ihr nachsah, blieb irgendetwas in mir stehen. Sie kam häufig auf einen ungezwungenen kleinen Plausch vorbei, und jetzt überwältigte mich die Erkenntnis, dass es diese geselligen Momente nicht immer geben würde. Und die nächste Erkenntnis folgte auf dem Fuße: Da ignorierte ich meine Mutter, weil ich so damit beschäftigt war, einen Vortrag über die Liebe zusammenzustellen!

Ich war nicht zum ersten Mal erschüttert darüber, vergessen zu haben, worum es eigentlich geht. In diesem ersten Jahr, in dem meine Mutter bei uns lebte, fühlte ich mich durch die zusätzliche zeitliche Belastung wiederholt unter Druck gesetzt. Wenn wir zusammen aßen, suchte ich oft nach einer Lücke im Gespräch, um mich zu entschuldigen und mich wieder an die Arbeit machen zu können. Oder wir gingen zusammen einkaufen oder zu einem ihrer Arzttermine, und statt ihre Gesellschaft zu genießen, wollte ich alles so schnell wie möglich erledigt bekommen. Unsere gemeinsame Zeit fühlte sich oft wie eine Pflicht an: Sie war einsam, und ich war ihre wichtigste Ansprechpartnerin. Obwohl sie mich gar nicht moralisch unter Druck setzte – sie war dankbar für jedes Zeitfenster, das ich ihr anbot –, fühlte ich mich trotzdem schuldig. Und wenn ich dann einen Gang herunterschaltete, verspürte ich eine tiefe Traurigkeit.

In diesem Augenblick in meinem Büro beschloss ich, mir eine kleine Auszeit zu nehmen und RAIN heranzuziehen, um mir meine Angst anzuschauen, nicht vorbereitet genug zu sein. Ich stand vom Schreibtisch auf, setzte mich auf einen bequemen Stuhl und ließ mir einen Moment Zeit, um mich zu sammeln.

Im ersten Schritt *(Erkennen)* ging es einfach darum zu *erkennen,* was gerade in mir vorging – um das Kreisen der ängstlichen Gedanken und Schuldgefühle.

Im zweiten Schritt *(Zulassen) ließ* ich *zu,* was gerade passierte, indem ich einfach nur atmete. Auch wenn mir nicht gefiel, was ich fühlte, bestand meine Absicht vor allem darin, *nichts* in Ordnung bringen oder ändern zu wollen und – ebenso wichtig – mich *nicht* dafür zu verurteilen, dass ich mich ängstlich oder schuldig fühlte.

Dieses *Zulassen* ermöglichte mir, meine Aufmerksamkeit vor dem dritten Schritt *(Erkunden)* zu schärfen und zu vertiefen: der Erkundung dessen, was sich am schwierigsten anfühlte. Jetzt lenkte ich meine Aufmerksamkeit interessiert auf die Angstgefühle in meinem Körper – auf das allgemeine Gefühl der Enge, das Ziehen und den Druck ums Herz. Als ich den ängstlichen Teil in mir fragte, was er glaube, war mir seine Antwort zutiefst vertraut: Er glaubte, ich würde scheitern. Wenn ich nicht jede Unterweisung und Geschichte im Vorhinein ausgearbeitet hätte, würde ich schlechte Arbeit leisten und die Leute enttäuschen. Genau diese Angst machte mich jedoch für meine Mutter unerreichbar – ich enttäuschte damit also auch jemanden, den ich sehr liebte. Ich nahm den Sog, den Schuld und Angst auf mich ausübten, zunehmend wahr. Nun sprach ich diesen zerrissenen, ängstlichen Teil von mir direkt an und fragte ihn: »Was brauchst du jetzt gerade am allermeisten?« Sofort spürte ich, dass er Fürsorge und die Versicherung brauchte, dass ich in der Realität auf keinen Fall scheitern würde. Er musste darauf vertrauen können, dass die Unterweisungen durch mich hindurchfließen würden, und zugleich auf die Liebe zwischen meiner Mutter und mir vertrauen.

Nun war ich beim vierten RAIN-Schritt angelangt, dem *Nähren.* Ich richtete direkt an diesen ängstlichen Teil von mir die sanfte Botschaft: »Es ist in Ordnung, Süße. Alles wird gut. Wir haben das schon so oft durchgestanden … und es immer irgendwie geschafft.« Ich spürte, wie eine tröstliche, warme Energie meinen Körper durchströmte. Dann nahm ich eine deutliche Veränderung wahr: Mein Herz wurde weicher, die Schultern entspannten sich, und mein Geist fühlte sich klarer und offener an.

Ich blieb noch ein, zwei Minuten in dieser Klarheit und Offenheit sitzen, statt mich gleich wieder in die Arbeit zu stürzen.

Meine RAIN-Pause hatte nur wenige Minuten in Anspruch genommen, aber eine große Veränderung bewirkt. Wieder an meinem Schreibtisch, war ich nicht mehr in dieser Geschichte gefangen, dass irgendetwas Schlimmes gleich um die Ecke lauert. Nun nicht mehr angstbeherrscht, begannen meine Gedanken und Notizen wie von selbst zu fließen, und mir fiel eine Geschichte ein, die perfekt für den Vortrag passte. Durch die RAIN-Pause hatte ich mich wieder mit der Klarheit, Warmherzigkeit und Offenheit verbinden können, über die ich an diesem Abend zu sprechen hoffte. Und später am Nachmittag machten meine Mutter und ich Arm in Arm einen schönen kleinen Spaziergang im Wald.

Seitdem habe ich, wenn mich die Angst überkommt, unzählige Male eine Kurzversion von RAIN gemacht. Meine Angst ist zwar nicht verschwunden, aber etwas ganz Wesentliches hat sich verändert. Die Angst übernimmt nicht mehr die Kontrolle. Ich verliere mich nicht mehr im dichten Wald der Trance. Stattdessen erlebe ich, wenn ich innehalte und meine Aufmerksamkeit von meiner Geschichte darüber, dass ich alles erledigt bekommen muss, zu meinem jetzigen Erleben in Körper und Herz verlagere, ein spontanes Umschalten in eine verstärkte Präsenz und Freundlichkeit. Oft arbeite ich dann weiter, doch manchmal entscheide ich mich auch, einen Gang herunterzuschalten. Dann gehe ich nach draußen und spiele mit meinem Hund, mache mir einen Tee oder gieße die Blumen. Ich habe mehr Entscheidungsfreiheit.

Unser Weg hinaus aus der Trance: Eine Umkehr

Wenn ich in Trance durch den Tag hetze, kreise ich meist in Gedanken, abgetrennt von Körper und Herz. Der RAIN-Prozess stellt der Aufmerksamkeit mittels einer, wie ich es nenne, »Umkehr« einen Weg aus der Trance bereit.

Wir kehren um, wann immer wir unsere Aufmerksamkeit von einer Fixierung auf Äußeres – eine andere Person, unsere Gedanken oder unsere emotional gesteuerten Geschichten über das, was vor sich geht – auf die echte, gelebte Körpererfahrung verlagern. Das ist so, wie wenn wir uns im Kino einen Horrorfilm anschauen. Die Geschichte auf der Leinwand packt uns so lange total, bis uns plötzlich bewusst wird: *Okay, das ist ja nur ein Film, den ich gerade mit Hunderten anderen Leuten anschaue. Ich spüre den Sessel unter mir und fühle, wie ich atme*. Und schon sind wir wieder zurück, uns unserer eigenen Gegenwart bewusst, geerdet im realen Leben.

Nur wenn wir unsere Aufmerksamkeit gezielt auf unsere innere Erfahrung richten, können wir uns von der Trance in Richtung Heilung bewegen. Wir müssen uns der kreisenden Angstgedanken bewusst werden, der ständig angespannten Schultern, des von der Eile herrührenden Drucks. Dann können wir anfangen, uns von unseren Geschichten – darüber, dass irgendwer unrecht hat, über unsere eigenen Mängel, über einen irgendwo lauernden Ärger – abzuwenden, um unsere Ängste, Verletzungen und Verletzlichkeit und schließlich auch die zarte Wachheit unseres Herzens direkt zu spüren. Dieser überaus wichtige Wechsel geschieht dank der RAIN-Schritte Stück für Stück. Das Wichtigste allerdings ist: Wir müssen erst einmal merken, dass wir in Trance sind!

Bin ich in Trance oder in der Präsenz?

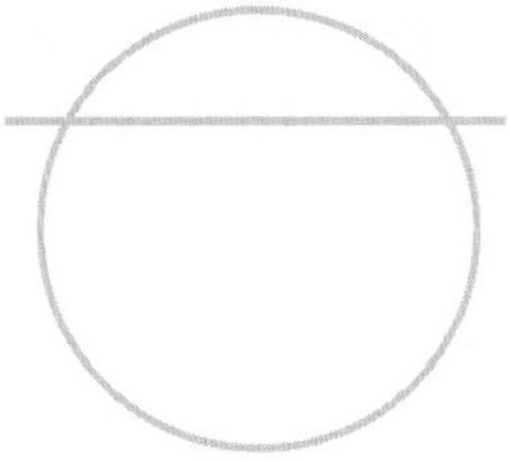

Im Gewahrseinsunterricht nutze ich gern ein Bild von Joseph Campbell, und zwar einen Kreis mit einer ihn durchschneidenden Linie.

Oberhalb der Linie befindet sich all das, dessen wir uns bewusst sind, darunter all das, was jenseits unseres bewussten Gewahrseins liegt – eine Welt voll versteckter Ängste, voll von Abwehr, Konditionierungen und Glaubenssätzen. Solange wir unterhalb der Linie leben, sind wir in Trance.

Der Trancezustand ist wie das Leben in einem Traum. Uns ist nicht bewusst, dass es da noch eine größere, lebendige Wirklichkeit gibt. Und das Erwachen aus der Trance ist wie das Aufwachen aus einem Traum. Wir werden uns unserer selbst gewahr und erfahren unser Innenleben, die Welt, der wir zugehören, und den Bewusstseinsraum selbst nun ganz direkt. Das Leben oberhalb der Linie ist ein Leben in der Präsenz.

Ein Leben in der Präsenz hat drei Haupteigenschaften: Wachheit, Offenheit und Zärtlichkeit oder Liebe. Viele spirituelle Traditionen beschreiben dieses Gegenwärtigsein als offenen, sonnenerhellten Himmel. Wie der Himmel ist auch die allumfassende Präsenz leuchtend und grenzenlos, und sie liefert Wärme und Nahrung fürs Leben. Sie wird von allen möglichen Wetterlagen heimgesucht – Glück, Leid, Angst, Erregung, Trauer –, doch wie der Himmel kann sie sie alle halten.

Jeder von uns ist schon mit Präsenz in Berührung gekommen. Direkt bevor wir einschlafen, wenn wir ruhig und entspannt sind und dem Regen auf dem Dach lauschen, ruhen wir in der Präsenz. Sie ist der Hintergrund, wenn wir staunend in einen Sternenhimmel hinaufschauen. Ist jemand unerwartet gütig zu uns, öffnen wir uns in Dankbarkeit der Präsenz. Wir werden wohl nie die Präsenz vergessen, die wir im Beisein einer Geburt oder eines Todes erleben. Vergangenheit und Zukunft treten zurück, die Gedanken kommen zur Ruhe, und wir sind uns bewusst, dass wir genau jetzt genau hier sind.

Im Gegensatz dazu umschließt uns die Trance in einer virtuellen Wirklichkeit der Gedanken und emotional geladenen Geschichten. Wir versuchen, Probleme zu lösen, Wünsche zu befriedigen, Unannehmlichkeiten loszuwerden oder uns einen Weg in eine Zukunft zu bahnen, in der alles besser sein soll. Wir sind von unbewussten Überzeugungen und Gefühlen und von Erinnerungen abhängig, die unsere Entscheidungen und Reaktionen auf das Leben beeinflussen. Und nicht nur das. Unsere unbewussten Wünsche und Ängste prägen das Gefühl darüber, wer wir sind, am tiefsten. Wenn wir in Trance sind, fühlen wir uns gewöhnlich allein oder einsam, bedroht und/oder unvollkommen.

Unsere tägliche Trance kann sich normal und vertraut anfühlen, sie umschließt uns in einem Kokon des Gewohnten. Sie kann uns in einer angenehmen Fantasie wiegen, uns in zwanghaftes Denken eintauchen und in schmerzhaften Gefühlswogen hin und her werfen. Doch was immer der Inhalt unserer Trance sein mag, wir sind von uns selbst und von unserer Fähigkeit abgeschnitten, uns mit den Menschen, die uns umgeben, echt und ehrlich zu verbinden. Wir sind einfach nicht ganz da!

Und wie merken wir, dass wir gerade in Trance sind? Oft ist es uns gar nicht klar. Aber mir haben viele Menschen beschrieben, wie sie ihre jeweils spezielle Version von Trance erkennen können.

TRANCEMARKER

- Ich merke, dass ich gerade eine ganze Tüte Studentenfutter in mich reingestopft habe.
- Alle sind heute böse: meine Kinder, mein Chef, mein Partner. An allen habe ich was auszusetzen.

- Ich ertappe mich dabei, wie ich Männer taxiere, um zu sehen, wer der Dominanteste ist.
- Jede Kleinigkeit wird mir »zu viel«.
- Während ich jemandem zuhöre, überlege ich schon, wie ich hier rauskomme, um eine zu rauchen.
- Ich verliere eine Stunde damit, mich durch Links zu klicken.
- Mein Nacken fängt an wehzutun, ich merke, dass meine Schultern hochgezogen und verkrampft sind und dass ich seit Stunden irgendwie beunruhigt bin.
- Ich höre die innere Stimme (meiner Mutter), die sagt: »Kannst du denn aber auch gar nichts richtig machen?«
- Ich gehe durch ein Geschäft und merke plötzlich, dass ich meinen Körper mit dem jeder Frau vergleiche, die ich sehe.
- Ich versuche hektisch, Sachen zu erledigen, und tue mir weh, irgendwas geht mir kaputt oder ich mache einen blöden Fehler.

Das Erkennen unserer Marker hilft uns, aus der Trance auszusteigen. Wenn ich mich dabei ertappe, dass ich schon wieder meine To-do-Liste durchgehe oder mich schuldig fühle, jemanden enttäuscht zu haben, dann werde ich umso wacher. Diese Weckrufe helfen mir, mir meine Versagensangst und meine körperliche Anspannung bewusst zu machen. Ich kann mich dann erinnern, dass meine Angstgedanken keine Wirklichkeit sind, und bewusster entscheiden, wie ich meine Zeit verbringen möchte.

Trance	Präsenz
unbewusst – unterhalb der Linie	bewusst – oberhalb der Linie
schlafend, in einem Traum	wach, klar, bewusst
in Emotionen gefangen oder von ihnen beherrscht	achtsam wahrgenommene Emotionen
abgetrennt	im Kontakt mit den Gefühlen
innerlich verschlossen oder wie betäubt	innerlich fürsorglich und zärtlich
reaktiv gegenüber Erfahrungen	empfänglich für Erfahrungen
gierig oder im Widerstand	im Gleichgewicht, offen und wahrnehmend

Fragen Sie sich: »Wie erlebe ich jetzt gerade Präsenz?« Oder: »Steht irgendetwas zwischen mir und der Präsenz?« Schon mit so einfachen Erkundungen können Sie auf einen Trancezustand aufmerksam werden und Ihr Gewahrsein schulen.

Oder halten Sie abends Ausschau nach den Situationen am Tag, in denen Sie sich unterhalb der Linie befanden. Können Sie ein paar von Ihren Trancemarkern ausmachen? Manchmal ist auch in der Trance gerade noch genug Bewusstheit da, um zu erkennen, dass wir uns gerade mühen, im inneren Widerstreit oder ängstlich sind oder abgeschaltet haben. Diese Weckrufe erinnern uns daran, dass wir die Heilung – den sonnenbestrahlten Himmel – brauchen, die wir oberhalb der Linie vorfinden. Das ist der Moment, in dem wir uns an RAIN wenden.

Die Liebe wirft ihr Licht in den Wald

Vier Jahre nach ihrem Einzug bei Jonathan und mir wurde bei meiner Mutter Lungenkrebs diagnostiziert. Eines Nachmittags sechs Monate später – etwa drei Wochen vor ihrem Tod – saß ich an ihrem Bett und las ihr Kurzgeschichten vor, die wir beide lieben. Dabei schlief sie ein, und ich blieb sitzen und sah ihr zu, wie sie so friedlich ruhte. Nach einigen Minuten wachte sie auf und murmelte: »Oh, ich dachte, du wärst schon weg, du hast doch so viel zu tun.« Ich beugte mich über sie, küsste sie auf die Wange und blieb bei ihr sitzen. Mit einem leisen Lächeln auf den Lippen schlief sie wieder ein.

Ich hatte tatsächlich viel zu tun. Ich habe immer viel zu tun. Mir schoss durch den Kopf, wie ich damals zu beschäftigt gewesen war, um innezuhalten und mit ihr über den Artikel aus dem *New Yorker* zu reden. Ich dachte an all die Male, bei denen ich es bei gemeinsamen Essen eilig gehabt hatte, wie ich mich nur verpflichtet gefühlt hatte, Zeit mit ihr zu verbringen, und schuldig, wenn ich sie allein draußen spazieren gehen sah. Doch hatte meine RAIN-Praxis etwas verändert. In unseren letzten gemeinsamen Jahren war ich in der Lage, innezuhalten und wirklich präsent zu sein. Ich war da und bereitete uns supergroße Salate zu, ging mit ihr und unseren Hunden am Fluss spazieren, war da zu den Nachrichten im Fernsehen und für lange Gespräche nach dem Essen.

Zwanzig Minuten später wachte meine Mutter wieder auf und flüsterte: »Du bist ja immer noch da.« Ich nahm ihre Hand, und bald nickte sie wieder weg. Ich fing leise an zu weinen, und irgendetwas in ihr war darauf eingestimmt, denn sie drückte mir die Hand. Ich würde sie schrecklich vermissen. Aber meine Tränen waren auch Tränen der Dankbarkeit für all die Augenblicke, die wir gemeinsam erlebt hatten. Und für die Klärungsprozesse, die dies ermöglicht hatten. An ihrem Todestag war ich randvoll mit Trauer und Liebe und ohne jede Reue.

Wenn wir lernen, uns zu klären, schenkt uns das unser Leben. Es macht uns bereit dafür, radikales Mitgefühl zu entwickeln. Sind wir in Trance, können wir nicht wirklich zuhören, was uns unser Kind aufgeregt von seinen Erlebnissen in der Schule erzählt. Wir nehmen nicht wahr, dass ein Kollege nur so verkrampft handelt, weil er es mit Selbstzweifeln und Angst zu tun hat. Wir verpassen Sonnenuntergänge, Spielgelegenheiten, Chancen auf Momente der Intimität, verpassen es, uns auf unsere Einsamkeit oder Sehnsüchte einzustimmen. Die RAIN-Praxis führt uns zu dem, was oberhalb der Linie liegt, und bringt uns wieder in Verbindung mit der Präsenz und unserem von Natur aus fürsorglichen Herzen.

Reflexion: Umkehr hin zur Präsenz

Verstehen Sie dies ruhig als Aufwärmtraining für Ihre RAIN-Praxis, als etwas, das Sie erforschen können, wenn Sie sich gestresst, gehetzt und sorgenvoll fühlen. Diese einfache Reflexion kann Sie wieder verbinden mit Ihrem Einfallsreichtum, Selbstmitgefühl und der Freiheit, selbst zu entscheiden, wie Sie Ihr Leben verbringen möchten.

Experimentieren Sie doch einmal zu einem Zeitpunkt mit der Umkehr, an dem Sie feststellen, dass Sie sich ins Grübeln verrannt haben, in zwanghafte Sorgen oder obsessive Planungen, ins Kritisieren oder Fantasieren. Halten Sie zunächst inne, setzen Sie sich bequem hin und schließen Sie, wenn Sie mögen, die Augen. Nehmen Sie ein paar tiefe Atemzüge und lassen Sie mit jedem Ausatmen jede bewusste Anspannung in Geist und Körper los.

Verlagern Sie nun Ihre Aufmerksamkeit von etwa noch vorhandenen Geschichten oder Gedanken auf die Erfahrung des jetzigen Augenblicks. Welche Empfindungen nehmen Sie in Ihrem Körper wahr? Gibt es da irgendwelche starken Gefühle? Werden Sie ängstlich oder unruhig bei dem Versuch, aus den Geschichten im Kopf auszusteigen? Spüren Sie einen Sog zurück ins Tun? Können Sie – nur für diese paar Augenblicke – ganz einfach hier bleiben und mit dem sein, was sich in Ihnen entfaltet? Was passiert, wenn Sie Ihrer Erfahrung absichtlich mit liebevoller Güte begegnen?

Beachten Sie, wenn Sie wieder zu Ihren Tätigkeiten zurückkehren, ob Sie eine Veränderung in der Qualität Ihrer Präsenz, Energie und Stimmung wahrnehmen.

FRAGEN UND ANTWORTEN

Ist es möglich, die Gegenwart zu erfahren, wenn man wütend ist?

Ja! Wenn Sie sich der schuldzuweisenden Gedanken und der körperlichen Erfahrung der Wut bewusst sind, dann befinden Sie sich im Zustand der Präsenz (oberhalb der Linie). In solchen Momenten gibt es zusätzlich zu der Wut auch noch das Beobachten der Wut und eine gewisse Freiheit zu entscheiden, wie man damit umgeht. Dagegen steckt man in Trance, wenn man ohne jede Entscheidungsfreiheit oder Kontrolle in den kreisenden Gedanken und Schuldzuweisungen gefangen ist.

Muss man für die Arbeit mit RAIN auf einem bestimmten spirituellen Pfad sein?

RAIN ist ein Werkzeug, das von jedem genutzt werden kann, der sich selbst besser verstehen, mehr Selbstmitgefühl und Mitgefühl für andere entwickeln will und emotionale Heilung sucht. Dafür ist kein besonderer religiöser oder spiritueller Hintergrund vonnöten. Woran auch immer Sie glauben, RAIN wird Ihre direkte Erfahrung von Wachheit und Offenheit, Präsenz und Güte fördern.

Ich mache regelmäßig Achtsamkeitsübungen. Ist RAIN ein Ersatz dafür? Oder passt beides zusammen?

Beides passt ganz natürlich zusammen. Die ersten beiden RAIN-Schritte – *Erkennen* und *Zulassen* – sind die Grundlage für achtsames Bewusstsein. Die letzten beiden Schritte – *Erkunden* und *Nähren* – vertiefen die Achtsamkeit und aktivieren direkt das Mitgefühl.

RAIN kann als Werkzeug genutzt werden, um Achtsamkeit und Mitgefühl in eine schwierige Aufgabe zu integrieren. Machen Sie ruhig weiter regelmäßig Ihre Achtsamkeitsübungen und probieren Sie RAIN aus, wenn Sie sich akut in einer schwierigen Emotion gefangen fühlen. Ziehen Sie dann RAIN heran und schenken Sie diesem emotionalen Knoten systematisch Ihre achtsame, zugewandte Aufmerksamkeit. Hat sich der Knoten erst einmal gelöst, können Sie Ihre normale Achtsamkeitspraxis wieder aufnehmen.

Neben der Einbeziehung von RAIN in eine Meditation können Sie jederzeit, sobald Sie sich festgefahren oder besonders herausgefordert fühlen, innehalten und RAIN als Hilfsmittel hinzuziehen.

Manchmal tauchen beim Yoga plötzlich starke Gefühle wie Angst, Wut oder Selbstzweifel auf. Kann RAIN in solchen Situationen helfen?

Es ist ganz normal, bei Körper-Geist-Übungen wie Yoga, Tai-Chi, Qigong, Atemarbeit, Reiki, geführten Meditationen und Biofeedback starke Gefühle zu haben. Viele Menschen haben für sich entdeckt, dass die Integration einer RAIN-Pause ihnen tiefe emotionale Heilung ermöglicht und Synergieeffekte auf ihrem Weg bewirkt.

2

RAIN sagt Ja zum Leben

Die ersten beiden RAIN-Schritte

Zwischen Reiz und Reaktion gibt es einen Raum,
und in diesem Raum haben wir die Freiheit und
die Macht, unsere Reaktion zu wählen.
VIKTOR FRANKL

DIE EINSCHNEIDENDSTEN TRANSFORMATIONEN in unserem Leben gehen auf etwas sehr Simples zurück: Wir lernen, mit dem, was in uns vorgeht, in Resonanz zu gehen, statt nur darauf zu reagieren. Was passiert zum Beispiel, wenn jemand Wut oder Angst bei uns auslöst? Reagieren wir gewöhnlich so, dass wir uns in uns zurückziehen, andere beschuldigen oder sie verletzen oder dass wir uns als Opfer fühlen, dann steigern wir das in Trance verursachte Leid nur noch. Wecken wir stattdessen mithilfe der ersten beiden RAIN-Schritte – *Erkennen* und *Zulassen* – eine achtsame Präsenz in uns, dann sind wir auf einem Pfad, der unser Herz befreit.

Zum Tee mit Mara

Einer der größten Mythen der buddhistischen Tradition zeigt, wie wir angesichts von Schwierigkeiten diesen Weg gehen können.

Vielleicht kennen Sie Bilder des Buddha, wie er die ganze Nacht unter dem Bodhi-Baum sitzt und meditiert, bis er die vollkommene Erleuchtung erlangt. Der Schattengott Mara (der die universellen Energien von Gier, Hass und Täuschung verkörpert) lässt sich alles Mögliche einfallen, um ihn zum Scheitern zu bringen: Er schickt ihm gewaltige Stürme, wunderschöne Frauen als Versuchung, wütende Dämonen und große Armeen, um ihn abzulenken. Siddhartha begegnet allen mit einer wachen, mitfühlenden Präsenz, und als der Morgenstern am Himmel erscheint, wird er zu einem Buddha, einem vollkommen erwachten Wesen.

Aber das war nicht das Ende seiner Beziehung zu Mara!

In den fünf Jahrzehnten nach seiner Erleuchtung bereiste der Buddha Nordindien und lehrte überall dort, wo die Menschen interessiert waren am Pfad der Präsenz, des Mitgefühls und der Freiheit. Auf Feldern und in Hainen, in Dörfern und an Flussufern – an all diesen Orten versammelten sich Bauern und Händler, Stadtleute und Adlige, Mönche und Nonnen, um seine weisen Lehren anzuhören.

Und wie Zenmeister Thich Nhat Hanh erzählt, erschien mitunter auch Mara. Wenn ihn Ananda, der treue Begleiter des Buddha, erblickte, wie er verstohlen am Rand einer Versammlung lauerte, lief er alarmiert zum Buddha. »Schreckliche Nachricht, der Bösewicht ist wieder da! Wir müssen etwas tun!« Worauf der Buddha Ananda liebevoll anschaute. »Nicht doch, Ananda«, antwortete er. Dann schlenderte er zu Mara und sagte ihm mit fester, sanfter Stimme: »Ich sehe dich, Mara … Komm, lass uns Tee trinken.« Und der Buddha lud Mara als Ehrengast und servierte ihm Tee.

Das können auch wir tun. Stellen Sie sich vor, Mara erscheint in Ihrem Leben in der Gestalt einer Woge von Angst vor dem Scheitern oder einer Verletzung durch Missachtung oder mangelnden Respekt von jemandem. Wie wäre es, wenn Sie innehalten und Mara erkennend sagen würden: »Ich sehe dich, Mara.« Und *zulassend:* »Lass uns Tee trinken.« Statt die Gefühle zu vermeiden, statt vor Wut um sich zu schlagen oder sich selbstkritisch zu geißeln, lassen Sie sich so mit mehr Klarheit und Würde, Freundlichkeit und Leichtigkeit auf das Leben ein. Mit diesen ersten beiden RAIN-Schritten haben Sie den Pfad in die Freiheit eingeschlagen.

In meinen Augen ist diese Geschichte vom Buddha für uns alle eine gute Nachricht. Selbst dem Buddha begegneten auch weiterhin die schmerzhaften Energien Maras. Wir sind nicht die Einzigen, die sich immer wieder mit Stürmen der Verwirrung, mit widersprüchlichen Wünschen, mit den Pfeilen von Angst, Verletzung oder Wut auseinandersetzen müssen. Darüber hinaus verfügen wir über eine Übung, die uns mitten in all dem befreien und erwecken kann!

Fragen Sie sich: »Wann ist Mara das letzte Mal da gewesen?« Vielleicht mögen ja auch Sie das nächste Mal zu ihm sagen: »Ich sehe dich, Mara … Komm, lass uns Tee trinken.«

Nein zu sagen ist eine Angewohnheit

Indem der Buddha Mara zum Teetrinken einlud, sagte er Ja zum jetzigen Augenblick und Ja zum Leben insgesamt.

Unsere Gewohnheit, Nein zu sagen – uns zu wehren oder eine Erfahrung zu vermeiden –, schafft nur umso mehr Leid. Stellen Sie sich vor, was passiert, wenn Mara in der Gestalt von Angst, Hass, Wut oder Verletzung erscheint. Der Kopf sagt Nein, indem er sofort davon ausgeht, dass irgendetwas nicht stimmt, indem er etwas oder jemanden beschuldigt und versucht, das Problem zu beseitigen. Unser Körper sagt Nein, indem er sich anspannt oder taub wird; unser Herz sagt Nein, indem es sich verbarrikadiert oder verschließt. Mit unserem Verhalten sagen wir Nein, wenn wir um uns schlagen, uns zurückziehen oder in Besorgnis geraten. Und selbst wenn wir uns unseres Neins vage bewusst sind, befinden wir uns doch die meiste Zeit unterhalb von Joseph Campbells Linie, verloren in unseren unbewussten Bemühungen, das Leben zu kontrollieren.

Ja zu sagen ist unvertraut und desorientierend, es fühlt sich in gewisser Weise riskant an. Unsere Grundkonditionierung angesichts einer Bedrohung besteht darin, uns anzuspannen und Nein zu sagen. Wenn ich meine Schüler in Workshops bitte, sich an eine schwierige Situation zu erinnern, ermutige ich sie zu beobachten, auf wie viele verschiedene Arten sich Körper und Geist gegen die in ihnen auftauchenden Emotionen wehren. Die Schüler erleben dann, häufig gepaart mit Traurigkeit, wie ihre Bemühungen, sich zu schützen, in Wahrheit zu nur noch mehr Schmerz in ihrem Leben führen.

Ein Mann, der als Kind gemobbt worden war, hatte dadurch einen inneren, kritischen Supervisor, der ihm regelmäßig schlechte Leistungen bescheinigte. Als er eine gerade erlebte Konfrontation noch einmal durchspielte, konnte er spüren, wie sich sein Magen vor Angst zusammenzog und sein Herz schneller schlug. Statt sich nach solchen Konfrontationen die Zeit zu nehmen und sich für seine Erfahrung zu öffnen (Ja zu ihr zu sagen), ging er regelmäßig sofort dazu über, sich dafür zu rügen, dass er sich eingeschüchtert fühlte, und tobte innerlich gegen seinen Supervisor. Dann stürzte er sich wieder in die Arbeit, erledigte seine Schreibarbeiten noch hektischer, machte dabei noch mehr Fehler und kommunizierte noch unklarer. Sein Nein erhielt sein Gefühl, ungenügend und Opfer zu sein, aufrecht.

Eine ältere Frau mit einem erwachsenen Sohn, der sich von ihr entfremdet hatte, spürte ihrem unbewussten Nein bis in seine gelegentlichen E-Mails nach. Sie las dann seine knappen Mitteilungen, fragte sich unter Tränen »Womit habe ich das verdient?« und steigerte sich in Zwangsvorstellungen über ihre Schwiegertochter hinein, die sie für ihr Problem verantwortlich machte. Ihr wurde klar, dass ihr Groll gegen die Schwiegertochter unvermeidlich in ihren E-Mail-Antworten durchscheinen musste. Sie begriff, dass ihr eigenes Nein sie in dem Gefühl festhielt, nicht gemocht und abgewiesen zu werden.

Welche Form unser Nein auch immer annimmt, es ist eine Art, sich gegen die Wirklichkeit zu wehren und zu versuchen, den blanken Schmerz emotionalen Leidens zu vermeiden. Doch kann das Nein auch zu dem Marker werden, der uns zeigt, dass wir in Trance sind und unsere Aufmerksamkeit schärfen müssen. Je schneller wir uns unseres Neins bewusst werden, desto besser können wir Mara antworten. Die schwierigen Situationen, die gewöhnlich das Nein hervorrufen, sind perfekte Gelegenheiten, mit dem tiefen Ja zu experimentieren, das sich in unseren Eingangsschritten zu RAIN, im *Erkennen* und *Zulassen,* ausdrückt.

Wenn Mara böse ist

Roger, Topmanager eines IT-Unternehmens, hatte den Ruf, ungeduldig und reizbar zu sein und mit Lichtgeschwindigkeit über jeden herzufallen, der bei einer Aufgabe versagte. Noch härter war er gegenüber seiner eigenen Familie. Er wütete, wenn seine jugendlichen Söhne die Teller im Waschbecken stehen ließen, laut Musik hörten oder abends spät nach Hause kamen. Er ging auf seine Frau los, wenn sie etwas nicht genauso machte, wie er es wollte. Roger steckte in einem reaktiven Nein fest.

Schließlich ging er auf Drängen seiner Frau zu einem Psychologen, der ihm Meditation als Weg zu mehr Achtsamkeit und weniger Reaktivität empfahl, und begann, regelmäßig meine Wochenkurse zu besuchen. Nach einigen Monaten meldete er sich zu einem Tagesworkshop zum Thema Heilung schwieriger Emotionen an, wo er mich in der Mittagspause um ein Gespräch bat. Er sagte mir, er habe jetzt immer zehn bis zwanzig Minuten pro Tag meditiert, doch gerate er immer noch ständig außer Kontrolle. »Ich hasse mich dafür. Ich hasse, wer ich dann werde«, sagte er mit Abscheu. »Aber es passiert trotzdem immer wieder.«

Wir fanden einen ruhigen Ort, an dem ich Roger in die ersten beiden Schritte von RAIN einführte. Diese Art der Aufmerksamkeit war ihm aus dem Meditationskurs bereits vertraut. *Erkennen* und *Zulassen* – wahrzunehmen, was jetzt gerade passiert, und es urteilsfrei *zuzulassen* – stellen die Grundlage der Achtsamkeitspraxis dar. Doch nun wollte ich ihm zeigen, wie er beides direkt auf seine gewohnten Reaktionsmuster anwenden konnte.

Wir wählten einen Zwischenfall, der sich einige Tage zuvor ereignet hatte. Ein Mitarbeiter war mit einem unvollständigen Bericht zu einem Meeting gekommen, und Roger war explodiert und hatte ihn vor versammelter Mannschaft beschimpft. Ich schlug ihm vor, die Augen zu schließen und ein paar Minuten nur seinem Atem zu folgen, genau wie er es beim Meditieren tat. Als er sich gesammelt hatte, bat ich ihn, sich den verstörendsten Teil der Situation zu vergegenwärtigen und sich die Kernfrage zu stellen, die den Erkenntnisschritt ausmacht: *Was passiert gerade in meinem Innern?* Ich leitete ihn an, während er mit geschlossenen Augen dasaß: »Beobachten Sie einfach das ganze Durcheinander an Gedanken, Gefühlen und Empfindungen und nehmen Sie wahr, was besonders heraussticht. Sie können sich innerlich ›Vorwerfen … Wut, Wut‹ zuflüstern oder die Körperempfindungen ›Hitze, Druck, Explosion‹ benennen.« Er saß eine Weile still da, dann nickte er.

Nun führte ich ihn in den Schritt des *Zulassens* ein, indem ich ihm die zweite Kernfrage vorschlug: *Kann ich es genau so lassen, wie es ist?* Wieder leitete ich ihn an. »Indem Sie es *zulassen,* sind Sie einverstanden innezuhalten … da zu bleiben und die direkte Erfahrung wahrzunehmen, auch wenn das noch so unangenehm ist, auch wenn Sie fast alles tun würden, um sie nicht zu spüren. Schauen Sie mal, ob Sie der Erfahrung ein Ja zuflüstern können, und halten Sie inne, lassen Sie, was auch immer gerade da ist, so sein, wie es ist. Damit sagen Sie nicht, dass diese Gefühle und Gedanken in Ordnung sind. Sie sagen einfach nur Ja dazu, dass sie jetzt gerade da sind.« Ich merkte, dass er kaum noch atmete, fügte also hinzu: »Es kann sehr hilfreich sein, auf den Atem zu achten. Ihr Atem wird Ihnen helfen, mit der Aufmerksamkeit bei den Körperempfindungen zu bleiben.«

Als ich sah, dass er tiefer atmete, wartete ich noch etwa zehn Sekunden ab, bevor ich ihm vorschlug, nach einigen weiteren bewussten Atemzügen die Augen zu öffnen. Er sah mich einen Moment an und hob fragend die Augenbrauen. »Und das war's? Wut benennen und dann – genau wie wir es Kindern sagen würden – bis zehn zählen?!?« Wir mussten beide lachen.

»Na ja, nicht ganz, aber versuchen Sie es einfach mal«, antwortete ich. »Natürlich werden Sie die Augen nicht schließen, wenn Sie mit anderen zusammen sind. Und sicher wird es Zeiten geben, wo Sie es vergessen und einfach nur ausrasten. Aber versuchen Sie mal, daran zu denken, beobachten Sie, was in Ihrem Innern vor sich geht, und *lassen* Sie es *zu*. Atmen Sie mit Ihren Gefühlen – und ja, zählen Sie bis zehn!«

Roger zeigte sich bereit, er war neugierig geworden. Ich sagte ihm, seine tägliche Meditation werde seine Bemühungen, das *Erkennen* und *Zulassen* zu üben, unterstützen, und lud ihn ein, mir per E-Mail zu berichten, wie es lief. Bevor wir auseinandergingen, sagte ich noch: »Sie schaffen das, und Sie werden einen großen Unterschied feststellen.« Er hob zustimmend den Daumen.

Das, was Sie üben, wird gestärkt

Ich erzähle den Schülern gern die Geschichte von einem Mann, der auf ein Achtsamkeits-Retreat geht, weil sein Therapeut ihm gesagt hat, wenn er meditieren lerne, werde er sich besser fühlen. Das Retreat wird für ihn zu einer echten Achterbahnfahrt. Er erlebt zwar schon Momente der Ruhe, ja, aber er taucht auch tief in Angst, Wut und Trauer ein. Als er das nächste Mal zu seinem Therapeuten geht, sagt er ihm, er habe schrecklich gelitten. »Wie konnten Sie mir versprechen, ich würde mich besser fühlen?« Weise nickend, antwortet der Therapeut: »Sie fühlen sich besser … Sie fühlen Ihre Angst besser, fühlen Ihre Wut besser, fühlen Ihre Trauer besser!«

Wegen des Wiedererkennungseffekts erntet die Geschichte immer einen Lacher. Die Achtsamkeitsmeditation – das *Erkennen* und *Zulassen* von RAIN – trainiert uns darin, aus unseren abschweifenden Gedanken aufzuwachen und die Umkehr zu vollziehen, indem wir unserer augenblicklichen, körperlichen Erfahrung unsere volle Aufmerksamkeit schenken. Zwangsläufig werden wir dann allem begegnen, was wir zu vermeiden versucht haben – der Einsamkeit, den Verletzungen und Ängsten. Doch wenn wir regelmäßig üben, entdecken wir, dass wir mitten im Sturm ausgewogen, warmherzig und offen präsent bleiben können.

Dank neuesten Erkenntnissen über die Neuroplastizität wissen wir heute, dass sich unser Gehirn bis an unser Lebensende verändern kann. Das bedeutet, dass sich selbst die am tiefsten verwurzelten und schädlichsten Gewohnheiten dekonditionieren lassen. Der Satz, der dies am besten erfasst und auf Englisch fast wie ein Sprichwort klingt, lautet: *Neurons that fire together, wire together.* (Neuronen, die gemeinsam feuern, verschalten sich miteinander.) Unsere Gewohnheiten werden durch sich wiederholende Denk-, Fühl- und Verhaltensmuster, die neuronale Netzwerke im Gehirn gebildet und gestärkt haben, aufrechterhalten. Indem wir unsere Denk-, Fühl- und Verhaltensmuster ändern, können wir auch diese neuronalen Netzwerke verändern.

Viele Studien haben gezeigt, dass Achtsamkeit die Struktur und Funktionsweise des Gehirns direkt und positiv beeinflusst. Befinden wir uns dagegen in Trance, werden wir hektisch, machen uns Sorgen oder fangen an zu werten, sobald uns Stress begegnet, und so vertiefen wir die auf Angst beruhenden Furchen in unserem Geist noch. Werden wir angesichts von Stress dagegen achtsam, lernen innezuhalten, erkennen unsere Erfahrung an und lassen sie zu, wird etwas anderes möglich. Statt auf unsere flüchtigen Wünsche und Ängste zu reagieren, können wir von einem Ort tieferer Intelligenz, Kreativität und Fürsorge aus auf unsere Umstände eingehen. Dies stellt eine neue Struktur, neue Nervenbahnen im Gehirn her, die mit echtem Wohlbefinden und Frieden einhergehen.

Je öfter Sie Ja sagen zu Erfahrungen, umso stärker wird dieses Ja in seiner Offenheit und Präsenz in den lebenden Zellen verkörpert und Ihre Lebenserfahrung insgesamt mitformen.

Erkennen und *Zulassen* näher betrachtet

Schon in Kapitel 1 habe ich die Schritte *Erkennen* und *Zulassen* vorgestellt, doch möchte ich an dieser Stelle noch einiges hinzufügen, denn diese Schlüsselelemente der Achtsamkeit sind die Grundlage von RAIN.

Erkennen fängt in dem Augenblick an, in dem wir unsere Aufmerksamkeit auf die Gedanken, Emotionen, Gefühle oder Empfindungen lenken, die wir gerade erleben. Die Kernfrage lautet: »Was passiert gerade in meinem Innern?« Vielleicht können Sie den Blickwinkel des urteilsfreien Zeugen einnehmen und einfach neugierig sein! Nehmen Sie sich Zeit, um wahrzunehmen, was immer Ihre Aufmerksamkeit auf sich zieht. Das könnten quälende Gedanken, Angstgefühle, Verletztheit, Verwirrung oder Trauer sein. Versuchen Sie, alle Vorurteile loszulassen und Ihrem Körper und Herzen liebevoll und aufgeschlossen zuzuhören. Sie brauchen nach nichts zu suchen. Es genügt, still zu werden und wahrzunehmen, was gerade passiert.

Manchmal werden Sie einen ganzen Strudel an Erfahrungen entdecken: Verwirrung, Wut, rasende Gedanken, Angst. Das ist in Ordnung, nehmen Sie einfach nur wahr, ob sich in diesem Strudel irgendetwas besonders hervortut. Andere Male werden Sie sich zu Beginn vielleicht einfach nur taub oder leer fühlen. Auch das sind in Wahrheit emotionale Zustände. Benennen Sie sie einfach als »leer«, »taub«.

Erkennen ist der erste Schritt im Erwachen aus der Trance. Er mag nur einen kurzen Moment dauern, doch ist er von entscheidender Bedeutung. Sie heben den Kopf aus den Wellen der Angst oder Wut heraus; Sie werden zur bezeugenden Präsenz.

Der nächste Schritt, das ***Zulassen***, fordert Sie auf, alle Gedanken, Emotionen, Gefühle oder Empfindungen, die Sie gerade erkannt haben, »da sein« zu lassen. Die vorsichtige Anfangsfrage lautet: »Kann ich es genau so lassen, wie es ist?« An diesem Punkt ist es ganz natürlich, Widerstand zu verspüren – einen Teil dieser Gefühle wären Sie am liebsten los! Das *Zulassen* kann auch die Realität Ihres Neins einschließen, die Tatsache, dass Sie das, was Sie gerade spüren, wirklich nicht leiden können.

Halten Sie inne und *lassen* Sie *zu,* dass sich die Gedanken und Emotionen weiter entfalten. Versuchen Sie nicht, sie zu kontrollieren oder sie in irgendeiner Weise zu lösen. Vielleicht verspüren Sie einen starken Drang, sie zu analysieren und Ordnung zu schaffen. Auch das müssen Sie sein lassen. Jetzt geht es darum, Ihr Gewahrsein alles umfassen zu lassen, was in Ihnen vorgeht.

ZWEI KERNFRAGEN DER ACHTSAMKEIT

Erste Frage: »Was passiert gerade in meinem Innern?«
Zweite Frage: »Kann ich es genau so lassen, wie es ist?«

Viele meiner Schüler helfen sich dabei, »es so sein lassen, wie es ist«, indem sie sich innerlich ein ermutigendes Wort oder einen Satz zuflüstern. Vielleicht spüren Sie, wie Angst nach Ihnen greift oder eine tiefe Trauer aufsteigt, und flüstern »Ja«. Sie könnten ebenso sagen »Auch das« oder »Es ist in Ordnung«.

Das *Zulassen* geht schrittweise vor sich. Zunächst spüren Sie womöglich nur, dass diese Empfindungen durch Sie hindurchströmen, und finden sich mit ihnen ab. Oder Sie merken, dass Sie insgeheim einen Handel abgeschlossen haben: »Ich sage Ja zur Scham, dann wird sie wie durch Magie verschwinden.« Doch schon das einfache Flüstern eines Ja wird Ihnen ein Gefühl von mehr Raum, mehr Weite für das verschaffen, was da ist. Sie sind nicht mehr mit Ihrem ganzen Sein im Widerstand, und mit dem Üben wird die Abwehr nach und nach weniger. Sie werden körperlich ein Nachgeben oder eine Entspannung und Öffnung für die Wellen der Erfahrung verspüren.

Das *Zulassen* verringert zwar nicht unbedingt das Unbehagen, doch es verändert unsere Beziehung zum Schmerz so radikal, dass es das Leiden reduziert. Es ist zum Beispiel ein gewaltiger Unterschied, ob Sie eine Tasse mit Farbe in ein mit Wasser angefülltes Waschbecken oder in einen See gießen. Das *Zulassen* macht uns weit, sodass wir körperlichen und emotionalen Schmerz nicht mehr bekämpfen, sondern in diese Weite mit hineinnehmen können. Psychologen nennen das »Affekttoleranz«.

An dieses Heilungspotenzial zu denken, hilft Ihnen, Ja zu sagen zur Wirklichkeit dieses Augenblicks. Zusammen ermöglichen es Ihnen das *Erkennen* und das *Zulassen,* dass Sie von einer Sie einengenden Trance in eine wachere, weiträumigere Präsenz übergehen, die schließlich das ganze Leben umfassen kann. Genau aus diesem achtsamen Gewahrsein heraus werden Sie frische, kreative und mitfühlendere Antworten auf die Herausforderungen des Lebens finden.

Die Macht des Ja

Einige Monate nach unserer Begegnung schickte mir Roger per E-Mail einen Bericht seiner Fortschritte. Er hatte immer morgens vor der Arbeit meditiert und empfand diese Zeit der Stille als sehr beruhigend und zentrierend. Was dann im Laufe des Tages passierte, war weniger vorhersehbar. Seiner Einschätzung nach schaffte er es, wenn irgendetwas seine Wut auslöste, bei einem von vier Malen innezuhalten. Manchmal entschärfte das *Erkennen* und *Zulassen* nur einen Teil seiner Wut, und er schlug immer noch so um sich, dass er es hinterher bereute. Doch manchmal lief es jetzt auch anders. Er beendete seine E-Mail mit folgender Geschichte:

> Letzten Montag hatte ich ein Treffen mit einem meiner Projektleiter. Er gab zu, dass sein Team bei einem unserer größten Projekte den Zeitplan nicht einhalten kann und dass auch bei ihm persönlich einiges unter den Tisch gefallen ist.
>
> Fast wäre ich auf ihn losgegangen, aber ich konnte mich gerade noch bremsen … und atmen, mich fragen, was da gerade passierte, die Wut beim Namen nennen und sie da sein lassen. Er erklärte mir, eine Verzögerung des Projekts sei unvermeidlich. Und da war ich nun, bremste mich, atmete, und irgendetwas in mir veränderte sich, denn statt mich weiter darauf zu konzentrieren, dass er es verbockt hatte, sah ich plötzlich, wie engagiert und ehrlich dieser Mann war. Und wie bedacht. Ich überraschte uns beide damit, dass ich sagte: »Hören Sie, ich weiß doch, dass Sie es so gut machen, wie Sie können.«
>
> Plötzlich standen ihm die Tränen in den Augen. Dann erzählte er mir, bei seiner Frau sei Brustkrebs im Stadium 4 diagnostiziert worden, er habe (wie ich) zwei Kinder im Teenageralter, und es sei gerade alles sehr schwer.
>
> Tara, wir haben uns umarmt, beide mit Tränen in den Augen. Vor ein paar Monaten hätte ich unwissentlich die Last dieses Mannes noch vergrößert. Und stattdessen haben wir uns umarmt. Das war einer der traurigsten und besten Momente in meinem Leben. Es war, als wäre ich endlich wieder zu einem echten Menschen geworden.

Unsere tief verankerte Gewohnheit, Nein zu sagen, mit Wut oder ängstlich besorgt zu reagieren, unser Suchtverhalten, unsere Abwehrhaltung und Selbstvorwürfe halten uns davon ab, in Übereinstimmung mit unserem wahren Selbst zu leben. Brechen wir diese Gewohnheiten durch eine achtsame, zulassende Präsenz, bekommen wir Zugang zu unserem vollen menschlichen Potenzial. Das ist die im Ja angelegte Macht und Freiheit. Ein Ja kann uns helfen, einen langwierigen Konflikt zu beenden und einen Weg in die Versöhnung zu finden. Vielleicht können wir eine schwierige Wahrheit aussprechen, deren Verschweigen uns davon abgehalten hat, unverfälscht und authentisch zu sein. Vielleicht können wir aufhören, zu viel zu konsumieren oder zu schlafen, und gesünder leben. Wie auch immer das Muster des Nein beschaffen ist, die ersten RAIN-Schritte machen eine Veränderung möglich.

Begegnen wir starken Emotionen, müssen wir meist unsere Achtsamkeit und unser Selbstmitgefühl vertiefen und zu den anderen beiden RAIN-Schritten, dem *Erkunden* und *Nähren,* übergehen. Genau das macht das gemeinsame Teetrinken mit Mara lebendig und zutiefst transformativ! Wie Sie in Kapitel 3 sehen werden, ist die RAIN-Praxis als Ganzes entscheidend für die Heilung besonders tief eingefahrener Verhaltensmuster.

Reflexion: Ja sagen – Achtsamkeit erwecken

Sammeln Sie sich zunächst, indem Sie in Ihren Atembewegungen zur Ruhe kommen.

Denken Sie an eine Situation, die eine mittelstarke emotionale Reaktion hervorruft – an eine Verletzung, eine Angst- oder Schamreaktion (aber nicht an etwas, das ein Trauma reaktivieren könnte). Vielleicht betrifft diese Situation einen Konflikt innerhalb der Familie oder mit einer Freundin, ein Suchtverhalten oder eine Schwierigkeit bei der Arbeit. Spielen Sie die Situation durch, als würden Sie einen Film anschauen, bis Sie zu dem Teil kommen, der besonders starke Emotionen hervorruft. Halten Sie den Film hier an und betrachten Sie noch aufmerksamer, was immer da vor sich gehen mag und Sie so verstört.

Fragen Sie sich: »Was passiert da gerade in meinem Innern?« –

und achten Sie auf das, was sich am schmerzhaftesten oder intensivsten anfühlt.

Werden Sie sich nun Ihrer Haltung gegenüber diesen Gefühlen gewahr und all der Weisen, auf die Sie vielleicht Nein sagen zu Ihrer Erfahrung. Denken Sie gerade, irgendetwas sei falsch, es sollte nicht passieren, wünschen Sie sich, es würde verschwinden, beschuldigen Sie sich oder jemand anderen, versuchen Sie, das Ganze zu verändern oder von sich zu weisen? Schicken Sie probehalber das Wort und die Energie eines Nein direkt an den inneren Ort, der Sie am meisten verstört. Spüren Sie, was mit Ihrem Körper, Herzen und Geist passiert, wenn Sie Ihre Gefühle zurückweisen. Und beachten Sie, ob Sie sich womöglich sogar häufig so fühlen, ob es also etwa ein vertrauter Teil von Ihnen ist.

Nehmen Sie jetzt ein paar tiefe Atemzüge. Denken Sie wieder an den schwierigsten Teil der von Ihnen gewählten Situation und erinnern Sie sich an die schmerzhaftesten Gefühle dabei. Fragen Sie sich diesmal jedoch: »Kann ich es genau so lassen, wie es ist?« Nehmen Sie wahr, dass Sie im Gewahrsein genug Raum haben, um alles, was Sie entdeckt haben, dort aufzunehmen, und dass Sie die Situation voll und ganz so zulassen können, wie sie ist. Sie können sogar Ja sagen zu den Teilen von sich, die Nein sagen und Widerstand leisten gegen das, was gerade passiert.

Richten Sie probehalber das Wort und die Energie eines Ja auf das, was Sie am intensivsten spüren. Wie fühlt es sich im Körper an, wenn Sie Ja sagen? Wie wirkt das Ja aufs Herz? Auf den Geist? Lassen Sie das Ja so voll und bedingungslos sein wie möglich. Wie ist Ihr Selbstgefühl, wenn Sie Ja sagen?

Stellen Sie sich die nächsten Tage und Wochen vor. Wie wäre es, wenn diese Situation noch einmal auftauchen würde und Sie die schwierigen Emotionen benennen, wirklich innehalten und sie so *zulassen* könnten, wie sie sind? Welche Möglichkeiten könnten sich Ihnen eröffnen, wenn Sie innehalten und zu dem, was in Ihrem Innern vor sich geht, Ja sagen würden?

FRAGEN UND ANTWORTEN

Ich habe Angst, Ja zu sagen, wenn ich jemanden verletzt habe oder wenn mich jemand verletzt hat. Muss man zu verletzendem Verhalten nicht Nein sagen?
Wenn Sie Ja sagen, erkennen Sie die Wirklichkeit des jetzigen Augenblicks ehrlich an und öffnen sich für Ihre tatsächlichen Gefühle und Empfindungen. Sie sagen damit keinesfalls Ja zu verletzendem Verhalten – weder zu Ihrem eigenen noch zu dem anderer. Wenn sich jemand emotional missbräuchlich verhalten hat, und Sie sagen Ja zu Ihren Gefühlen von Angst oder Wut, umfasst Ihr Ja nicht das, was diese Person gesagt oder getan hat. Tatsächlich werden Sie merken, dass Sie, wenn Sie Ihre innere Erfahrung *erkennen* und *zulassen,* in verletzenden Situationen mit mehr Mut und Klarheit werden Nein sagen und Grenzen setzen können.

Aber wird mich, wenn ich Ja zu meiner Wut sage, das nicht nur umso mehr in Rage bringen und es nur umso wahrscheinlicher machen, dass ich die Wut an anderen auslasse?
Ja zur Wut zu sagen – zu der hitzigen Energie und Explosivität im Körper – ist etwas anderes, als Ja zu sagen zu dem Inhalt der wütenden Gedanken. Ein Ja zur Energie der Wut ist keine Bekräftigung der »Richtigkeit« der Gedanken. Wir stimmen damit nicht zu, sagen damit nicht: »Ja, dies oder das ist wirklich schlimm oder falsch« oder »Ja, ich werde mich noch an ihm rächen«. Wir erkennen einfach die Wirklichkeit unserer Wut an. Haben wir für gewöhnlich um uns geschlagen, wenn wir verletzt waren, versetzt uns das Ja jetzt tatsächlich in dic Lage, innezuhalten und eine Umkehr zu vollziehen, indem wir in unserer Erfahrung präsent sind, statt blind zu reagieren. Und vielleicht entdecken wir wie Roger sogar ganz neue Möglichkeiten, mit der Situation umzugehen. Wir stecken nicht mehr in der Falle des alten Musters von Verletzung und Schuldzuweisung.

Wenn ich mich dafür verurteile, ein »schlechter Mensch« zu sein, fühlt sich ein Ja so an, als würde ich einfach nur bestätigen, dass ich jede Menge Schwächen und Mängel habe.
Genau wie bei den wütenden Gedanken erkennt ein Ja zu urteilenden Gedanken diese einfach nur an und lässt sie zu. Das Urteil selbst (»Ich bin schlimm«) stellt es dagegen in keiner Weise als Wahrheit dar. Wie bei der Arbeit mit der Wut wird es Ihnen, wenn Sie das Urteilen *erkennen* und *zulassen,* möglich, eine Umkehr zu vollziehen und die Angst oder Scham aufzudecken, die sich oft hinter dem Urteil verbirgt. Sie werden zunehmend in der Lage sein, dem inneren Kritiker mit mehr Weitsicht, Weisheit und Mitgefühl zu begegnen.

Was ist, wenn mein Ja – das Erkennen und Zulassen – meine Angst oder Scham nur noch mehr intensiviert? Wenn die Gefühle zu stark sind, um sie zu bewältigen?
Jede Emotion nimmt in einem Bogen zu und wieder ab – sie steigt auf, erreicht ihren Höhepunkt und vergeht wieder, es sei denn, wir füttern sie permanent mit unseren Gedanken. Sie können sich mit einer Emotion verbinden, wenn sie gerade erst im Entstehen begriffen ist, und ihr durch ein Ja erlauben, sich in voller Intensität auszudrücken. Wenn das erträglich ist, dient es der Heilung: Die Emotion hat die Freiheit, auf natürlichem Weg aufzusteigen und wieder zu vergehen, und Sie stärken Ihre Fähigkeit, in offener, bezeugender Präsenz zu verweilen. Spüren Sie jedoch, dass die Intensität Sie zu überwältigen droht, dann ist es nicht der richtige Zeitpunkt, Ja zu sagen. In den folgenden Kapiteln (vor allem in Kapitel 6, in dem es um Angst geht) möchte ich Ihnen verschiedene Wege zeigen und Sie dabei unterstützen, Ihre Widerstandskraft zu stärken und andere Ressourcen zu entwickeln, auf die Sie sich verlassen können, bevor Sie sich der RAIN-Praxis zuwenden.

3

RAIN zeigt Ihnen Ihr wahres Selbst

Die RAIN-Schritte drei und vier

Das Leben ist ganz einfach: Wir leben in einer Welt, die absolut transparent ist, und das Göttliche scheint die ganze Zeit durch sie hindurch. Das ist nicht etwa eine nette Geschichte oder ein Märchen, es ist die Wahrheit.
THOMAS MERTON

IN DER MITTE der Fünfzigerjahre wurde in Bangkok mitten durch einen alten Tempel eine neue Straße gezogen. Die Mönche mussten dafür eine große Lehmstatue des Buddha versetzen, die über viele Generationen angebetet worden war. Ein Kran wurde herangefahren, doch als sie anfingen, den schweren Buddha anzuheben, bekam der Lehm Risse. Schnell ließen sie die Statue wieder auf den Boden herunter und bedeckten sie, weil ein Sturm nahte, mit einer Plane.

Später am Abend ging der Abt noch einmal hin, um den Schaden zu begutachten und sicherzugehen, dass die Statue nicht nass wurde. Als er mit der Taschenlampe unter die Plane leuchtete, bemerkte er in dem größten Riss ein leichtes Schimmern. Er fragte sich, ob sich unter der dicken Lehmschicht noch etwas anderes verbarg, und trat näher heran. Dann weckte er schnell die anderen Mönche, und zusammen begannen sie, mit Meißeln und Hämmern an den Rissen entlang den Lehm abzuschlagen. Das Schimmern wurde heller und heller, bis die Mönche schließlich, nach langen Arbeitsstunden, zurücktraten und ehrfürchtig begutachteten, was da vor ihnen stand: ein Buddha aus purem Gold.

Historikern zufolge müssen mehrere Jahrhunderte zuvor die Tempelmönche die Statue mit Lehm überdeckt haben. Dem Angriff einer Nachbararmee zuvorkommend, hofften sie, ihren kostbaren Buddha so vor Plünderung oder Zerstörung zu bewahren. In der darauffolgenden Schlacht wurden die Mönche ausnahmslos getötet, der Buddha jedoch blieb unversehrt erhalten.

Wenn die Mönche heute diese Geschichte erzählen, wollen sie damit sagen, dass jeder von uns angesichts von Bedrohungen oder Herausforderungen sein Gold auf seine Weise überdeckt. Unser Leid beginnt in dem Augenblick, in dem wir uns mit dieser Schutzhülle identifizieren und das liebende Gewahrsein vergessen, das unserem Sein innewohnt.

Erinnerung an das Gold

Zum ersten Mal hörte ich von dem Goldenen Buddha etwa einen Monat, nachdem mein erster Mann und ich beschlossen hatten, unsere Ehe zu beenden. Da Alex und ich zehn Jahre spirituelle Praxis geteilt hatten, waren wir davon ausgegangen, die Scheidung in Freundschaft und gegenseitigem Respekt steuern zu können. Doch da waren wir nun und standen uns angesichts der zu klärenden Finanzen, Kinderbetreuungszeiten und vieler anderer Details, die mit der Gründung zweier Haushalte zu tun hatten, feindselig gegenüber. Wir sahen beide rot, nicht gold!

In der Hoffnung, wir könnten die Bitterkeit zumindest teilweise überwinden, hatte ich dafür gesorgt, dass unser fünfjähriger Sohn Narayan vorerst noch nichts von unserer Trennung erfuhr. Doch mit dem Bild vom Goldenen Buddha im Kopf konnte ich unsere gegenseitigen Schuldzuweisungen und das Misstrauen plötzlich wie die Lehmhülle des Buddha sehen. Es half mir, mich daran zu erinnern, wie sehr Alex unseren Sohn liebte, wie wunderbar er mit Pflanzen, Tieren und kleinen Kindern umgehen konnte, und ich erinnerte mich an seine heilenden Hände. Es half mir, mich an die Liebe zu erinnern, die von meiner Angst und Wut verdeckt gewesen war.

In den folgenden paar Tagen sah ich immer wieder den Goldenen Buddha vor mir, und jedes Mal fühlte ich mich ein Stück mehr im Frieden mit der Tatsache, dass dies jetzt zwar eine schwierige Zeit war, wir aber in unversehrter Freundschaft darüber hinwegkommen würden.

Etwa eine Woche später erzählte ich Narayan eines Abends die Geschichte von dem Goldenen Buddha. Dann sagte ich ihm, dass sein Vater und ich nicht weiter zusammenleben würden, und erklärte, wie sehr wir ihn weiter lieben und für ihn sorgen würden. Seine erste Reaktion war ein »Okay«, und nach ein paar nachdenklichen Augenblicken fügte er hinzu: »Aber ihr liebt euch doch noch, oder?« Ich konnte ehrlich Ja sagen und es auch wirklich fühlen. »Lieben ist wie das Gold«, sagte ich zu ihm, »und das ändert sich nicht.«

Hätte ich siebenundzwanzig Jahre vorausblicken können, dann hätte ich gesehen, wie Alex voll Freude Narayan und seine Frau Nicole mit ihrem neugeborenen Mädchen im Arm anschaute. Ich hätte mich selbst am Strand entlanggehen sehen, die kleine Mia um die Brust gebunden, mit meinem Mann Jonathan an meiner Seite. Und wir alle strahlten Gold aus.

Wer sind wir eigentlich?

Unsere Schutzhülle bezeichne ich gern als »Raumanzug des Egos«. Dieser Raumanzug besteht aus den ganzen Strategien und Abwehrmustern, die wir, während wir uns durch die Verletzungen und Konflikte unserer Familie und Kultur lavieren, aus unserem Bedürfnis nach Sicherheit, Anerkennung und Liebe entwickeln. Doch so notwendig manche dieser Abwehrmuster sein mögen, können sie doch auch Leid verursachen. Verdecken wir unsere Unschuld und Reinheit, unsere Verletzlichkeit und Zärtlichkeit, dann verlieren wir unser eigentliches Sein aus dem Blick. Unsere Identität verbindet sich mit dem Raumanzug unseres Egos, und wir vergessen das darunterliegende Gold.

Nehmen wir einen weiteren Blickwinkel ein, können wir sehen, dass diese Verengung unserer Identität ein natürlicher Teil unserer evolutionären Entwicklung ist. Die Hauptaktivität jedes Lebewesens dient dem Leben und der Vermeidung von Bedrohungen. Wir haben eine Membran oder Schuppen oder eine Haut oder Schale, um uns zu schützen. Wir haben Reflexe und Fähigkeiten und Strategien, um voranzukommen. Unser Gehirn ist so gebaut, dass es Abgetrenntheit wahrnimmt und auf Gefahren reagiert. Als wir Menschen als Lebensform auf diesem Planeten erschienen, waren wir bereits um ein verlangendes, ängstliches Selbst herum organisiert und in weiterem Sinne auch um eine kleine Gruppe oder einen Stamm, zu dem wir gehörten. Doch damit ist unsere Geschichte noch nicht zu Ende.

Weil wir ein *Homo sapiens sapiens* (ein Wesen, das weiß, dass es weiß) sind, sind wir uns unserer selbst bewusst. Der evolutionsgeschichtlich jüngste Teil unseres Gehirn, der präfrontale Kortex, schenkt uns die Fähigkeit, zu bezeugen und Mitgefühl zu empfinden für das, was in uns – und in anderen – vorgeht. Wie Neurowissenschaftler entdeckt haben, werden die mit dem Selbstgewahrsein verbundenen Teile des Gehirns aktiviert, wenn wir lernen, durch Meditation unsere Aufmerksamkeit zu vertiefen. Wir können uns unserer unbewussten Ängste und einschränkenden Glaubensvorstellungen bewusst werden; wir können erkennen, wie uns unsere ungestillten Bedürfnisse in unserem Panzer oder in der Gier festhalten. Und wir können anfangen zu sehen, wie unser ganzes Selbstgefühl von diesen Schutzhüllen des Egos begrenzt und verdeckt worden ist.

Die Achtsamkeit und das Mitgefühl von RAIN ermöglichen es uns, mitten in unserem Alltag aus dieser einengenden Trance zu erwachen. Mit jedem Mal, wo wir unserer dicken Lehmschutzschicht mit einem sanften RAIN begegnen, wird sie ein wenig transparenter, und unsere Angst und unser Verlangen lösen sich auf, sodass das Licht unseres Goldes immer mehr durchscheinen kann.

Die letzten beiden RAIN-Schritte: *Erkunden* und *Nähren*

Für Sophia war die Welt zusammengebrochen, als sich ihr Freund zu Beginn ihres dritten College-Jahres von ihr trennte. Sie und Zach waren seit dem ersten Studienjahr zusammen gewesen, und für Sophia war er der Partner fürs Leben gewesen. Er war alles, was sie gesucht hatte: fürsorglich, schlau, witzig und, wenn sie sich unsicher fühlte, total bestärkend. Doch jetzt war er mit einer anderen zusammen. Von Angst und Depression überwältigt, vernachlässigte sie ihr Studium und zog sich auf Rat ihrer Studienkoordinatorin für ein Semester vom College zurück.

Nachdem sie zu Hause einige Monate zu einer Therapeutin gegangen war, fühlte sie sich an manchen Tagen schon wieder ruhiger und hoffnungsvoller. Doch sobald sie sich vorstellte, wieder ans College zu gehen, kehrte die Panik zurück. Dort würde sie sich allen Stressoren alleine stellen müssen und – noch schlimmer – Zach und seiner Freundin begegnen. Nachdem sich Sophia einen ganzen Tag in ihrem Schlafzimmer eingeschlossen hatte, fragte mich ihre Mutter, eine regelmäßige Teilnehmerin meiner Mittwochabendkurse, ob ich mit ihr sprechen könne.

Zuerst antwortete Sophia höflich, aber nur kurz auf meine Fragen. Doch als ich sie auf ihre besonderen Interessen im College ansprach, erzählte sie mir lebhaft von ihrem Praktikum an einer innerstädtischen Jugendhilfe-Einrichtung. Sie hatte den Kindern Yoga-Unterricht gegeben und war Co-Leiterin einer Gruppe, in der es um die Grundlagen emotionaler Intelligenz ging. »Auch wenn sie schwierig sind«, sagte sie mir, »liebe ich es, mit ihnen zusammen zu sein. Mir ist klar, dass sie Unruhe stiften, weil sie leiden.« Sie fügte wehmütig hinzu: »Ich vermisse sie mehr als alles andere am College.«

Dann sackte sie mit niedergeschlagenem Blick wieder in sich zusammen. »Manchmal kriege ich dort richtige Angst. Partys sind die reinste Tortur. Die Profs machen mich so nervös, dass sie wahrscheinlich denken, ich nehme sie gar nicht wahr, und ständig denke ich ans nächste Referat oder die nächste Prüfung. Ich habe Angst, dass es wieder schlimmer wird, wenn ich zurückgehe.« Dann sagte sie noch: »Es ist, als hätte ich ohne Zach mein Sicherheitsnetz verloren.«

Als ich Sophia in den RAIN-Prozess einführte, erkannte sie gleich die selbstkritische Stimme, die sich ihrer bemächtigte, wenn sie an Zach dachte: »Ich habe seine Freundin auf Facebook gesehen. Sie ist zierlich und blond, und« – sie zeigte auf ihren Bauch – »ich habe seit unserer Trennung bestimmt schon fünf Kilo zugenommen. Diese Stimme sagt mir, dass er mich nie wirklich geliebt hat, er wollte nur gern ein Held sein und mich arme Kleine retten.« Ungeduldig wischte sie ihre Tränen weg.

»Sophia«, sagte ich sanft, »kannst du fürs Erste das, was diese Stimme sagt, einfach ›kritische Gedanken‹ nennen und sie ein paar Minuten da sein lassen?« Sie nickte, und ich erklärte ihr, dieser Schritt nenne sich *Zulassen*. Wir haben unsere Gefühle, Empfindungen und Gedanken *erkannt* und aufgehört, sie wegzuschieben oder gegen sie anzukämpfen.

Nach einer Pause führte ich Sophia weiter ins *Erkunden* von RAIN ein. »Und jetzt versuch, in deinen Körper hineinzuhorchen – hinter die Gedanken. Was fällt dir *dort* am meisten auf?«

»Da drin ist es dunkel und schwer«, sagte sie, »und eng. Es drückt.«

»Kannst du mir sagen, wo dieses dunkle, schwere, enge Gefühl am schlimmsten ist?« Eine Hand wanderte sofort zum Herzen, und ich lud Sophia ein, die Hand dort zu lassen. »Was würde dieser dunkle, schwere, enge Ort sagen, wenn er sich mitteilen könnte?«

Nach kurzem Schweigen sagte Sophia: »Ich sehe ein kleines Mädchen … das bin ich. Sie hockt da in der Dunkelheit.«

»Kannst du sagen, was sie glaubt?«

Nach einer langen Pause antwortete Sophia: »Dass sie sehen werden, dass irgendwas mit ihr nicht stimmt, dass sie irgendwie böse ist … und dann werden sie aufhören, sie liebzuhaben.«

»Sophia, wie ist es jetzt gerade für dich, dieses einsame Kind in dir zu sehen, das so sehr Angst hat, nicht geliebt zu werden?«

Sophia nahm ihr Gesicht in die Hände und begann zu weinen. Nach einer langen Weile sagte sie: »Sie ist doch nur ein Kind. Sie hat gar nichts falsch gemacht. Das ist ja so traurig.«

Ich nickte und fragte: »Was braucht sie am meisten von dir?«

Sophia nahm einen tiefen Atemzug und seufzte. »Sie möchte, dass ich sie sehe und weiß, dass sie da ist. Sie möchte wissen, ob ich mich um sie kümmere, egal, was kommt.«

Jetzt waren wir beim *N* von RAIN angelangt, beim *Nähren*. Ich bat Sophia, sich einen Moment Zeit zu lassen, zu atmen und sich dann an ihr weisestes, liebevollstes Selbst zu wenden – an den Teil von sich, der dieses kleine Mädchen sehen und ihre Traurigkeit und Zärtlichkeit fühlen konnte.

»Manche Menschen stellen sich diesen Teil als ihr ›höheres Selbst‹ oder ›künftiges Selbst‹ vor«, erklärte ich. »Vielleicht kennst du diesen weisen, liebevollen Ort in dir von deiner Arbeit mit den Kindern in der Einrichtung, wo du dich so für sie interessierst und um sie kümmerst.«

Sophia öffnete die Augen und sagte sanft: »Das stimmt. Genauso empfinde ich es manchmal – diese Kinder sind noch so jung und haben es so schwer. Dabei ist es nicht ihre Schuld.« Sie hielt inne. »Mein künftiges Selbst … das klingt gut.«

Sie schloss die Augen wieder, und wir fuhren fort: »Und jetzt leg dir mal die Hand aufs Herz, und schicke genau so, wie du eins dieser Kinder trösten würdest, von deinem künftigen Selbst aus Fürsorge zu deinem jüngeren Selbst und versuch mal, es beim Namen zu nennen.«

Kurz darauf fing sie an, die Stelle über ihrem Herzen langsam und sanft zu streicheln. Dann flüsterte sie: »Ich bin hier, Sophia, ich möchte bei dir sein, es tut mir so leid, dass es so schwer ist. Du bist mir wichtig … du bist mir wirklich wichtig.«

Ein wenig später konnte ich sehen, wie ihr Atem tief und voll wurde, und kurz danach öffnete sie die Augen. Ich fragte sie, wie sie sich fühle. »Als ich sie getröstet habe, hat sich was verändert. Ich fühle mich jetzt leichter – traurig und leicht und entspannter. Als ich gerade so still dagesessen habe, habe ich mich mehr wie … ich selbst … wie die gefühlt, die ich sein will.«

Später, bei unserem darauffolgenden Treffen, erzählte ich Sophia von dem Goldenen Buddha und davon, wie unsere Schutzhülle zu einem Gefängnis werden kann und wir unser Gutsein vergessen. Jetzt aber gab ich ihr eine einfache Aufgabe: RAIN zu üben, wann immer diese selbstkritische Stimme auf sie losgehen wollte, sie beurteilte und ihre Angst schürte. Wichtig war nicht, wie lange sie jeweils übte. Wichtig war, dass sie die Umkehr vollzog, weg von den Gedanken, hin zum *Erkunden* dessen, was in ihrem Körper vorging, und dass sie dem, was sie dort vorfand, Mitgefühl entgegenbrachte.

Als Sophia ging, sagte sie: »Wieder ins College zu gehen, kann ich mir nur vorstellen, wenn mein künftiges Selbst an meiner Stelle geht.« Ich lachte. Dann sagte ich ihr eines der Dinge, die ich an RAIN am liebsten mag: »Je mehr du dich mit Selbstmitgefühl *nährst,* desto mehr wirst du merken, dass du aus deinem künftigen Selbst heraus lebst – aus der besten Version deiner selbst.«

Nach RAIN: Das Gold erblicken

Als sie RAIN abgeschlossen und noch ein wenig still dagesessen hatte, fühlte sich Sophia viel mehr wie sie selbst, wie sie sein wollte. Diese Ruhemomente, in denen wir die Fülle unserer eigenen Präsenz wahrnehmen, nenne ich *nach RAIN*[3] (*after the rain* = nach dem Regen). Genau wie die Frische und die Klarheit nach einem echten Regen zeigen sich die ersten Früchte von RAIN oft direkt nach Abschluss der vier Schritte. Gerade diese kostbaren Momente verpassen wir jedoch in der Geschäftigkeit unseres Lebens nur allzu oft. Statt sofort weiterzumachen, lohnt es sich, innezuhalten und in der Präsenz zu ruhen. Dann merken wir vielleicht, dass sich unser Selbstgefühl ausgedehnt hat. Wir stecken nicht mehr in einer uns begrenzenden Geschichte fest, sind nicht mehr mit unserem ängstlichen oder unzulänglichen Ich identifiziert. Wir werden uns unserer natürlichen Offenheit, Wachheit und Zärtlichkeit bewusst. Das ist eine wertvolle Kostprobe unseres Goldes, unseres elementaren Gutseins.

Für Sophia war die Verbindung mit dieser offenen Präsenz des Herzens ein Anfang: Sie begann, sich selbst zu vertrauen. Nachdem sie ins College zurückgekehrt war, schrieb sie mir mehrere E-Mails. Eine fing so an: »Ich dachte immer, Zach wäre mein ›Sicherheitsnetz‹. Jetzt stelle ich fest, dass mein künftiges Selbst immer da ist, um mich zu halten.« Außerdem schrieb sie mir von einem neunjährigen Mädchen in der Jugendhilfe-Einrichtung, in der sie ihr Praktikum machte. Das Mädchen war im Waisenhaus sexuell missbraucht worden, sie sprach zuerst nicht und nahm erst recht keinen Augenkontakt mit dem Personal auf. Doch bei Sophias drittem Besuch fragte das kleine Mädchen, wann sie denn wiederkäme. »Ich sagte ihr, nächste Woche, und fragte sie, ob ich sie zum Abschied umarmen dürfte. Sie nickte scheu und war ganz schön steif,

3 Wie die vier Schritte von RAIN ist auch dieser Schritt – *nach RAIN* – im folgenden Text stets kursiv geschrieben.

aber als wir uns dann umarmten, wollte sie mich gar nicht mehr loslassen.«

In jedem von uns gibt es den Ruf, uns mit dem Gold zu verbinden und aus ihm heraus zu leben. Wir wollen unsere wahre Natur manifestieren, egal, ob wir sie unser künftiges Selbst, höheres Selbst, erwachtes Herz, Buddha-Natur, den Großen Geist, Christusbewusstsein oder das Göttliche nennen. Die Identifizierung mit den Schutzhüllen unseres Egos ist zwar universeller Teil unseres Entwicklungsweges, doch das Erwachen des radikalen Mitgefühls befreit uns von dieser beengenden Trance. Der RAIN-Prozess kann uns heimführen in das leuchtende, liebende Gewahrsein, das unsere Essenz ist, und aus dieser mitfühlenden Präsenz heraus können wir leben. Im zweiten Teil werden wir erkunden, wie wir RAIN als heilende Übung direkt an die Orte der Angst und Verletztheit bringen können, die diesem inneren Leuchten am meisten im Wege stehen.

In den folgenden Kapiteln werden Sie zudem Vorschläge finden, wie Sie Ihre RAIN-Praxis an eine große Bandbreite an Situationen anpassen können. Hier eine Zusammenfassung der grundlegenden Schritte, auf die Sie sich jederzeit beziehen können.

Meditation: RAIN Schritt für Schritt

Setzen Sie sich in eine Ruheposition, schließen Sie die Augen und nehmen Sie einige tiefe Atemzüge. Vergegenwärtigen Sie sich eine akute Situation, in der Sie sich festgefahren fühlen und die eine schwierige Reaktion hervorruft wie Wut oder Angst, Scham oder Hoffnungslosigkeit. Es könnte sich um einen Konflikt mit einem Familienmitglied handeln, um eine chronische Krankheit, ein Versagen bei der Arbeit, die Qual einer Sucht, ein Gespräch, das Sie jetzt bereuen. Nehmen Sie sich Zeit, um Zugang zu der Erfahrung zu bekommen und die Szene oder Situation zu visualisieren, sich an die gesprochenen Worte zu erinnern, die leidvollsten Momente zu empfinden. Der Kontakt zu dem aufgeladenen Kern des Erlebnisses ist der Ausgangspunkt für eine Erkundung der heilenden Präsenz von RAIN.

R: Recognize – Erkennen Sie, was gerade passiert

Fragen Sie sich, während Sie die Situation noch einmal reflektieren: »Was passiert gerade jetzt in meinem Innern?« Welcher Empfindungen sind Sie sich am stärksten bewusst? Welcher Gefühle? Rasen die Gedanken im Kopf? Nehmen Sie sich ein wenig Zeit, um wahrzunehmen, was dominiert, um sich der emotionalen Grundstimmung der Situation bewusst zu werden.

A: Allow – Lassen Sie das Leben so zu, wie es gerade ist

Senden Sie Ihrem Herzen die Botschaft, diese ganze Erfahrung »so sein zu lassen«. Finden Sie die Bereitschaft in sich, innezuhalten und zu akzeptieren, dass in solchen Momenten »ist, was ist«. Sie können damit experimentieren, innerlich Worte zu flüstern wie: »Ja«, »Ich bin einverstanden« oder »Ich lasse es da sein«.

Vielleicht sagen Sie erst einmal Ja zu einem riesigen inneren Nein, zu einem sich in Abwehr schmerzhaft zusammenziehenden Körper und Geist. Vielleicht sagen Sie Ja zu dem Teil von Ihnen, der sagt: »Ich hasse das!« Das gehört zu dem Prozess dazu. An diesem Punkt Ihrer RAIN-Übung stellen Sie einfach nur fest, was wahr ist, und versuchen es nicht zu beurteilen, zu verdrängen oder zu kontrollieren.

I: Investigate – Erkunden Sie, was Sie gefunden haben, mit sanfter, neugieriger Aufmerksamkeit

Begegnen Sie Ihrer Erfahrung mit interessierter, liebevoller Aufmerksamkeit. Die folgenden Fragen könnten dabei hilfreich sein. Experimentieren Sie einfach damit, Reihenfolge und Inhalt können Sie gern variieren.

- Was ist das Schlimmste daran; was verlangt am dringendsten nach meiner Aufmerksamkeit?
- Was ist am schlimmsten/schmerzhaftesten an dem, was ich glaube?
- Welche Emotionen wirft das auf (Angst, Wut, Trauer)?
- Wo im Körper sind meine Gefühle dazu am stärksten spürbar (beachte: Es könnte hilfreich sein, die Aufmerksamkeit auf Kehle, Brust und Bauch zu lenken)?
- Wie sind die Gefühle genau – also die gefühlte Wahrnehmung, die Empfindungen (z.B. verkrampft, rau und heiß)?
- Was bemerke ich, wenn ich den Gesichtsausdruck und die Körperhaltung einnehme, die diese Gefühle und Emotionen am besten widerspiegeln?
- Sind mir diese Gefühle vertraut, habe ich sie früher schon mal erlebt?
- Was würde der verletzlichste Teil in mir sagen, wenn er sich ausdrücken könnte (in Worten, Gefühlen, Bildern)?
- Was wünscht sich dieser Teil von mir?
- Was braucht dieser Teil am meisten (von mir oder von irgendeiner größeren Quelle der Liebe und Weisheit)?

Und zu guter Letzt: Viele Schüler verstehen das *Erkunden* als Einladung, ihre kognitiven Fähigkeiten einzuschalten – die Situation oder sich selbst zu analysieren und nach den vielen möglichen Ursachen ihres Leides zu suchen. Das ist ein verbreitetes Missverständnis und kann leicht davon ablenken, dass der Kern dieses RAIN-Schrittes darin besteht, unser Körpergewahrsein zu wecken. Eine mentale Analyse mag zwar vielleicht unser Verständnis fördern, doch das eigentliche Tor zu Heilung und Freiheit ist das sich Öffnen für unsere körperliche Erfahrung.

Lenken Sie daher die Aufmerksamkeit immer wieder auf Ihren Körper zurück, statt darüber nachzudenken, was vorgeht. Nehmen Sie direkt Kontakt auf zu der gefühlten Wahrnehmung und den Empfindungen im verletzlichsten Bereich in Ihrem Innern. Horchen Sie, sobald Sie voll und ganz präsent sind, was dieser Bereich wirklich braucht, um heilen zu können.

N: Nurture – Nähren Sie sich mit liebender Präsenz

Wie ist Ihre natürliche Reaktion, wenn Sie spüren, was gebraucht wird? Vielleicht wollen Sie sich, wenn Sie sich an den weisesten, mitfühlendsten Teil Ihres Seins wenden, eine liebevolle Botschaft oder eine innere, zärtliche Umarmung senden. Sie könnten sich zum Beispiel sanft die Hand aufs Herz legen. Sie könnten sich als Kind in einem weichen, leuchtenden Licht visualisieren. Sie könnten sich jemanden vorstellen, dem Sie vertrauen – einen Elternteil oder ein Haustier, einen Lehrer oder eine spirituelle Persönlichkeit –, jemanden, der Sie mit Liebe umfängt. Zögern Sie nicht und experimentieren Sie mit Möglichkeiten, wie Sie sich mit Ihrem Innenleben anfreunden können, egal, ob durch Worte oder Berührung, durch Bilder oder Energie. Finden Sie heraus, wodurch Sie sich am besten *genährt* fühlen können, was dem verletzlichsten Teil in Ihnen ermöglicht, sich geliebt, gesehen und sicher zu fühlen. Verbringen Sie damit so viel Zeit, wie Sie benötigen. Bieten Sie sich innerlich Fürsorge an und lassen Sie sie zu.

Nach RAIN

Bei den vier RAIN-Schritten gilt es, unsere Aufmerksamkeit bewusst zu lenken. *Sind diese vier Schritte abgeschlossen, verlagern wir uns vom Tun aufs Sein.* In dieser Phase besteht die Einladung darin, sich zu entspannen und loszulassen, hinein in den Herzraum, der sich aufgetan hat. Ruhen Sie in diesem Gewahrsein und werden Sie damit vertraut; dies ist Ihr wahres Zuhause. Stellen Sie sich nun, während Sie der Qualität Ihrer Präsenz – der Offenheit, Wachheit, Zärtlichkeit – Ihre Aufmerksamkeit schenken, folgende Fragen:

- Welches Gefühl meines Seins – dessen, wer ich bin – habe ich in diesem Moment?
- Was hat sich verändert, seit ich mit der Meditation begonnen habe?

Beachten Sie: Falls Sie sich noch wund und ungeschützt fühlen oder eine neue Schwierigkeit auftreten sollte, schließen Sie auch diese Gefühle liebevoll mit ein.

Meditation: Das künftige Selbst aufrufen

Bei dieser Meditation können Sie für das »künftige Selbst« gern auch andere Begriffe wie »weises Selbst«, »höheres Selbst«, »erwachtes Herz«, »erwachter Geist« oder sonstige verwenden, mit denen Sie Ihr am höchsten entwickeltes Sein bezeichnen mögen.

Finden Sie eine bequeme Position, schließen Sie die Augen und werden Sie ruhig. Nehmen Sie einige lange, tiefe Atemzüge, um Ihre Aufmerksamkeit zu sammeln. Lassen Sie bei jedem Ausatmen ein wenig mehr von der angestauten Anspannung im Körper los.

Scannen Sie Ihre Gegenwart durch und lassen Sie Ihre Aufmerksamkeit zu einer Situation wandern, in der Sie sich emotional reaktiv und gefangen fühlen – aufgrund von Angst, Verletztheit oder Wut.

Schauen Sie jetzt in die Zukunft und visualisieren Sie das Zuhause Ihres künftigen Selbst in zehn oder zwanzig Jahren. Wo sehen Sie dieses künftige Selbst in diesem Zuhause? Sind Sie drinnen oder draußen? In einem bestimmten Raum? Gibt es dort Bilder, Möbel oder Pflanzen in der Nähe, die eine bestimmte Bedeutung für Sie haben? Wie sieht Ihr künftiges Selbst aus – Kleidung, Haare, Gesichtsausdruck? Welcher Ausdruck liegt in den Augen Ihres künftigen Selbst? Ist dort Freundlichkeit zu spüren? Heißt es Sie liebevoll willkommen?

Nehmen Sie sich etwas Zeit, um sich mit dem Körperbereich zu verbinden, an dem Sie sich besonders festgefahren und verletzlich fühlen, und erzählen Sie Ihrem künftigen Selbst von Ihrer derzeitigen Schwierigkeit.

Stellen Sie sich nun vor, wie Ihr künftiges Selbst Ihrem jetzigen Selbst heilende Aufmerksamkeit und Fürsorge schenkt. Vielleicht verspüren Sie eine liebevolle Berührung oder eine Energie, die Sie umfängt. Vielleicht bekommen Sie einen Rat oder eine Bestärkung. Können Sie diese Wärme, Fürsorge und Weisheit voll und ganz annehmen? Spüren Sie, wie Ihr künftiges Selbst Sie hält und mit liebender Präsenz anfüllt. Nehmen Sie wahr, wie auch die tiefste Angst und Trauer und alles, was sich jetzt am schwierigsten anfühlt, in diese offene, nährende Präsenz aufgenommen werden kann. Entspannen Sie sich in die Umarmung Ihres künftigen Selbst hinein, bis Sie voll und ganz mit ihm verschmelzen, bis Sie eins sind mit Ihrem künftigen Selbst.

Nehmen Sie sich noch ein wenig Zeit, um zu spüren, dass die Liebe und Weisheit Ihres am höchsten entwickelten Seins jetzt und stets in Ihnen lebt. Vertrauen Sie darauf, dass Sie mit einiger Übung immer leichter Zugang finden werden zu diesem erwachten, mitfühlenden Herzraum.

FRAGEN UND ANTWORTEN

Was ist, wenn ich keinen Kontakt bekomme zu einem künftigen oder höheren Selbst?

Diese Frage stellen mir viele Leute, denn jeder von uns kennt das Gefühl, abgeschnitten zu sein. Die Teile von uns, die Großzügigkeit oder Freundlichkeit verkörpern, scheinen uns Welten entfernt oder gar nicht existent, wenn wir uns emotional reaktiv und gefangen fühlen. Doch das stimmt nicht; sie sind ja da! Trotzdem ist es eine Lebensaufgabe, den am höchsten entwickelten Ausdruck unseres Selbst anzurufen. Und mit jedem Mal, wo wir es tun, gewinnt der Ruf an Kraft. Hier zwei vielleicht hilfreiche Herangehensweisen.

- Achten Sie darauf, wenn sich im Alltag ein Ausdruck Ihres erwachten Herzens und Geistes findet – wenn Sie zum Beispiel staunend den Nachthimmel betrachten; voller Zärtlichkeit eine Freundin umarmen, der es schlecht geht; achtsam atmen und innerlich ganz still werden; hören, wie sich jemand, den Sie lieben, hart verurteilt, und sich zutiefst wünschen, er könnte sich durch Ihre Augen sehen. In solchen Momenten ist Ihr erwachtes Selbst präsent. Nehmen Sie sich einen Augenblick Zeit, um *diese gefühlte Wahrnehmung Ihrer Erfahrung zu erkennen und zu erforschen*. Dieser Herzraum, dieses liebende Gewahrsein, ist Ihre wahre Natur. Machen Sie sich damit vertraut. Flüstern Sie sich zum Beispiel zu: »Vergiss das nicht.« Erinnern Sie sich an diese Momente, wenn Sie sich wieder einmal festgefahren fühlen, und öffnen Sie sich dafür. Mit ihrer Hilfe werden Sie sich leichter mit dem (inneren) Gold verbinden können, das schon immer da gewesen ist.
- Handeln Sie, wenn Sie sich festgefahren fühlen, »als ob« Ihr künftiges Selbst zugänglich, ganz nah, sich Ihrer gewahr wäre und Ihnen zuhörte. Flüstern Sie, auch wenn es sich äußerlich

und mechanisch anfühlt, Ihr Gebet oder Ihren Wunsch, diese fürsorgliche Präsenz innig zu erfahren. Mit einiger Übung werden Sie feststellen, dass schon allein die Ansprache Ihres künftigen Selbst Sie dieser erwachten, gütigen Präsenz näherbringt.

Wie weiß ich, ob ich mir nicht etwas vormache, wenn es um mein weises oder künftiges Selbst geht?

Oft haben meine Schüler Angst, sie würden nur fantasieren und sich einfach jemanden heraufbeschwören, der sie gern sein würden. Falls Ihr künftiges Selbst Nobelpreisträger, Präsident oder Papst oder etwa … alle drei zugleich … sein sollte, ist das natürlich gut möglich! Denn das künftige Selbst hat nichts mit äußerlichen Errungenschaften zu tun. Es drückt eher aus, wer Sie sind und wie Sie leben, wenn Ihr Herz offen und weit ist und Ihr Geist klar und wach.

Sie können sich in der Zukunft als weise und mitfühlend sehen, weil diese Fähigkeiten bereits Teil von Ihnen sind. Deshalb machen Sie sich damit nichts vor, sondern im Gegenteil: Sie bringen Ihr eigenes Potenzial hervor, wenn Sie über Ihr weises, künftiges Selbst nachdenken. Und je mehr Sie die Qualitäten heraufbeschwören, die Ihnen am wertvollsten sind, umso mehr werden diese zu einem zugänglichen und beständigen Teil Ihres Seins.

Was ist, wenn RAIN bei mir nicht funktioniert?

Oft leben wir jahrzehntelang mit anhaltenden Ängsten und in emotionaler Reaktivität. Solche schmerzhaften Knoten brauchen Zeit, um sich zu lösen. Es ist ganz natürlich, das Gefühl zu haben, dass das, was man dagegen tut, nicht funktioniert. Zu manchen Zeiten werden Sie sich nach einem RAIN-Prozess schlechter fühlen, weil Sie die Kraft der alten, eingefahrenen Muster zu spüren bekommen. Oder Sie bleiben in einem der vier Schritte stecken, etwa so:

R – ***Erkennen:*** Sie sind etwa aufgewühlt und verwirrt, und wenn

Sie dann versuchen, innezuhalten und zu *erkennen,* was gerade passiert, fühlen Sie sich einfach nur überfordert und unklar.

A – *Zulassen:* Sie werden sich eines tiefen Schamgefühls bewusst und *lassen* nicht *zu,* dass es da ist.

I – *Erkunden:* Sie kommen mit Ärger in Berührung, der sich, sobald Sie ihn *erkunden,* zu blanker Wut auswächst. Dadurch geraten Sie in alte Wutgeschichten hinein und übertragen sie in den Alltag, statt die Übung zu Ende zu machen. Oder Sie *erkennen* eine Angst, *lassen zu,* dass sie ein wenig da ist, beginnen sie zu *erkunden* und werden dann so bange, dass Sie lieber online gehen und sich ablenken.

N – *Nähren:* Sie kommen mit Selbstkritik und Selbsthass in Berührung und finden keinen Weg, die Teile Ihres Seins zu *nähren,* die sich so wenig liebenswert anfühlen.

Nach RAIN: Sie denken, dass Sie schon alle RAIN-Schritte durchlaufen haben, doch wenn Sie dann am Ende versuchen, in der Stille der Präsenz zu ruhen, merken Sie, dass Sie innerlich ruhelos, abgelenkt oder verängstigt sind.

Daraus könnten Sie nun den Schluss ziehen, dass der RAIN-Prozess nicht funktioniert hat. Tatsächlich aber durchbricht jede absichtsvolle Bewegung hin zur Präsenz auch dann, wenn Sie wieder in die Trance zurückfallen, die alten Muster und dient Ihrer Heilung. Selbst wenn Sie in Gedanken abdriften sollten, können Sie darauf vertrauen, dass Sie die Angst, Scham oder Wut ein wenig präsenter erleben. Und in diesem Vertrauen werden Sie die Praxis mit RAIN leichter wieder aufnehmen können, sobald Sie bereit dazu sind, und so den Heilungsprozess fortsetzen.

Wie bei allen Übungen, die der Heilung und dem Erwachen dienen, braucht man für den RAIN-Prozess Geduld, Flexibilität und die Bereitschaft zu experimentieren.

- Es könnte sein, dass Sie eine tiefere Erfahrung machen, wenn Sie die RAIN-Schritte mit einem Lehrer oder einer Therapeu-

tin erkunden oder wenn Sie sich eine geführte RAIN-Meditation anhören. Ebenso könnte es sein, dass der RAIN-Prozess erst richtig wirksam für Sie wird, wenn Sie ihn zusammen mit einem Freund oder einer Freundin durchlaufen (vgl. RAIN-Partner, Anhang 2).
- Am meisten werden Sie profitieren, wenn Sie gut geschlafen oder nicht gerade erst (viel, schwer und Süßes) gegessen haben, wenn Sie vorher Körperübungen gemacht oder meditiert haben.
- Hilfreich ist eine Umgebung, in der Sie sich geschützt fühlen.
- Gegebenenfalls macht es auch eine veränderte Medikation (mehr, weniger, gar keine Medikamente) leichter, Kontakt zum Innern zu finden.
- Wenn Sie Ihre Selbstkritik einmal beiseitelassen, neugierig bleiben und weiter üben, werden Sie den für Sie passenden Zugang zum RAIN-Prozess finden.

Wenn ich aus der Fassung bin, weiß ich nicht mal mehr meine Telefonnummer. Wie soll ich mich dann noch an die RAIN-Schritte erinnern?

Je mehr wir uns in emotionaler Reaktivität verstricken, umso weniger erinnern wir uns tatsächlich daran, wie wir da rauskommen. Für viele Menschen bieten folgende Gedächtnisstützen (die auf den ersten beiden, in Kapitel 2 eingeführten, Fragen aufbauen) direkten Zugang zu den Schritten:

- Was passiert gerade in meinem Innern? *(R – Erkennen)*
- Kann ich es genau so lassen, wie es ist? *(A – Zulassen)*
- Was passiert **wirklich** in meinem Innern? *(I – Erkunden)*
- Kann ich dem auch liebevoll begegnen? *(N – Nähren)*

Wann immer Sie sich verloren oder verwirrt fühlen, können Ihnen diese Fragen helfen, wieder zurück auf den Weg zu finden.

TEIL II

RAIN auf das Seelenleben anwenden

4

Negative Selbstüberzeugungen loslassen

Wir tun so, als wäre das etwas Schlechtes,
den Verstand zu verlieren.
Ich sage: Verlieren Sie den Verstand.
Tun Sie es absichtlich. Finden Sie heraus, wer Sie jenseits
Ihrer Gedanken und Überzeugungen wirklich sind.
VIRONIKA TUGALEVA

UNSERE ÜBERZEUGUNG, DASS »irgendwas mit mir nicht stimmt«, ist das, was uns am meisten daran hindert, das Gold in dem, wer wir sind, zu erkennen. In meinem Unterricht über die Trance des geringen Selbstwertgefühls werde ich oft gefragt: »Warum halten wir so sehr an dem Glauben an unsere Unzulänglichkeit fest? Warum sind wir unserem Leiden gegenüber so loyal und so süchtig nach Selbstkritik?«

Auch wenn wir uns vielleicht danach sehnen, uns selbst zu akzeptieren und zu vertrauen, kann sich der Versuch, solche negativen Selbstüberzeugungen loszulassen, anfühlen, als wollten wir uns etwas tief in unserem Körper Verborgenes austreiben. Was in gewisser Weise stimmt.

Unsere Überzeugungen leben nicht nur in unserem Geist, sondern in der Gesamtkonstellation von Gefühlen und Emotionen, die in unserem Körper eingebettet sind. »Our issues are in our tissues« (Unsere Probleme sind in unserem Gewebe), so lautet eine von mir geliebte englische Redewendung. Sie sind uns so vertraut. Sie fühlen sich an wie »ich«. Die meisten wurzeln in Interpretationen der Wirklichkeit, die aus unserer frühen Kindheit stammen, und wir verlassen uns auf sie, um uns von ihnen schützen und leiten zu lassen. Sie sagen uns, wer wir sind und was wir von uns selbst, von anderen und von der Welt erwarten können.

Unsere stärksten negativen Selbstüberzeugungen entstammen frühen Erfahrungen von Angst und Verletzung. Aufgrund einer dem Überleben dienenden negativen Erwartung erinnern wir uns eher an schmerzhafte Ereignisse als an angenehme. Wir erinnern uns eher an den kritischen Kommentar als an etwas Bestätigendes, eher an den Hundebiss als an den schönen Sonnenuntergang. Um es mit den Worten des Psychologen Rick Hanson zu sagen: »Das Gehirn ist Klettband für negative Erfahrungen und Teflon für positive.«

Diese Fixierung auf die Dinge, die eine Bedrohung darstellen könnten, vermischt sich mit einer anderen Tendenz, die Bestätigungsverzerrung genannt wird und uns dazu bringt, uns auf Informationen zu fokussieren, die mit unseren bereits vorhandenen Überzeugungen übereinstimmen oder diese bestärken – vor allem im Fall so aufgeladener Themen wie unserem Wert als Mensch. Fazit: Wir schaffen uns eine wasserdichte Hülle für unseren Glauben an unsere persönliche Unzulänglichkeit.

Diese Gefühle der Unzulänglichkeit erhalten wir im Alltag mithilfe unseres ständigen inneren Dialogs aufrecht. Wenn Sie Ihre Gedanken beobachten, stellen Sie vielleicht fest, wie im Hintergrund permanent der innere Richter nachfragt: »Wie schneide ich ab?« und die Kluft zwischen irgendeinem Ideal und dem, was ist, bemängelt. Vielleicht stellen Sie zudem fest, dass Sie Angstgedanken haben, das Scheitern warte direkt an der Ecke auf Sie oder man werde Sie aufgrund Ihrer Mängel und Schwächen zurückweisen.

Solange wir unser Denken auf Angst gründen, werden diese Überzeugungen in Kraft bleiben. Der Schriftsteller Carlos Castaneda schreibt, dass wir unsere Welt mit unserem inneren Gerede aufrechterhalten und dass die Welt sich vollkommen verändert, sobald wir aufhören, mit uns selbst zu reden.

Eine überlieferte Geschichte aus Polynesien erfasst genau, welch hohen Preis wir bezahlen, wenn wir nach unseren Ängsten und Selbstzweifeln handeln:

In alter Zeit ging eine hochverehrte Stammesführerin regelmäßig zum Fluss, um ihre Haut abzustoßen, und jedes Mal kehrte sie erneuert und gestärkt in ihr Dorf zurück. Doch eines Tages änderten sich die Dinge. Als sie heimkehrte, lief ihre Tochter angsterfüllt vor ihr davon, weil diese frisch gehäutete Person nicht mehr wie das vertraute Selbst ihrer Mutter aussah.

Da sie ihre Tochter nicht zu trösten vermochte, ging die Frau schließlich zurück zum Fluss, wo sie ihre alte Haut fand, die an einem Stück Treibholz hängen geblieben war, und wieder überzog. Und seit damals, so erzählt es die Geschichte, haben die Menschen ihre Kraft verloren, sich zu verjüngen und voll und ganz zu leben und zu lieben. Sie wurden zu einfachen Sterblichen, verstrickt in die Angst zu versagen und in das Bedürfnis, ihre Mängel und Schwächen zu verbergen.

Aus der Trance des geringen Selbstwertgefühls erwachen

Die am schwersten abzulegende alte Haut besteht aus unserer Grundüberzeugung, dass irgendetwas mit uns nicht stimmt – dass wir unzulänglich oder mit Fehlern behaftet sind. In meiner jahrzehntelangen Arbeit mit Meditationsschülern und Klienten habe ich erlebt, wie diese Überzeugung Menschen daran hindert, Beziehungen einzugehen, wie sie anhaltende Ängste und Depression verursacht, Suchtverhalten schürt und den von ihnen geliebten Menschen schadet. Der Philosoph Friedrich Nietzsche schreibt: »Die Schlange, welche sich nicht häuten kann, geht zugrunde.« Um gedeihen zu können, müssen wir die Überzeugung loslassen, dass etwas mit uns nicht stimmt.

Scannen Sie, um den Aufhänger negativer Selbstüberzeugungen zu erkunden, einen Bereich Ihres Lebens, in dem Sie sich selbst geißeln. Nehmen Sie sich ein wenig Zeit und konzentrieren Sie sich darauf, warum sich die Situation so schlimm anfühlt. Stellen Sie sich die Frage:

Was glaube ich da von mir selbst? Liegt es daran, dass ich versage? Dass ich ein schlechter Mensch bin, weil ich andere verletze? Dass man mich zurückweisen wird? Dass ich nie die Intimität oder den Erfolg haben werde, nach denen ich mich sehne? Dass ich nicht liebenswert bin?

Und jetzt die Frage:

Was ist falsch daran, diese Überzeugung loszulassen? Oder: »*Was könnte Schlimmes passieren, wenn ich dieses Selbsturteil loslassen würde?* Wenn ich Menschen – sei es einzeln oder in einer Gruppe – diese Frage stelle, bekomme ich Antworten wie folgende zu hören:

»Ich werde mich nie ändern und zu dem Menschen werden, der ich sein möchte.«
»Ich habe Angst, ich könnte sogar noch schlimmer sein.«
»Ich wäre machtlos; ich hätte keine Möglichkeit, auf mich achtzugeben, mich zu schützen.«
»Andere würden mich nur umso mehr verurteilen, und ich wäre dann auf ihre Kritik nicht gefasst.«
»Ich wüsste nicht, wer ich dann wäre.«
»Ich wüsste nicht, wie ich dann leben sollte.«

Beim gemeinsamen Erkunden dieser Überzeugungen erwähnen manche Leute auch ihre Angst, wie andere auf ihre Wandlung reagieren würden. Genau wie die Frau, die zurück zum Fluss ging, um die Angst ihrer Tochter zu beschwichtigen, bleiben wir in unserer alten Haut, um den Erwartungen anderer zu entsprechen. Die Erfahrung des ungenügenden Selbst kann bequem sein, weil es uns vertraut ist. Häufig bauen wir unsere Beziehungen auf der Grundlage einer Unsicherheit auf, die wir teilen. Wir entwickeln Abhängigkeiten aus der Rolle der oder des »Unzulänglichen« oder »Schwachen« heraus. Das kleinste Kind in einer Familie bleibt immer das

»Baby«, der mit den Drogenproblemen bleibt der »Süchtige«, die Dominante und Aggressive »das Alphatier«. Unsere Selbstidentität wird bestärkt durch das, was andere von uns glauben, und wir machen insgeheim mit, indem wir so bleiben. Wir schützen lieber die Beziehung, statt zu riskieren, das Boot ins Wanken zu bringen.

Häufig sagen mir Schüler, sie bräuchten ihre Selbstkritik, weil sie sonst, wenn sie selbst nicht an das dächten, was mit ihnen nicht stimmt, von anderen daran erinnert würden. Sie sagen mir: »Ich bin nicht der Einzige, der denkt, dass ich unzulänglich bin; die anderen sagen dasselbe von mir.« Für sie fühlt es sich gefährlich an, die Schutzhaut der alten Überzeugungen abzulegen; sie möchten nicht unangenehm überrascht werden.

Auf diese Weise bieten uns häufig unsere negativen Selbstüberzeugungen, so schmerzhaft sie auch sein mögen, eine gewisse Sicherheit, Orientierung und Kontrolle. Wir können locker Jahre oder Jahrzehnte in Trance verbringen und unser Gefühl, unzulänglich und minderwertig zu sein, mit einer auf Selbstkritik und ängstlichem Denken basierenden Geschichte aufrechterhalten. Erst wenn wir uns direkt für das Leid öffnen, das in dieser Trance steckt – dafür, wie es uns von anderen und von unserem eigenen Herzen und Geist abschneidet und dass wir gar nicht glauben *müssen,* wir seien unzulänglich –, können wir erahnen, welche Freiheit uns geschenkt wird, wenn wir diese alte Haut abstreifen.

Wirklich, aber nicht wahr

Janice war alleinerziehende Mutter und eine Freundin von mir, die inzwischen auch zu meinen wöchentlichen Meditationskursen kam. Neben einem anstrengenden Job fühlte sie sich hin- und hergerissen zwischen den Bedürfnissen ihres fünfzehnjährigen Sohnes Bruce, der mit einer Sozialphobie zu kämpfen hatte, und den Bedürfnissen ihres Vaters, der einzig und allein auf ihre Besuche hinlebte. Zweimal die Woche ging sie früher von der Arbeit weg und quälte sich fünfundvierzig Minuten mitten durch den Berufsverkehr, um zu der Einrichtung für betreutes Wohnen zu gelangen, in der ihr Vater lebte. Sein Gesicht hellte sich immer auf, wenn sie kam, und wenn sie sich wieder auf den Weg machte, fragte er ängstlich, wann sie denn wiederkäme. Sie verübelte ihm, dass er ihr ein schlechtes Gewissen einflößte; es störte sie, dass ihr Zeit verloren ging, die sie sonst für ihren Sohn gehabt hätte; am meisten jedoch nahm sie es sich selbst übel, dass sie nicht offener, warmherziger und liebevoller war.

Janice hatte angefangen, RAIN zu praktizieren, doch dieser Knoten aus Groll hatte sich bislang nicht gelöst. Bei einem unserer Spaziergänge bat sie mich um Hilfe. Ich schlüpfte also schnell in die Rolle der Lehrerin und fragte sie, was sie denn über sich selbst glaube. »Ich versage an allen wichtigen Fronten«, lautete die sofortige Antwort. Dann schüttelte sie resigniert den Kopf und fuhr fort: »Weißt du, Tara, ich enttäusche sie … und das ist jetzt wirklich schrecklich, aber ich bin einfach kein liebevoller Mensch.«

Wenn uns eine Freundin eine so schmerzhafte Selbsteinschätzung kundtut, möchten wir sie am liebsten gleich beschwichtigen. »Natürlich bist du ein liebevoller Mensch … Erinnerst du dich noch, damals …?« Stattdessen stellte ich Janice eine Frage, die sie nicht erwartet hatte und die Byron Katie in ihrer Arbeit verwendet: »Stimmt das? Stimmt es, dass du versagst und dass du kein liebevoller Mensch bist?«

Sie antwortete ungeduldig: »Alles deutet darauf hin.«

Ich fragte noch einmal: »Bist du sicher, dass du versagst, dass du nicht liebevoll genug bist? Stimmt das wirklich?« Diesmal zögerte sie, bevor sie antwortete.

»Okay, Tara, es *fühlt* sich wirklich so an. Ich mag mich derzeit nicht besonders … Aber nein, ich nehme an, ich bin mir nicht ganz sicher.« Wir gingen eine Weile schweigend nebeneinander her, und wenn ich zu Janice hinsah, wirkte sie zwar nachdenklich und traurig, aber nicht mehr ganz so düster.

Da gab ich einen Ausspruch an sie weiter, den ich von einem meiner Lehrer gelernt habe: »Wirklich, aber nicht wahr.« Ja, unsere Überzeugungen und die Gefühle dahinter sind Wirklichkeit; sie sind in unserem Körper und Geist vorhanden und haben unglaubliche Macht über uns. Doch müssen wir uns fragen, ob sie zu unseren aktuellen, sich ständig wandelnden Erfahrungen im Leben passen. Mit anderen Worten: Stimmen sie wirklich?

Unsere Gedanken sind Clips und/oder Bilder, die in unserem Kopf eine Karte von der Wirklichkeit bilden. Manche Karten sind nützlich, wie zum Beispiel der Gedanke, dass ich, wenn ich zu viel Koffein zu mir nehme, nicht mehr richtig präsent bin für andere. Damit kann ich mein Verhalten beeinflussen. Andere Karten sind schädlich, wie zum Beispiel die Überzeugung, dass ich, wenn ich einer Freundin eine Absage erteile, ein schlechter Mensch bin.

In beiden Fällen geht es darum zu erkennen, dass diese Gedanken oder Überzeugungen, um es mit einem Zen-Lehrsatz zu sagen, nur der Finger sind, der auf den Mond zeigt, und nicht der Mond selbst.

An dem darauffolgenden Mittwoch kam ich (ohne Janice zu erwähnen) im Meditationskurs auf dieses Thema zurück. Unsere Überzeugungen sind Wirklichkeit, weil wir sie mental, emotional und körperlich als Wirklichkeit erleben. Und sie haben eine reale Auswirkung auf unser Leben! Wie Gandhi es ausdrückt, führen sie zum Tun, sie bilden unseren Charakter und formen unser Schicksal. Doch sind diese Überzeugungen – und zwar auch die, die sich unverrückbar wahr anfühlen – nur mentale Darstellungen oder Symbole unserer Erfahrung.

Wenn ich erkenne, dass »ich meine Gedanken nicht zu glauben brauche …, dass es nur Gedanken sind«, kann dies mein Leben verändern! Egal, welche Geschichte wir über uns selbst erzählen, sie entspricht nicht der sich entfaltenden Wirklichkeit dessen, wer wir sind: dem sich wandelnden Leben unserer Empfindungen, der Zärtlichkeit unseres Herzens, dem Bewusstsein, das gerade jetzt diese Worte sieht oder hört. Doch weil wir mit unseren Überzeugungen die Wirklichkeit ständig filtern und interpretieren, verwechseln wir unsere Geschichten über uns und die Welt mit der Wirklichkeit selbst. Zu verstehen, was die Aussage »wirklich, aber nicht wahr« bedeutet, kann uns aus diesem Gefängnis befreien.

In den Wochen darauf öffneten diese Lehren Janice einen winzig kleinen, aber wichtigen Spalt zur Hoffnung, sodass ihre Bereitschaft wuchs, die eigene Aufmerksamkeit zu schärfen. Das habe ich wieder und wieder erlebt. Sobald wir genug Abstand haben und erkennen können, dass »ich nicht meine Gedanken bin« oder dass »das nur eine Vorstellung ist«, klinken wir uns aus dem inneren Dialog aus. Das schenkt uns Entscheidungsfreiheit. Es ermöglicht uns, in ein umfassenderes Gewahrsein hinein zu erwachen.

Überzeugungen mithilfe von RAIN loslassen

RAIN kann hier entscheidend Hilfe leisten, um den Griff der auf Angst gründenden Überzeugungen systematisch zu lösen. Janice und ich gingen die RAIN-Schritte in regelmäßigen Abständen weiter gemeinsam durch, und sie praktizierte jetzt täglich – manchmal nur für ein paar Minuten, manchmal länger. Wochen später erzählte sie mir von einem Erlebnis.

Als sie das Auto eines Nachmittags bei der Einrichtung ihres Vaters geparkt hatte, beschloss sie spontan, RAIN zu machen, bevor sie zu ihm ging. Sie stellte den Sitz zurück, schloss die Augen und fragte sich: »Was passiert gerade in meinem Innern?« Eine vertraute Stimme in ihrem Kopf sagte: »Das hier ist das Letzte, was ich gerade machen will. Ich habe nicht die Zeit dafür.« Ihre Kiefer waren zusammengepresst. Wenn sie an ihren Vater dachte, spürte sie nur Verpflichtung, Gereiztheit, Schuld, Angespanntheit.

Indem sie ihre Aufmerksamkeit so nach innen wandte, vollzog Janice eine Umkehr, und das war ihr Ausgangspunkt. Sie *erkannte* das ganze Gefühlswirrwarr, und statt sich dafür zu verurteilen und die Gefühle von sich zu stoßen, *ließ* sie den Schmerz *zu*. Nach einigen Atemzügen tauchte sie tiefer ein und begann, sie zu *erkunden,* um besser zu verstehen, was gerade passierte. Sie fragte sich sanft: »Was ist das Schlimmste daran?« und landete mit ihrer Aufmerksamkeit sofort bei ihrer Brust, wo sie Hitze, Enge und Druck wahrnahm. »Okay«, sagte sie zu sich, »ich bin wütend.« Und als sie die Wut einfach da sein ließ, verwandelte diese sich langsam in ein Gefühl von Machtlosigkeit. Janice konnte unmöglich Vater, Sohn und Arbeit zugleich gerecht werden. Sie versagte; sie würde immer versagen. Jetzt gesellte sich zu dem Gefühl der Hilflosigkeit noch die Selbstverurteilung: »Ich mag einfach nicht, wer ich bin. Ich mag dieses grimmige, wütende, engherzige, hilflose Selbst nicht.«

Das *Erkunden* hatte ihr einen Kontakt zu dem ermöglicht, wovor sie weggelaufen war: zu der tiefen Überzeugung, dass sie versagte und kein liebenswerter Mensch war. Dann erinnerte sie sich an die Frage, die wir uns gemeinsam angeschaut hatten: »Ist es möglich, dass diese Überzeugungen wirklich, aber nicht wahr sind?« Diese Frage schenkte ihr genug Raum, um mit all dem, was da in ihr emporstieg, präsent bleiben zu können.

Dann fragte sie sich: »Wie sieht eigentlich meine innere Erfahrung aus, wenn ich das glaube?« Ihr Herz fühlte sich wund und fest verschlossen an, angefüllt mit einem sehr kindlichen Gefühl von Hilflosigkeit und Scham. Zudem überkam sie eine erdrückende Welle der Erschöpfung. Da sie nun im Kontakt mit diesem tiefen emotionalen Schmerz im Körper war, wurde ihr klar, dass diese Gefühle schon so lange in ihr vergraben waren, wie sie denken konnte. Trauer und Selbstmitgefühl stiegen in ihr auf.

Janice war jetzt bei dem *Nähren* des RAIN-Prozesses angekommen. Weinend und mit einer Zärtlichkeit, wie sie sie einem kleinen Kind entgegengebracht hätte, flüsterte sie sich zu: »Das hier ist wirklich schwierig, und du tust dein Bestes. Du liebst deinen Vater; du liebst Bruce. Jetzt, wo du hier bist, kannst du dich entspannen. Wenn du einfach jetzt mit deinem Vater zusammen bist und ihn jetzt liebst, ist das gut genug. Es ist in Ordnung.«

Und sie entspannte sich tatsächlich, als könnte sie sich einer weisen, liebevollen, elterlichen Umarmung anvertrauen. Sie blieb noch fünf Minuten in der Ruhe, Wärme und Offenheit dieses neu gewonnenen Raumes sitzen, bevor sie ins Haus ging. Als sie zu ihrem Vater ins Zimmer schaute, war er gerade aus einem Nickerchen aufgewacht.

Er strahlte sie an und sagte: »Ich habe eben von dir geträumt, wie du als kleines Mädchen versucht hast, auf Rosie zu reiten.« Sie lachten und tauschten Erinnerungen an den heiß geliebten Hund Rosie aus, was zu weiteren Erinnerungen an gute alte Zeiten führte. Beim Abschied versprach Janice, dass sie bei ihrem nächsten Besuch ein paar Kindheitsfotos mitbringen würde, die sie digitalisiert hatte. Und als sie bei ihrem Wagen war, stellte sie fest, dass ihr Vater gar nicht gefragt hatte, wann sie wiederkäme. Sie *war* wieder da und er nicht mehr so einsam.

RAIN hatte es Janice ermöglicht, sich ganz natürlich, warmherzig und offen mit sich zu verbinden. Das bedeutete allerdings nicht, dass ihre Ressentiments, Schuldgefühle und negativen Überzeugungen nun mit einem Mal auf magische Weise verschwunden wären. Der RAIN-Prozess ist nur selten eine einmalige Sache, tief eingefurchte Überzeugungen und Gefühle tauchen auch weiterhin auf. Im Unterschied zu vorher jedoch konnte Janice nach wochenlanger RAIN-Praxis klar erkennen, dass ihre Überzeugungen nicht der Wirklichkeit entsprachen; sie musste sich in ihrem Leben und ihrem Seinsgefühl nicht von ihnen einschränken und bestimmen lassen.

Beim Einschlafen am Abend nach diesem Besuch bei ihrem Vater dachte Janice darüber nach, wie lange sie von diesem Unzulänglichkeitsgefühl verfolgt gewesen war. Dann stellte sie sich eine der

Fragen, die wir besprochen hatten und die die Erfahrung im Nachgang zu der Übung vertiefen kann: »Wer wäre ich, wenn ich das alles nicht über mich selbst glauben würde?« Die Antwort war ein spontanes Gefühl von Weite, Beschwingtheit und Wärme. Sie erkannte, dass ihr Geist jenseits aller Gedanken oder Überzeugungen existierte. Dieses Vertrauen schenkte Janice ein echtes Gefühl von Frieden.

Wer wir jenseits unserer Überzeugungen sind

Auch wenn man vielleicht viele Übungsrunden benötigt, können die vier RAIN-Schritte sogar den Knebelgriff lebenslanger, höchst toxischer Überzeugungen lösen und die Freiheit eröffnen, die jenseits einer eingrenzenden Selbstidentität steckt. Nehmen Sie die gemachte Erfahrung bewusst wahr, können Sie die beiden Grundeigenschaften dieser Freiheit entdecken:

- Die erste wird in der buddhistischen Psychologie das Gewahren des »Nichtselbst« oder der Leere genannt. Dies bezieht sich auf das Fehlen irgendeines begrenzenden Gefühls von Selbstzentriertheit, Festigkeit oder Dauerhaftigkeit des Selbst. Wir sind frei von der uns begrenzenden Identität eines ängstlichen, unzulänglichen oder abgetrennten Selbst.
- Die zweite Dimension der Freiheit besteht darin, dass wir die Reinheit und Fülle des Gewahrseins an sich bemerken. Wir erfahren diese grenzenlose, wache und zärtliche Präsenz als unsere eigentliche Essenz.

Den Worten des spirituellen indischen Meisters Sri Nisargadatta gemäß sind diese radikalen Ausdrucksformen von Freiheit nicht voneinander zu trennen:

Die Liebe sagt mir, ich bin alles.
Die Weisheit sagt mir, ich bin nichts.
Zwischen diesen beiden fließt mein Leben.

Im Verweilen *nach RAIN* kann eine einfache Nachforschung helfen, das eigene Gewahrsein bewusst zu erleben. Wie Janice könnten Sie sich fragen: »Wer bin ich, wenn ich nichts mehr glaube, das mich begrenzt?« Oder auch: »Wer bin ich, wenn nichts verkehrt ist an mir?« Selbst ein flüchtiger Blick auf das »Nichtselbst« und/oder das Einssein ist ein Vorgeschmack auf das Gold in uns.

Uns selbst verurteilen, andere verurteilen

Parallel zu seiner Mutter veränderte sich auch Bruce. Jahrelang hatte Janice sich Sorgen gemacht, dass die Ängste ihren Sohn davon abhielten, Freundschaften zu schließen und in der Schule zurechtzukommen. Doch als sie begann, ihr Gefühl persönlichen Scheiterns loszulassen, entspannte sie sich auch gegenüber Bruce. Inzwischen genoss sie beim Abendessen seinen verschrobenen Humor und seine schlagfertigen Kommentare und lauschte dann später, wenn sie sich in ihr Büro zurückgezogen hatte, beeindruckt seinem Gitarrenspiel. Ihr Vertrauen wuchs, dass er seinen Weg finden würde, und das sprang auf ihn über. Er fing an, mit zwei Jungen aus seiner Klasse Musik zu machen, und schien es leichter mit sich zu haben.

Eines Tages fragte er in den Osterferien, ob er sie zum Großvater begleiten und ihm ein paar Songs auf seiner neuen Gitarre vorspielen dürfe. Dies war ein großer Schritt, er hatte bisher nie mitgewollt. Ab da besuchten sie ihren Vater bis zu seinem Tod ein Jahr später alle paar Wochen gemeinsam – um ein Ritual aus Geklimper, Gesang und Unterhaltung zu feiern, das alle drei genossen. Dass Janice ihre eigenen Überzeugungen losließ, hatte direkten Einfluss auf das Wohlbefinden der Menschen, die sie liebte.

Wenn wir überzeugt sind, egoistisch zu sein, neigen wir dazu, das auch von anderen zu denken. Hassen wir uns, weil wir bedürftig sind, wird uns vielleicht die Bedürftigkeit anderer abstoßen oder ängstigen. Und haben wir das Gefühl zu versagen, werden wir womöglich auch bei den Menschen, die uns nahestehen, nach Anzeichen von Unzulänglichkeit suchen. Unsere negativen Selbstüberzeugungen werden zu einer mächtigen Brille, durch die wir die anderen wahrnehmen, und wir sehen gar nicht mehr, wer uns da eigentlich gegenübersteht.

Legen wir unsere alte Haut ab, wird unser Blick frisch und klar. Wir können dann nicht nur die Ehrlichkeit und Güte unseres eigenen Herzens und Seins spüren, nein, wir können auch bei den anderen das Gold durchscheinen sehen. Dieses wachsende Vertrauen in unser Gutsein ist eines der Geschenke der RAIN-Praxis.

Das »exquisite Risiko« eingehen

An diesem Punkt denken Sie vielleicht: »Na ja, ich würde meine Urteile und Unzulänglichkeitsgefühle ja gern ablegen …, aber sie sind viel zu hartnäckig.«

Richtig, und es ist wichtig zu respektieren, wie tief verwurzelt das Gefühl sein kann, dass »irgendwas mit mir nicht stimmt«. Ich verzweifelte regelmäßig daran, wie tief es saß! Erst ein Blick auf die menschliche Evolution half. Die Angst zu scheitern ist in unserem Stammhirn oder auch Reptilhirn verwurzelt, das für unser Überleben zuständig ist (auf Englisch auch *survival brain* = Überlebenshirn) und unsere Existenz über Millionen Jahre geformt hat. Diese uralte Angst bringt uns dazu, an der defensiven Schutzhaut der negativen Überzeugungen festzuhalten. Doch gibt es zugleich einen mächtigen Drang in uns, unser volles Potenzial zu leben – den Drang, uns als umfassenderes, intelligenteres, mitfühlenderes Wesen zu entfalten.

Da wir uns im RAIN-Prozess sehr achtsam den aus dem Reptilhirn aufsteigenden Ängsten widmen, finden wir mit seiner Hilfe aus der Trance in den Bereich oberhalb der anfangs erwähnten Linie, wo wir in der Lage sind, den Ruf unseres künftigen Selbst zu beherzigen. Dennoch sind es zwei gegensätzliche Kräfte, die in uns allen immer wieder eine natürliche Spannung bilden.

Legen wir unsere alte Haut ab, lockern die aus unseren Überzeugungen bestehende Schutzschicht und machen uns frei von den negativen Überzeugungen, die wir über uns selbst und andere hegen, dann gehen wir etwas ein, was der Dichter Mark Nepo als »exquisites Risiko« bezeichnet. Ein Risiko ist es, weil wir uns, wie bei jedem Wachstum der Fall, Gefahr und Verlust und dem Unbekannten aussetzen. Exquisit ist es, weil die natürliche Schönheit, Empfindsamkeit und Empfänglichkeit unseres Seins geweckt werden und zum Vorschein kommen.

Jede individuelle wie auch kollektive Transformation bedarf der Bereitschaft, dieses Risiko einzugehen. Unsere negativen Selbstüberzeugungen können uns beengen, kleingeistig machen, von unserem Herzen abkapseln und im Leid festhalten. Andererseits können wir sie als Aufruf nutzen, sie zu *erkunden* und mithilfe von RAIN in Achtsamkeit und radikalem Mitgefühl das exquisite Risiko einzugehen. Wenn wir dies tun, fangen wir an zu entdecken, wer wir jenseits aller Gedanken oder Überzeugungen sind. Und manifestieren immer mehr unsere unbegrenzte Fähigkeit zu warmherzigem und offenem Gewahrsein.

Meditation: Schmerzhafte Überzeugungen mithilfe von RAIN auflösen

Bei dieser Version der RAIN-Meditation ist der Erkundungsschritt so abgestimmt, dass Sie damit den Knebelgriff der Überzeugungen, die Ihnen Leid verursachen, aufdecken und lockern können.

Setzen Sie sich bequem hin und sammeln Sie sich mit einigen langen, tiefen Atemzügen. Nehmen Sie sich ein wenig Zeit und scannen Sie Ihren Körper durch. Entspannen Sie die spürbar angespannten Bereiche.

Denken Sie an eine Überzeugung, die Ihnen Leid verursacht. Oder fragen Sie sich, falls Sie jetzt gerade an etwas leiden: »Was glaube ich?« Geht es dabei um Sie? Sind Sie zum Beispiel minderwertig, ein Versager, zu versehrt, um je glücklich oder geliebt sein zu können, oder immer unzulänglich? Hören Sie die Stimme von jemand anderem, die etwa »Sonderling«, »Versagerin«, »Du kannst niemandem trauen« sagt?

Um sich ganz mit dieser Überzeugung zu verbinden, ist es hilfreich, sich eine konkrete Situation zu vergegenwärtigen, die sie aktiviert hat, oder eine, die das wahrscheinlich tun würde. Visualisieren Sie diese Situation so deutlich wie möglich. Was sehen Sie um sich herum? Wer ist sonst noch da? Was haben Sie damals gefühlt und gedacht?

R – *Erkennen:* Ihre Gedanken und Gefühle drücken eine Überzeugung aus. Was glauben Sie in diesem Augenblick?

A – *Zulassen:* Halten Sie einen Moment inne und lassen Sie diese Überzeugung und die sie begleitenden Gefühle einfach da sein.

I – *Erkunden:* Fangen Sie mit der Frage an: »Stimmt das wirklich?« Oder: »Bin ich sicher, dass das stimmt?«

Die nächste Frage lautet: »Wie ist es, mit dieser Überzeugung zu leben?« Durch die Umkehr, indem Sie also die Aufmerksamkeit von den Gedanken auf den Körper lenken, können Sie Ihre *Erkundung* vertiefen. Welche Gefühle und Empfindungen sind stark? Assoziieren Sie mit dieser Überzeugung irgendwelche bestimmten Emotionen? Verspüren Sie Angst oder Scham, Wut oder Selbsthass?

Dehnen Sie Ihr Erkundungsfeld mit der Frage aus: »Wie hat diese Überzeugung mein Leben beeinflusst?« Können Sie sehen, welchen Einfluss sie auf Ihre Kreativität hat, auf Ihre Fähigkeit, anderen zu dienen und sich an Erfahrungen zu freuen, auf Ihr inneres Wachstum und darauf, wie Sie mit sich und anderen umgehen?

Vielleicht möchten Sie jetzt innehalten und sich fragen: »Wie fühlt es sich an, ehrlich zu sehen und zu spüren, wie diese Überzeugung mein Leben geformt hat?«

Wenden Sie Ihre Aufmerksamkeit nun wieder Ihrem Körper zu. *Erkunden* Sie die Verletzungen und Ängste, die hinter dieser Überzeugung stecken und sie antreiben. Und fragen Sie, während Sie sich mit dem verbinden, was sich jetzt, in diesem Augenblick, am verletzlichsten anfühlt: »Was brauchst du am dringendsten?«

N – *Nähren:* Lassen Sie jetzt Ihr weisestes und liebevollstes Selbst – Ihr künftiges Selbst, Ihr erwachtes Herz – Ihre Verletzlichkeit bezeugen und spüren. Welche Botschaft, Berührung oder Energie oder welches Bild könnte den Wunden im Innern bestmögliche Heilung verschaffen? Schenken Sie diesem Ort der Verletzlichkeit diese *nährende* Energie und lassen Sie zu, dass er sie empfängt und darin badet.

Nach RAIN: Nehmen Sie wahr, welche Präsenz sich entfaltet hat, und verweilen Sie in der Weite dieses Gewahrseins. Stellen Sie sich nach ein paar Minuten die Frage: »Wie würde mein Leben ohne diese Überzeugung aussehen?«

Ruhen Sie, ganz egal, wie die Antwort lautet, in dieser Erfahrung. Lassen Sie sich davon erfüllen und werden Sie vertraut damit.

FRAGEN UND ANTWORTEN

Was ist, wenn sich diese Überzeugung in meinem Leben immer wieder bestätigt hat?

Starke Überzeugungen haben die Eigenheit, dass sie unsere Gefühle, unser Verhalten und in der Folge auch die Art, wie sich unser Leben entwickelt, direkt beeinflussen. Mit einer Unsicherheit darüber zum Beispiel, ob Sie begehrenswert oder liebenswert sind, werden Sie sich wahrscheinlich entweder aus dem Bedürfnis nach Verbindung an einem potenziellen Partner festklammern oder aus Angst vor Zurückweisung die eigene Verletzlichkeit verbergen. Die Überzeugung bereitet dem nächsten Scheitern einer Partnerschaft den Boden und hält Sie in der Falle eines sich wiederholenden Kreislaufs von Glaube – Handlung – Scheitern – Glaube gefangen.

»Weiß ich denn sicher, dass ich immer zurückgewiesen werde?«, mögen Sie sich fragen. Wissen Sie es? Egal, welche Erfahrungen wir in der Vergangenheit gemacht haben, die Neuroplastizität birgt natürliches Veränderungspotenzial in sich. Wenn Sie den Knebelgriff Ihrer Überzeugung lockern, schaffen Sie sich Raum für eine andersgeartete Zukunft.

Dies betrifft auch unsere Überzeugungen bezüglich der äußeren Welt. Vielleicht denken Sie, Sie könnten sich niemals jemandem nahe fühlen, der einer anderen politischen Ideologie anhängt, oder mit ihm ein Team bilden und auf ein gemeinsames Ziel hinarbeiten. Aber können wir das wirklich mit Sicherheit wissen? Wenn wir uns solchen Glaubenssätzen stellen, öffnen wir uns einem Dialog zwischen Parteien, Ethnien, Geschlechtern und Religionen, der notwendig ist, um Mitgefühl zu entwickeln und unsere Welt zu heilen.

Im persönlichen Leben reicht bereits ein wenig Offenheit gegenüber der Zukunft aus, um mehr Neugier und Sanftheit in der Gegenwart zu leben. Sie werden in der Lage sein, Kontakt zu den Wunden aufzunehmen, die Sie zu dieser Überzeugung gebracht haben. Indem Sie sich um diese Verletzlichkeit kümmern, können Sie die Wurzeln dieser Überzeugung heilen und anfangen, Ihre Beziehungen vertrauensvoller, flexibler und freier zu gestalten.

Ich bin mir ziemlich klar über meine negative Seite. Wenn ich meine Fehler nun als »Überzeugungen« abtue, bin ich dann nicht nur umso nachsichtiger mit ihnen?

Jeder Mensch würde am liebsten bestimmte Teile seines Charakters oder Ego-Schutzmantels ändern. Manche unserer Handlungsweisen bezeichnen wir als egoistisch, aggressiv, süchtig, unsensibel, nachlässig und so weiter und so fort. Und ja, manche davon mögen uns und anderen – je nach der Stärke unserer unbefriedigten Bedürfnisse – Schaden zufügen. Es gilt zu erkennen, wie solche Verhaltensweisen in unserem Leben Leid verursachen und uns von anderen Menschen distanzieren.

Doch liegen Welten zwischen der Weisheit einer Einsicht und der Abscheu gegen ein Urteil. Die Einsicht sagt uns: »Wenn ich weiter darauf beharre, dass die Dinge so laufen, wie ich es will, zieht sich mein Partner zurück und wird kalt und distanziert.« Das Urteil sagt: »Wenn ich auf meinem Willen beharre, heißt das, ich bin egoistisch – und ein schlechter Mensch.« Mit dem Urteil stigmatisieren wir unser grundlegendes Sein.

Erinnern Sie sich noch an den Goldenen Buddha in Kapitel 3? Wichtig ist die Unterscheidung zwischen der Schutzhülle und dem Gold. Vielleicht handeln Sie egoistisch, doch in Ihrem Wesen sind Sie nicht egoistisch. Sie sind ein Wesen wie die meisten von uns – Geist, Bewusstsein, Liebe –, versehen mit bedingten egoistischen Schichten. Identifizieren Sie sich mit diesen Schichten (»Ich bin ein egoistischer Mensch«), dann stärken Sie damit nur Ihre Selbstüberzeugungen und decken das Gold zu.

Setzen Sie RAIN direkt an den erfahrenen Fehlern oder Unzulänglichkeiten an, werden Sie die Verletzlichkeit entdecken, die diese antreibt, und Ihre Fähigkeit entdecken, sich selbst gegenüber Mitgefühl zu zeigen. Dies wird auf natürliche Weise den Knebelgriff des Egoismus oder anderer Sie einschränkender Schutzschichten lockern. Sie werden diese alte Haut ablegen und Ihr Leben erneuern können.

5

Sich von der Scham befreien

Du, Geliebte, … legtest die Lippen an meine Stirn und zündetest ein heiliges Licht in meinem Herzen.
Hafis

In fast allen spirituellen und religiösen Traditionen bezieht sich das Wort »Zuhause« auf den heiligen Ort, an dem wir Verbundenheit oder Zugehörigkeit erfahren. Chronische Scham verhindert diese lebensspendende Zugehörigkeit. Sie verdeckt das Gold unseres Geistes und schickt uns ins Exil, wo wir abgetrennt von uns selbst sowie von anderen Menschen sind.

Nicht alle Scham ist schädlich. Mitunter hilft sie zu überleben, und in den frühen Zeiten der Menschheit brauchte man zum Überleben eine Gruppe als Schutz. Die Grundaussage unseres Stammhirns lautet: »Ich habe etwas Falsches getan. Wenn das jemand herausfindet, werde ich fortgeschickt.« Scham steigt auf, wenn unser Verhalten von den sozialen Normen abgewichen ist, und mit der Scham kommt die Angst – die Angst, gesehen und verbannt zu werden. Scham ist dann gesund und kann auch wieder schwinden, wenn sie uns dazu anspornt, unser Verhalten in positivem Sinne zu ändern oder etwas wiedergutzumachen, sodass wir wieder Teil der Gruppe sind.

Schädlich wird sie dann, wenn sie sagt: »Irgendwas stimmt nicht mit mir. Ich kann so, wie ich bin, nicht zugehörig sein.« Dann handelt es sich nicht mehr um eine vorübergehende Emotion, wir identifizieren uns mit einem »schlechten« oder »unzulänglichen« Selbst. Negative Selbstüberzeugungen ergreifen leicht die Macht über uns, und wir können so tief in Selbstverachtung versinken, dass es uns unmöglich vorkommt, uns selbst liebevoll und fürsorglich zu begegnen.

Deshalb werde ich mich in diesem Kapitel auf den vierten Schritt des RAIN-Prozesses, das *Nähren,* konzentrieren und auf die vielen kreativen Wege, die Praktizierende hier für sich gefunden haben. Ich möchte das Thema mit einer der bekanntesten Schamgeschichten aus der Bibel, mit einem Gemälde von Rembrandt und mit dem spirituellen Erwachen eines zeitgenössischen katholischen Priesters einleiten.

Der verlorene Sohn: Fortgang und Heimkehr

Ein reicher Mann hat zwei Söhne, und der jüngere Sohn geht zu seinem Vater und bittet ihn um seinen Erbanteil. Als der Vater einwilligt, verlässt er das Haus, geht in ein anderes Land und »brachte … sein Gut um mit Prassen« (Lk 15,11). Als eine Dürre über das Land kommt, muss er Schweine hüten und deren Futter essen. Nunmehr mittellos und hungrig, wird ihm klar, dass selbst die Diener seines Vaters mehr zu essen haben, und er beschließt, heimzukehren und sich der Gnade seines Vaters zu überantworten.

Zu seiner Erleichterung vergibt ihm der Vater, nimmt ihn in Liebe wieder auf und richtet zu diesem Anlass ein großes Fest aus. Als der ältere Bruder das sieht, konfrontiert er wütend und eifersüchtig den Vater. Er ist all die Jahre gehorsam gewesen. Warum ist nicht er Gegenstand dieses freudigen Festes? Der Vater bekundet seine bedingungslose Liebe: »Mein Sohn, du bist allezeit bei mir, und alles, was mein ist, das ist dein. Du solltest aber fröhlich und guten Mutes sein; denn dieser dein Bruder war tot und ist wieder lebendig geworden, er war verloren und ist wiedergefunden.« (Lk 15,31)

Rembrandts berühmtes Gemälde zeigt den verlorenen Sohn, wie er verschmutzt und in Lumpen vor seinem Vater kniet, den Kopf hält er beschämt gesenkt. Der alte Mann beugt sich über ihn, um ihn zu segnen, die linke Hand hat er ihm kraftvoll auf die Schulter gelegt, als wollte er sagen: »Ich sehe dich, und du gehörst hierher, ich sehe, wer du bist.« Die rechte Hand ruht leicht – zärtlich, nährend, mütterlich – auf dem Rücken des Sohnes. Der Vater ist die Verkörperung von Weisheit und Mitgefühl, dem heiligen männlichen und dem heiligen weiblichen Element. Und dahinter, seitlich, steht im Schatten der ältere Bruder, starr vor Groll und Verurteilung.

Die verschiedenen Gesichter der Scham umarmen

Drei Jahrhunderte später gab dieses Gemälde dem spirituellen Leben des holländischen katholischen Priesters und Autors Henri Nouwen eine neue Richtung. Wie er in seinem Buch *Nimm sein Bild in dein Herz* erzählt, wurde ihm zunächst bewusst, wie komplett er sich mit der Scham des jüngeren Bruders identifizierte. Auch er hatte seine Familie verlassen und seine innere Leere mit der Gier nach Dingen zu füllen versucht, die im Außen lagen – mit der Gier nach Anerkennung, Erfolg und Ruhm. Doch als er sich tiefergehend mit dem Gemälde befasste, überkam ihn eine weitere Einsicht: Er war außerdem der ältere Bruder, derjenige, der sich mit seiner Kritik und seinen Schuldzuweisungen daran hinderte, sich spirituell zu Hause zu fühlen. Seine tiefe Selbstverachtung und seine Wut, sein Neid und Groll gegenüber anderen hatten ihn davon abgehalten, die nährende Umarmung des Vaters – eine größere Quelle der Liebe – anzunehmen.

Der Schmerz und die Sehnsucht, die ihm durch seine ehrliche Innenschau bewusst geworden waren, brachten schließlich eine Veränderung in Gang: Nouwen ließ seinen Panzer fallen und wurde empfänglich für Vergebung, Mitgefühl und Liebe seitens des Vaters. Und indem er diese Liebe zuließ, lockerte sich seine Identität als unzulängliches, abgetrenntes Selbst, und er begann zu erwachen. Er schrieb:

Dann können beide Söhne in mir Schritt für Schritt in den mitleidenden und erbarmenden Vater umgewandelt werden. Diese Umwandlung führt mich zur Erfüllung des tiefsten Verlangens meines ruhelosen Herzens. Denn welche größere Freude kann es für mich geben, als meine müden Arme auszustrecken und meine Hände segnend auf den Schultern meiner heimkehrenden Kinder ruhen zu lassen?

Die Liebe einlassen

Ich bin der Gier des jüngeren Bruders und der Ablehnung und Beschämung seitens des älteren oft begegnet. Mein Selbstmitgefühl ist zwar inzwischen gewachsen, doch habe ich mich zeitweise komplett abgeschnitten gefühlt von meinem Herzen. Ein Erlebnis sticht heraus, weil es mir einen Weg in das Gefühl eröffnet hat, genährt zu sein – indem ich die Liebe einließ –, und seitdem zentraler Teil meiner Praxis geworden ist.

Vor etwa acht Jahren ging ich nach den Feiertagen nach intensiver Unterrichtszeit und einem darauffolgenden Familienbesuch in die Stille eines zweiwöchigen Retreats. Innerhalb von vierundzwanzig Stunden war ich überschwemmt von Schuld- und Reuegefühlen. Wieso hatte ich kein einziges richtiges Gespräch mit meinem Bruder zuwege gebracht? Wieso hatte ich wegen der Zeitplanung unserer Zusammenkünfte meine Schwester angegiftet? War ich bei dieser Sonnenwendfeier wirklich präsent gewesen? Ich sah immer mehr, wo ich überall unaufmerksam, geistesabwesend und egoistisch gewesen war. Da war ich wieder, in einem Zustand, den ich nur allzu gut kannte, und wühlte in der Trance des geringen Selbstwertgefühls herum.

»Na gut«, sagte ich mir, »Zeit für RAIN.« Nachdem ich in Schritt 1 und 2 meine Schuldgefühle *erkannt* und *zugelassen* hatte, begann ich mit Schritt 3 die Überzeugung zu *erkunden* und zu benennen, die hinter diesen Gefühlen stand: »Ich sollte ein besserer, liebevollerer, großzügigerer Mensch sein.« Und als ich meine Aufmerksamkeit auf den Körper lenkte, spürte ich in Brust und Bauch ein vertrautes, banges Gefühl und eine dumpfe, schmerzhafte Dunkelheit.

Nun versuchte ich, mich selbst zu *nähren,* indem ich mir die Hand aufs Herz legte und mir liebevolle Worte schenkte, doch ein wütender Teil von mir stemmte die Fersen in den Boden. »Das ist aber wirklich nicht in Ordnung. Ich bin nicht in Ordnung. Ich bin egoistisch und kalt, und ich will nicht so sein!«

Nun verwandelte sich die Wut in Hilflosigkeit, und ich begann zu weinen. Ich hasste mich so, wie ich war, und hatte Angst, ich würde mich nie ändern. Da tauchte eine noch tiefere Grundüberzeugung auf: »Ich bin nicht liebenswert.«

Als ich fragte, was dieses tiefe Gefühl, nicht liebenswert zu sein, am dringendsten brauchte, hörte ich mich plötzlich laut flüstern: »Bitte liebe mich.« Immer wieder kam dieses Flehen: »Bitte liebe mich.«

Und dann wurde ich einer sehr intimen Präsenz gewahr, eines Feldes von Empfindung und Licht, das mich umgab, einer ganz und gar zärtlichen und mitfühlenden Präsenz. Ich senkte leicht den Kopf und spürte einen Kuss auf der Stirn – einen Segen, der aus reiner Akzeptanz und Fürsorge bestand. Etwas in mir öffnete sich, und ich wurde in einem Licht der Liebe gebadet.

Je mehr Licht ich einließ, umso mehr fiel das Gefühl des Abgetrenntseins von mir ab. Was auch immer aufkam – das Rauschen des Windes von draußen, ein Kribbeln im Körper, die Erinnerung an eine verstorbene Freundin, eine Welle der Trauer darüber, wie hartnäckig Selbstkritik sein kann –, alles war in diesem leuchtenden, offenen Herzraum gehalten. Ich hörte die geflüsterten Worte »Die Liebe liebt dich immer« eines indischen spirituellen Lehrers und wusste, dass sie stimmten.

Seit dieser Erfahrung habe ich mich oft an diese intime Präsenz gewandt. Ich spüre dann den Segen auf meiner Stirn und fühle mich im Mitgefühl gehalten. Aber ich habe auch gelernt, nicht erst auf Schwierigkeiten zu warten. Heute gibt es viele Augenblicke – zwischen zwei E-Mails, unter der Dusche, bevor ich einen Vortrag halte –, in denen ich innehalte, mich der Präsenz zuwende, Liebe einlasse und zu diesem Feld der Liebe werde.

Mit der täglichen Übung ist dieser Weg zum Mich-*Nähren* immer lebendiger, intimer und vertrauter geworden. Je mehr ich in die Erfahrung eintauche, zu lieben und geliebt zu sein, umso zugänglicher wird sie mir im Alltag. Natürlich tauchen die alten Muster – der Egoismus, die Selbstkritik und die Ängste – immer wieder auf, doch sind sie jetzt in einem alles umfassenden, zärtlichen Herzraum gehalten.

Sich nach der Liebe und Zugehörigkeit strecken

Bei der Scham steht das Gefühl im Mittelpunkt, dass wir persönlich schlecht sind, und damit gehen Selbstverachtung, Angst und der Drang, uns zu verstecken, einher. Wir sind isoliert und nicht mehr Teil des Lebenskreislaufs. Das Mittel der Wahl gegen die Scham ist radikales Mitgefühl, die liebende Präsenz, die uns hilft, auf unsere Zugehörigkeit und unser grundlegendes Gutsein zu vertrauen.

Als ich an jenem Nachmittag dieses »Bitte liebe mich« aussprach, hatte ich keinen Namen für das, was ich da tat. Heute verstehe ich es als eine Möglichkeit, Zugang zu unseren inneren Nährquellen der Liebe zu finden, auf die wir durch das »Tun« des kleinen Selbst nicht zugreifen können.

Als Kind sind unsere Quelle der Liebe und Fürsorge die Menschen, die uns umgeben. Und als Menschen haben wir, wie Entwicklungspsychologen gezeigt haben, die angeborene Fähigkeit, diese Liebe mit erstaunlicher Geschwindigkeit zu verinnerlichen. Wenn alles gut läuft, bilden wir innere Ressourcen der Liebe, Sicherheit, Zugehörigkeit, Stärke und des Glücks aus, auf die wir während unseres gesamten Lebens zurückgreifen können.

Doch sind wir hier einer weiteren entscheidenden Tatsache auf der Spur: Selbst wenn solche positiven inneren Zustände nicht schon früh hergestellt worden sind oder Gefühle wie Scham uns von ihnen abgeschnitten haben, können wir noch Zugang finden zu dieser *nährenden* Energie und diese Ressourcen entwickeln. *Wir können zu jeder Zeit unseres Lebens Zugang zu der inneren Erfahrung der Liebe und Zugehörigkeit entwickeln.* Durch den vierten Schritt von RAIN, das *Nähren,* können wir lernen, unserem grundlegenden Gutsein zu vertrauen.

RESSOURCEN-ANKER: ZUGANG ZU NÄHRQUELLEN

Finden wir keinen Zugang zu Selbstmitgefühl, ist es an der Zeit, andere Nährquellen zu finden. Wir suchen im Außen nach Erfahrungen und lebenden Vorbildern der Güte, die eine besondere Bedeutung für uns haben, und wenden uns an sie, damit sie unser Herz nähren. Ich nenne sie Ressourcen-Anker, weil sie die inneren Ressourcen, die wir entwickeln wollen, aufbauen und stabilisieren.

Hier einige Ressourcen-Anker meiner Schüler:

- Ich visualisiere, wie ich mit meiner Großmutter an ihrem Küchentisch sitze, lege mir die Hand aufs Herz und stelle mir vor, wie ihre Güte in mein Herz fließt.
- Ich trage ein Foto meines Sohnes bei mir. Darauf ist er zwei Jahre alt und schläft, den Kopf auf unseren alten Golden Retriever gebettet. Wenn ich festhänge, schaue ich es an und spüre die vergessene Liebe wieder.

- Ich visualisiere den Dalai Lama, stelle mir vor, dass er mich liebevoll ansieht und in sein Herz schließt.
- Ich kuschle mich an meine Hündin, und wenn sie nicht da ist, stelle ich mir vor, wie sie sich immer freut, wenn ich nach Hause komme, wie sie, an meine Beine gedrückt, schläft.
- Ich sage »Bitte liebe mich« und stelle mir vor, wie Bäume und Vögel, Blumen, Felsen und alle Lebewesen mir Liebe senden.
- Ich stelle mir mein künftiges Selbst vor – total furchtlos, einladend, warm und mitfühlend – und bitte es um Hilfe.
- Ich wende mich an Guanyin, den weiblichen Bodhisattva des Mitgefühls, und visualisiere, wie mich ein Leuchten umgibt. Ich stelle mir vor, wie es mich durchströmt und wie Guanyin mich mit ihrer Gnade und Güte anfüllt.
- Ich bitte meine Partnerin, mich zu halten, und wenn sie nicht da ist, stelle ich mir vor, wie sie mich umarmt.
- Ich trage ein Armband, eine Mala aus Lapislazuli-Perlen. Wenn ich sie abnehme und achtsam jede einzelne Perle anfasse, bin ich mit der Buddha-Natur, mit dem Mitgefühl, der Präsenz verbunden.
- Ich rezitiere leise ein kurzes jüdisches Gebet, das mein Großvater mich gelehrt hat. Das erinnert mich an seine Liebe und Warmherzigkeit und an die Liebe im Universum.
- Ich lege mich flach auf die Erde oder lehne mich an eine große alte Eiche hinter unserem Haus. Ich übergebe meine Sorgen der Weite der Erde und des Himmels. Und wenn ich gerade im zwölften Stockwerk an meinem fensterlosen Arbeitsplatz bin, stelle ich mir das alles vor.
- Ich lege mir die Hand aufs Herz und sage Sätze der Lie-

benden Güte für mich und andere auf: Möge ich glücklich sein, in Sicherheit, im Frieden. Mögest du glücklich sein, in Sicherheit, im Frieden.

- Ich denke an andere Menschen, die ich kenne und die leiden wie ich, und nehme uns als Gemeinschaft wahr, spüre unser gemeinsames Menschsein.

Den eigenen Zugang zum Sich-Nähren zur Gewohnheit machen

In den folgenden Kapiteln möchte ich weitere Zugänge anbieten, mit denen wir unsere Ressourcen stärken können, viele davon auf der Grundlage der Erfahrungen meiner Schüler. Hier zwei Beispiele, wie die Beziehung zu einer scheinbar äußeren Ressource beim Thema Scham zu tiefer Heilung führte.

Die junge Brenda, trockene Alkoholikerin, wurde nach fünf Jahren rückfällig. Sie schaffte es zurück in die Abstinenz, doch war sie Monate danach, trotz der Unterstützung durch ihre AA-Gruppe, von Scham und Selbsthass zerfressen. Bei jedem Versuch, Zugang zu Selbstmitgefühl zu finden, schlug sie gegen eine innere Wand von Wut und Verzweiflung.

Als Brenda die in Kapitel 3 beschriebene Meditation »Das künftige Selbst aufrufen« zu üben begann, lernte sie, sich selbst als vergebende, weise und lebendige Frau mittleren Alters zu sehen, die mit ihren beiden Hunden auf einem wunderschönen Feld steht. Dieses Bild wurde zu ihrem Ressourcen-Anker und zu einem Teil ihrer täglichen Praxis: Sie stellte sich die klaren, blauen Augen und das freundliche Lächeln ihres künftigen Selbst vor und verspürte inneren Trost und Leichtigkeit. Nach einigen Wochen legte sie ihrem künftigen Selbst dann bewusst ihre Scham und ihr Gefühl, versagt zu haben, vor und bat es um Hilfe. Als Antwort hörte sie es flüstern: »Du bist mehr als diese Sucht … Vertraue auf dein fürsorgliches Herz.« Wärme und Licht durchfluteten sie, und sie spürte, dass ihr künftiges Selbst bereits bei ihr, in ihr war.

Damit waren Brendas Scham und ihre Härte gegen sich selbst nicht einfach verschwunden. Doch nach sechs Monaten Praxis sagte sie mir: »Mein künftiges Selbst in mir zu haben, sagt mir mehr darüber, wer ich bin, als die ganzen negativen Geschichten, die ich mir immer noch erzähle.«

Sean hatte während der Rezession von 2008 seine Arbeit verloren, und nach sechzehn Monaten Arbeitssuche und Dutzenden von Absagen steckte er mitten in einer Depression. Als er zu einem meiner wöchentlichen Meditationskurse kam, bekannte er ehrlich, welch tiefe Scham er empfand und wie sehr er sich isolierte. Er hatte es mit RAIN versucht, aber beim letzten Schritt des *Nährens* schaltete er ab. »Ich fühle mich wie ein Versager und kann kein bisschen Selbstmitgefühl mit mir aufbringen«, sagte er zu mir.

Als ich Sean fragte, ob es irgendjemanden gebe, der ihn liebe und verstehe, erwähnte er seine Frau, die anhaltend zugewandt gewesen sei. Doch konnte er ihre Beschwichtigungen nicht annehmen, denn, wie er es ausdrückte: »Ich muss doch meine Familie ernähren. Ich erfülle meine Aufgabe nicht.« Nach einer langen Pause erwähnte er außerdem seine langjährige Männergruppe. Ich schlug vor, er könne die Gruppe, zusätzlich zu der direkten Unterstützung, die sie bot, zu einem Ressourcen-Anker machen, zu dem er jederzeit Zugang hätte. »Versuchen Sie, die Gesichter der Männer zu visualisieren, die wirklich verstehen, wie hart das ist«, schlug ich vor, »und nehmen Sie dann ihre Zuwendung und ihr Interesse in sich auf.« Sean wurde ganz still.

Nach einer Weile fragte ich, was er fühle. »Es ist schwer in Worte zu fassen«, antwortete er, »aber sie geben mir das Gefühl, dass sie mich respektieren, egal, ob ich Arbeit habe oder nicht. Dass ich einfach als Mensch zähle.« Dann schluckte er: »Es betrifft uns alle … wir sind verbunden. Es wärmt mich; ich fühle mich lebendiger.«

Ich bat Sean, auf diese warme Empfindung der Verbundenheit zu achten und sich im ganzen Körper davon anfüllen zu lassen. Er hatte hier Zugang zu der Heilung des *Nährens* und konnte nun, im Verweilen *nach RAIN,* seine Heilung tiefer werden lassen. »Spüren Sie, was Ihnen an diesen Gefühlen wichtig ist, und versuchen Sie, sie sich einzuprägen«, sagte ich. »Je öfter Sie an Ihre Freunde denken und diese Gefühle in sich wachrufen, umso mehr werden Ihre inneren Ressourcen für Sie da sein, wenn Sie sie brauchen.«

Die Gottheit der Erde anrufen

Sich an eine größere Quelle der Liebe zu wenden ist ein natürlicher, kraftvoller Weg, um unsere inneren Ressourcen zu *nähren,* und er ist von unzähligen Wesen genutzt worden, zum Beispiel auch von dem angehenden Buddha.

In Kapitel 2 habe ich in groben Zügen geschildert, wie der Buddha die Erleuchtung erlangte – wie Siddhartha die ganze Nacht unter dem Bodhi-Baum saß und meditierte, selbst als der Gott Mara seine Dämonen zu ihm sandte, um an seiner Entschlusskraft zu rütteln. Jetzt möchte ich noch etwas für seine und unsere Freiheit Unerlässliches und Fundamentales hinzufügen: Als Siddhartha den Dämonen mitfühlend und achtsam begegnete, war er noch nicht vollends erleuchtet. Kurz vor Morgengrauen brachte Mara seine größte Anfechtung an: Mit welchem Recht strebe Siddhartha nach der Buddhaschaft? Mit anderen Worten: »Was glaubst du eigentlich, wer du bist?« Und Mara forderte Siddhartha auf, ihm einen Zeugen vorzuweisen, der sein Erwachen bestätigte.

Da streckte Siddhartha die rechte Hand aus und berührte die Erde. Und die Erdgottheit erhob sich und antwortete dröhnend: »Ich bin deine Zeugin.« Die Erde bebte, und Mara verschwand. Und im Morgengrauen wurde Siddhartha zum Buddha.

Selbst der angehende Buddha hatte es mit Zweifeln an seinem Selbstwert und diesbezüglichen Anfechtungen zu tun. Indem er sich an eine größere Präsenz wandte, verwirklichte und bekräftigte er seine wahre Zugehörigkeit zu allem Leben und befreite sein Herz vom Selbstzweifel. Auch wir können lernen, die Erde zu berühren und eine größere Nährquelle anzurufen. Auch wir können unsere inneren Ressourcen der Liebe und Zugehörigkeit stärken, die den Schmerz der Scham heilen.

Meditation: Die Liebe einlassen

Setzen Sie sich bequem hin, schließen Sie die Augen und nehmen Sie sich einen Moment Zeit, um zu atmen, den Körper wahrzunehmen und spürbare Körperspannungen loszulassen.

Erinnern Sie sich an eine Situation, in der Sie voller Selbstkritik oder Selbstverachtung und nicht in der Lage waren, sich selbst mit Mitgefühl zu begegnen. Visualisieren Sie, was da passiert, und denken Sie an das, was an der Situation am schlimmsten ist und Ihnen wirklich das Gefühl gibt, dass »irgendwas mit mir nicht stimmt«.

Erlauben Sie sich, Kontakt zu der verletzlichen Körperstelle aufzunehmen, die das Gefühl hat, dass Sie ein schlechter Mensch, nicht liebenswert oder minderwertig sind. Versuchen Sie, sich für die gefühlte Wahrnehmung der Scham zu öffnen, indem Sie Kehle, Herz und Bauch besondere Aufmerksamkeit schenken. Vielleicht werden Sie es leichter finden, die Aufmerksamkeit zu halten, wenn Sie in diese verletzliche Stelle hinein und aus ihr heraus atmen.

Versetzen Sie sich an diesen inneren Ort und stellen Sie sich vor, welche Art von Genährtwerden sich für ihn am tröstlichsten und heilsamsten anfühlen würde. Wären es vielleicht Worte, die Ihr Gutsein und Ihren Selbstwert bestätigen? Eine Umarmung? Eine zärtliche Präsenz, die Sie annimmt?

Nehmen Sie nun wahr, wen Sie sich am meisten als Nährquelle

wünschen. Wessen Liebe würde sich am heilsamsten anfühlen? Wessen Fürsorge würden Sie sich am ehesten anvertrauen? Es könnte eine gute Freundin sein, ein Kind, ein Hund, ein Baum, ein Großelternteil – oder sogar jemand bereits Verstorbenes. Vielleicht fällt Ihnen ein Lehrer oder eine spirituelle Persönlichkeit ein wie der Buddha, Guanyin, die Große Mutter oder Jesus. Vielleicht erleben Sie auch eine formlose Präsenz Ihres eigenen höheren Selbst, Ihres künftigen oder verwirklichten Selbst.

Spüren Sie, wie sehr Sie sich danach sehnen, wirklich gesehen, geliebt und gehalten zu werden. Rufen Sie dann im Stillen oder flüsternd die von Ihnen gewählte Quelle der Liebe an. Sagen Sie so etwas wie: »Bitte liebe mich«, »Bitte halte mich« oder »Bitte kümmere dich um mich«, und wiederholen Sie leise die Worte, die Ihre Sehnsucht am ehesten ausdrücken.

Stellen Sie sich vor, dass Sie gehört werden. Stellen Sie sich vor, dass Ihre Verletzlichkeit und Sehnsucht von dieser Präsenz wahrgenommen werden. Falls das Wesen Augen hat, können Sie sich vorstellen, wie diese Sie voller Liebe, Verständnis und Fürsorge ansehen und empfangen.

Nehmen Sie diese Liebe wie eine energetische Präsenz wahr, die Sie umgibt und durchdringt. Seien Sie wie ein Schwamm, der sie aufsaugt und einlässt. Vielleicht spüren Sie, wie die Liebe Ihren Körper mit leuchtender Wärme füllt, oder Sie visualisieren sie als goldenen Nektar, der in alle Höhlungen und Ritzen hineinfließt und die am tiefsten verletzten Stellen in Ihnen tröstet und heilt.

Erlauben Sie sich, in dieser Liebe zu baden … sich hinzugeben und mehr und mehr in die Liebe hinein loszulassen … eins zu werden mit dieser liebenden Präsenz. Werden Sie zu dem zärtlichen Feld, in dem Ihr kleines Selbst schwimmt, zu dem liebenden Gewahrsein, das Ihr Leben in sich hält. Je besser Sie diesen Herzraum kennenlernen, desto mehr wird er sich wie ein Zuhause anfühlen.

Nehmen Sie sich, bevor Sie die Meditation beenden, noch ein

wenig Zeit, um in sich hineinzuhören. Schickt Ihnen dieser Herzraum eine Botschaft, irgendetwas, woran Sie sich erinnern sollen, was sich wichtig anfühlt?

FRAGEN UND ANTWORTEN

Wie kann ich Selbstmitgefühl entwickeln, wenn ich in der Scham feststecke? Ich komme bis zum letzten Schritt, dem *Nähren,* fühle mich aber nicht wert, Fürsorge zu erhalten. RAIN zeigt mir nur umso deutlicher, wie schlecht ich mich mir selbst gegenüber fühle.

Was Sie beschreiben, ist nachvollziehbar. Wenn wir uns selbst bekriegen, stehen unsere gesamte innere Haltung und unsere Biochemie auf Kriegsfuß mit dem Selbstmitgefühl. Wie fangen wir es also an mit dem Wandel? Unser Herz wird weicher, wenn wir unsere Aufmerksamkeit auf das Leid in uns lenken. Nur allzu oft urteilen wir stattdessen über unsere Gefühle, indem wir denken: »Ich sollte diese Scham nicht spüren, diese Wut auf mich, diese Angst davor, was andere über mich denken.« Wir vergleichen unsere Situation auch mit der anderer und sagen uns selbst: »Denen geht es noch schlechter.« Und beschließen, dass wir keine Güte verdienen.

Es hilft, damit zu beginnen, »wo Sie stehen«, und das heißt, den RAIN-Prozess von vorn anzufangen. *Erkennen* Sie und *lassen* Sie *zu,* wie schlecht Sie sich mit sich fühlen, und *erkunden* Sie dann die Lage. Beachten Sie, wie es sich körperlich anfühlt, so in den Schamgefühlen gefangen zu sein, und wie unangenehm das ist. Vielleicht spüren Sie, wie lange Sie so gelebt haben – in dem Glauben, etwas stimme nicht mit Ihnen, Sie würden keine Fürsorge verdienen – und wie Sie das davon abgehalten hat, erfüllt zu leben. Nehmen Sie sich Zeit, um sich mit dem Leid zu verbinden, das in der Scham steckt, und wahrzunehmen, wie es Körper, Herz und Geist beeinflusst. In dem Augenblick, in dem

Sie ehrlich »Oh, das ist schmerzhaft … das tut mir weh« sagen können, werden Sie spüren, wie Trauer und Mitgefühl ganz von selbst in Ihnen aufsteigen.

Was ist, wenn ich keine größere Quelle finde, die mir liebevolle Bestätigung gibt?

Vielen von uns fällt es schwer, darauf zu vertrauen, dass wir, wenn wir uns abgeschnitten und voller Scham fühlen, von irgendwoher Liebe bekommen können. Das gilt vor allem für diejenigen von uns, die in frühen Jahren kaum Liebe bekamen oder, noch schlimmer, vernachlässigt oder missbraucht wurden. Dann mag es zwar länger dauern, bis wir einen verlässlichen Weg zu einer nährenden Quelle finden, doch glücklicherweise ist es möglich. Ich habe Tausende Menschen mit unterschiedlichstem Hintergrund und großem emotionalem Leid erlebt, die ihren Weg zu einer Quelle der Liebe gefunden haben.

Der Trick besteht darin, nach etwas zu suchen, das ich als Liebesranke bezeichne. Vielleicht gibt es da eine Beziehung, in der Sie zwar nicht die volle Wärme der Liebe fühlen, aber doch merken, dass hier ein Fürsorgepotenzial vorhanden ist, dem Sie gern nachspüren möchten. Seien Sie kreativ, wenn Sie die Meditation »Die Liebe einlassen« üben. Schauen Sie sich auch nach dem kleinsten bisschen Resonanz um, das Sie in dieser lebendigen Welt wahrnehmen.

Mit ein wenig Übung können Sie diese Liebesranke so stärken, dass sie zu einem entscheidenden Zugang wird.

Machen Sie, sobald Sie eine Liebesranke gefunden haben, eine Pause und lassen Sie sie in sich eindringen und Sie anfüllen. Nehmen Sie sie im Körper, wie immer sie sich ausdrücken mag, als Wärme, Licht, Lebendigkeit … wahr. Nehmen Sie sich mindestens fünfzehn bis dreißig Sekunden Zeit, um sich damit vertraut werden zu lassen.

Und schließlich: Wiederholen Sie diesen Prozess regelmäßig.

Ihre Ranke wird keimen und mit der Zeit im vollen Duft der Liebe blühen.

Ich bekomme immer wieder vermittelt, dass irgendwas mit mir ernsthaft nicht stimmt. Woher weiß ich, dass die Leute falschliegen?

Es gibt einen bedeutenden Unterschied zwischen Botschaften, die uns wissen lassen, wie wir andere (und vielleicht uns selbst) beeinflussen, und »Das macht dich zu einem schlechten Menschen«-Botschaften. Zum Beispiel könnte es unangenehm sein zu hören: »Durch deine Urteile und deine Wut habe ich das Gefühl, nicht sicher zu sein«, aber es ist eine potenziell nützliche Information. Wir lernen und wachsen, wenn wir uns für Feedback öffnen. Jede Botschaft aber, die impliziert, dass wir grundsätzlich unzulänglich sind, ist unwahr.

Üben Sie bewusst, Botschaften, die Sie schlechtmachen, nicht zu glauben. Denken Sie, falls eine Botschaft Scham bei Ihnen hervorruft, an die Erörterung der Aussage »wirklich, aber nicht wahr« in Kapitel 4. Ihre Schamgefühle mögen so real sein, wie sie wollen, aber sie sagen nicht die Wahrheit über Sie aus. Begegnen Sie Ihrer inneren Erfahrung mit Selbstmitgefühl oder denken Sie an jemanden, der Sie liebt, und spüren Sie, wie dieser Jemand Sie in Liebe hält. Denken Sie an Ihr elementares Gutsein und lassen Sie es Ihre tiefste Absicht sein, auf Ihr erwachendes Herz und Ihren erwachenden Geist zu vertrauen.

Das ist etwas, das uns allen gemeinsam ist: Die hinterhältigsten Botschaften, die Schlechtigkeit implizieren, sind die in unsere Gesellschaft eingebetteten. Ganze Kulturen sind um Geschichten von gut/schlecht, richtig/falsch, überlegen/unterlegen herum organisiert und beschwören in unterschiedlichem Maße bei uns allen Scham herauf. Diese Geschichten nehmen ins Visier, wie wir einander behandeln, wie viel wir verdienen, was wir konsumieren, unsere Körpergestalt, wie wir Kreativität ausdrücken, unsere spirituellen oder religiösen Überzeugungen, unser Geschlecht, unsere Hautfarbe. Soziale Scham hat der menschlichen Entwicklung in den Volksstämmen der frühen Menschheitsgeschichte gedient, weil sie den Gruppenzusammenhalt stärkte, und sie kann uns auch heute auf ein Verhalten aufmerksam machen, das unser Zugehörigkeitsgefühl bedroht. Doch sie hat einen sehr großen Schatten. Gesellschaftliche Botschaften – über Rolle und Verhalten von Frauen, über den untergeordneten Status farbiger Menschen, über die Unnatürlichkeit nichtheterosexueller Orientierung – verursachen auch weiterhin entsetzliche Scham, Unterdrückung, Ungerechtigkeit und Leid. In Teil 3 werden wir näher darauf eingehen, doch bitte bedenken Sie, dass in der Botschaft »irgendwas stimmt nicht mit dir« häufig eine kulturell bedingte Geschichte steckt, die unsichtbar, beschämend und toxisch ist.

6

Aus den Fängen der Angst erwachen

Nicht der Stärkste trägt den Sieg davon,
sondern der Genährte.
Louis Cozolino

In einem weit entfernten Land ging die Rede von einem heiligen Mann mit so großer Zauberkraft, dass er selbst das schlimmste Leid lindern könne. Um jedoch seinen Zufluchtsort in der Wildnis erreichen und Heilung von ihm erlangen zu können, musste der Suchende dichte Wälder und gefährliche Bergpässe bezwingen. Diejenigen, die durchhielten, kamen erschöpft und verschmutzt zu der einfachen Hütte des Mannes. Nachdem er sie zu einem erfrischenden Bach geführt und ihnen Tee angeboten hatte, saß er mit ihnen in der Stille und blickte hinaus auf die Föhren und in den Himmel. Wenn er endlich sprach, mussten sie ihm schwören, Stillschweigen zu bewahren über das, was sich nun zwischen ihnen ereignen würde. Nach dem Schweigegelübde stellte der heilige Mann eine einfache Frage: »Was ist es, was du nicht fühlen möchtest?«

Leid aufgrund von Widerstand gegen die Angst

Wenn Sie sich in emotionalem Schmerz gefangen fühlen, mag die Frage des heiligen Mannes verwirrend oder gar beleidigend wirken. Schauen Sie aber genauer hin, entdecken Sie vielleicht den Widerstand, der den Schmerz umgibt, und eine Angst vor der eigenen Angst, die das Leid an Ort und Stelle festhält.

Vor allem dann, wenn die Angst sehr stark ist, befürchten wir, wir könnten darin untergehen und ausgelöscht werden. Daher drängt uns unser primitives Stammhirn in unterschiedlichem Maße, diese nackte, emotionale Energie in unserem Körper abzuschneiden; wir vergraben unsere Gefühle oder werden taub und halten uns mit Gedanken beschäftigt. Wenn wir aber Abstand nehmen von der Angst und anderen schmerzhaften Emotionen, nehmen wir zugleich auch Abstand von unserer vollen Präsenz und Lebendigkeit. Wir nehmen Abstand von unserer Intelligenz, Kreativität und Fähigkeit zu lieben.

Manchmal zeigt sich der Widerwille, unsere Gefühle zu erleben, in Gestalt einer Depression. Manchmal nimmt er die Form chronischer innerer Unruhe oder Gereiztheit an, und unsere Muskeln und Gesamthaltung ziehen sich zu einer, wie ich sie gern nenne, »Kriegerpose« zusammen. Der Widerwille kann sich auch als Einsamkeit, Ruhelosigkeit, Langeweile oder als Gefühl manifestieren, man würde nur automatisch funktionieren. Und häufig erscheint er als Suchtverhalten.

Jedenfalls versetzt uns Widerstand gegen die Angst in eine Trance.

Erinnern Sie sich noch an den Gewahrseinskreis aus Kapitel 1? Alles, was sich oberhalb der Linie befindet, ist im Gewahrsein und alles unterhalb der Linie jenseits davon. Wehren wir uns gegen die Angst, dann leben wir teilweise unterhalb der Linie – identifiziert mit der Angst und abgeschnitten von unserer Fähigkeit zu vollständiger Klarheit und Präsenz. Unsere nicht gefühlte, nicht verarbeitete Angst formt unsere Überzeugungen, Entscheidungen und unser Tun jenseits unseres Bewusstseins. Die Angst, die wir nicht fühlen wollen, kontrolliert und bestimmt unser Leben.

Eine Freundin erzählte mir folgende Geschichte: Als ihr Sohn sechs Jahre alt war, hatte er einen wiederkehrenden Albtraum, in dem er von einem Monster gejagt wurde. Es war sehr groß und dunkel und befand sich immer direkt hinter ihm, ganz egal, wie schnell er rannte. Der Traum war so schrecklich und tauchte so häufig auf, dass der Junge Angst vor dem Schlafengehen hatte. Eines Abends hielt seine Mama ihn, als er schon im Bett lag, an der

Hand und sagte: »Weißt du was? Wenn das Monster heute Nacht wiederkommt, dann versuch doch mal was. Dreh dich um und schau, wie es aussieht, statt gleich wegzurennen. Und dann erzählst du es mir, okay?« Früh am nächsten Morgen kam ihr Sohn aufgeregt in ihr Schlafzimmer gelaufen. Er hatte dem Monster ins Gesicht geschaut und … es war nicht echt! Es war ein übergroßer Bösewicht aus einem seiner Lieblings-Videospiele, und als er ihm direkt ins Gesicht schaute, löste es sich auf.

Vielleicht sagen Sie jetzt: »Einem eingebildeten Monster gegenüberzutreten und zuzuschauen, wie es sich auflöst, ist ja schön und gut. Aber wie steht es mit einer echten Gefahr?« Uns der emotionalen Erfahrung der Angst zu stellen und uns für sie zu öffnen, ermöglicht es uns, in den Bereich oberhalb der Linie zu treten, und schenkt uns Zugang zu unserer natürlichen Fähigkeit, adäquat zu handeln, egal, ob es sich um eine tatsächliche Gefahr handelt oder nicht. Es weckt unsere Vernunft und Klarheit, unseren Mut und unser Mitgefühl. Ein Weglaufen macht die gefühlte Wahrnehmung von Machtlosigkeit und Angst dagegen nur umso größer.

Da unsere Angstvermeidungsstrategien sowohl Gewohnheit wie auch weitgehend unbewusst sind, brauchen wir Intention und Präsenz, um uns der Angst zu stellen. Der RAIN-Prozess kann uns helfen, die Umkehr zu vollziehen, indem wir *erkennen* und *zulassen,* dass die Angst da ist, und unsere Präsenz so stärken, dass die Macht der Angst geschwächt wird. Mit einiger Übung entdecken wir, dass die Dämonen in dem Moment, in dem wir keinen Widerstand mehr leisten, verschwunden sind. Vielleicht haben wir dann noch Angst, doch befinden wir uns oberhalb der Linie, wo die Verbindung zu einem größeren Raum von Präsenz und Selbstmitgefühl wieder vorhanden ist.

Mit RAIN auf die Angst zugehen

Nach einem Tagesseminar über RAIN in Zusammenhang mit Stress kam Brianna zu mir und bat mich um Hilfe in einer persönlichen Angelegenheit. Sie arbeitete neuerdings als Marketing-Vizepräsidentin in einer großen Firma, fühlte sich aber von dem CEO eingeschüchtert, der jedem, der »ihm Zeit stahl«, schnell das Wort abschnitt. Er beherrschte die wöchentlichen Mitarbeiterbesprechungen, die Brianna als »Tortur« beschrieb und die sie regelmäßig in einen kompletten Blackout versetzten. »Ich sollte mir keine Sorgen über meine Kompetenzen machen«, sagte sie. »Ich wurde angeworben, weil ich auf meiner letzten Stelle einen Industry Award erhalten habe. Aber hier ist die Atmosphäre ganz anders – richtig kommerziell – und die anderen VIPs nehmen mich so gut wie nicht zur Kenntnis. Wenn ich in mein Büro zurückgehe, dreht sich mir der Magen um, und ich frage mich, wie lange ich es hier noch aushalte. Meinen Sie, RAIN könnte mir helfen?«

Ich schlug Brianna vor, direkt vor jeder Besprechung ein paar Minuten RAIN zu praktizieren, und fragte sie, was in diesen Augenblicken in ihr vorgehe.

»An diesen Vormittagen kann ich richtig spüren, wie sich die Angst aufbaut, und ich fange an herumzuwirbeln … Berichte durchzulesen, anzustreichen, was ich vielleicht kommentieren sollte … nichts, was wirklich produktiv wäre.«

Ich lächelte, weil ich das Gefühl selbst nur allzu gut kannte. »Okay. Jetzt stellen Sie sich, bevor Sie mit RAIN anfangen, bitte vor, dass Sie den Pausenknopf drücken und die Hektik anhalten.«

Brianna schloss die Augen und stellte sich vor, wie sie – eine halbe Stunde vor der Mitarbeiterbesprechung – an ihrem Schreibtisch saß. »Beim Innehalten«, sagte ich, »besteht Ihre erste Aufgabe darin, die Angst zu *erkennen* und *zuzulassen,* dass sie da ist.« Nachdem sie genickt hatte, fuhr ich fort: »Was bemerken Sie jetzt, wenn Sie Ihre Aufmerksamkeit und Ihr Interesse auf Ihre Körperempfindungen lenken?«

Sie begann nun mit dem *Erkunden* und stammelte: »Trockener Mund … Brust ganz eng … Herzrasen … und, puh, der Magen verknotet sich.« Ich schlug ihr vor, sich die Hand auf den Bauch zu legen und den Atem mit einem langen, langsamen Einatmen und Ausatmen dorthin zu schicken. Dies würde ihr helfen, mit der Aufmerksamkeit dort und zugleich im Kontakt mit der Angst zu bleiben.

Jetzt leitete ich sie an, die verängstigte Stelle in ihrem Innern zu fragen, was sie am dringendsten brauche. Nach einem Augenblick sah sie überrascht auf. »Die Angst braucht es, sich akzeptiert zu fühlen … zu fühlen, dass sie zugehörig ist und da sein darf.«

Das *Nährende,* das die verängstigte Stelle brauchte, bestand darin, akzeptiert und als nicht »verkehrt« betrachtet zu werden. Ich fragte Brianna, wie der weiseste, liebevollste Teil von ihr reagieren wolle. Konnte sie einen Weg finden, diesen sehr verletzlichen Teil von sich anzuerkennen? Sie saß ganz still da, immer noch langsam atmend mit der Hand auf dem Bauch. Dann nickte sie. »Ich habe gerade die Botschaft hingeschickt: ›Es ist okay, das gehört dazu.‹ Und es fühlt sich jetzt besser an. Ich bin tatsächlich ein bisschen entspannter.«

Briannas Botschaft war wirklich heilend und weise. Wir haben, genau wie ein Ozean, viele Wellen unterschiedlicher Gefühle, und sie alle gehören zu uns; sie sind Teil von uns. Wenn wir den schwierigen Wellen, wie zum Beispiel Verletzungen oder Angst es sind, begegnen und anerkennen, dass »sie dazugehören«, entsteht ein natürliches Gefühl von mehr Weite und Leichtigkeit in Zusammenhang mit dem, was da durch uns hindurchgeht.

Dies wurde, jeweils vor der Mitarbeiterbesprechung, zu Briannas wöchentlicher RAIN-Übung: Wenn sie den Pausenknopf gedrückt hatte, machte sie sich daran, die Angst zu *erkennen* und *zuzulassen,* mit ihr zu atmen und sie zu *erkunden,* die Hand dorthin zu legen, wo die Gefühle am intensivsten waren, und diesem Ort ein tröstendes »Das ist okay« zu spenden. Wenn während der Besprechung

Angst in ihr aufstieg, atmete sie einfach hinein und schickte ihr dieselbe Botschaft.

Etwa drei Monate später brachte Brianna mich auf den neuesten Stand. Was den CEO betraf, war ihre Anspannung nicht verschwunden, doch die Angst hatte etwas nachgelassen. Und was noch wichtiger war, sie fühlte sich nicht mehr so problematisch an. »Es ist nicht mehr so beunruhigend, wenn ich es mit der Angst bekomme. Ich nehme es nicht mehr so persönlich«, sagte sie mir. »Ich habe so dagegen angekämpft, und jetzt finde ich es in Ordnung, dass sie da ist. Dass ich sie akzeptiere, scheint die Blockade im Gehirn zu lösen. Es macht mich tatsächlich freier.«

Brianna konnte in ihrem Arbeitsleben die Früchte des RAIN-Prozesses ernten. Wenn wir feststecken und reaktiv sind, fühlt sich die Angst total persönlich an – wie ein negativer Kommentar über uns. RAIN lockert diese Identifikation, sodass die Angst keine Emotion mehr ist, die uns definiert und beherrscht, sondern eher so etwas wie eine innere Wetterlage – unangenehm zwar, aber nicht problematisch.

Brianna erzählte mir, sie habe dem CEO bei einem extra vereinbarten Termin eine riskante, aber kreative Marketingstrategie vorgeschlagen, und sie habe seine Rückendeckung bekommen. Außerdem hatte sie ein freundschaftliches Bündnis mit einer Kollegin vom anderen Ende des Korridors geschlossen und war dabei, ein paar weitere Kollegen näher kennenzulernen. »Und wissen Sie was?«, sagte sie. »Zu der Angst mischt sich tatsächlich so was wie Begeisterung. Ich komme an meine Grenzen und wachse dabei.«

Wenn Angst aufkommt, sind wir so konditioniert, dass wir denken, irgendetwas stimme nicht und wir müssten handeln, um uns zu schützen. Mark Twain hat einmal gesagt, die schlimmsten Dinge in seinem Leben hätten sich in Wahrheit nie ereignet. Mit etwas Übung bekommen wir unsere Gewohnheit spitz, Schwierigkeiten vorwegzunehmen und nach Dingen Ausschau zu halten, über die wir uns sorgen können. Dann können wir zu uns sagen: »Das ist nur Angst, das ist okay … das gehört dazu« und anfangen, uns aus dem lebenslangen Muster der Reaktivität auszuklinken.

Wenn sich die Angst nach »zu viel« anfühlt

Obwohl die Angst Brianna bei der Arbeit außer Gefecht setzte, besaß sie doch noch genügend Präsenz, um sich auf RAIN konzentrieren zu können. Bei akuter Angst jedoch, wenn wir panisch werden oder uns ohnmächtig fühlen, finden wir keinen Zugang mehr zu der Präsenz. In solchen Momenten hat der Versuch, sich der Erfahrung zuzuwenden und sie zu *erkunden,* das Potenzial, uns neu zu traumatisieren oder die Angst zu verstärken. Er »sprengt« unser »Toleranzfenster«.

Dieser Ausdruck wurde von dem Psychiater und Autor Daniel Siegel geprägt und ist ein nützliches Werkzeug für alle, die es mit Angst, Wut oder anderen starken Emotionen zu tun haben. Das Toleranzfenster jedes Menschen ist individuell unterschiedlich. Sie werden sicher bemerkt haben, wie sehr sich Ihre Belastbarkeit von Tag zu Tag ändert, auch über längere Perioden hinweg. Sie wird geringer, wenn Sie unter dauerndem Stress leiden, und größer, wenn alles gut läuft. Glücklicherweise können Sie je nach Umstand Ihr Toleranzfenster (oder das, was Psychologen den Grad der Affekttoleranz nennen) ausbauen, indem Sie mithilfe von RAIN innere Arbeit leisten. Doch können Sie diese Arbeit nicht in Momenten tun, in denen Sie sich bereits »jenseits des Fensters« befinden.

Um zu erklären, was passiert, wenn wir von Emotionen überwältigt werden, nutze ich gern eine weitere Erfindung von Siegel – ein Modell des Gehirns, das es uns leichter macht, dieses sehr komplexe Organ sowie unsere Stressreaktion zu verstehen.

DAS GEHIRN IN IHRER HAND

Versuchen Sie es mal bei sich zu Hause! Halten Sie die Hand hoch und machen Sie eine Faust, wobei Sie den Daumen in die Handfläche legen und die anderen vier Finger darüber schließen. Das ist Ihr Gehirn. Ihr Gesicht befindet sich direkt vor den Fingerknöcheln, und der Handrücken stellt den Hinterkopf dar.

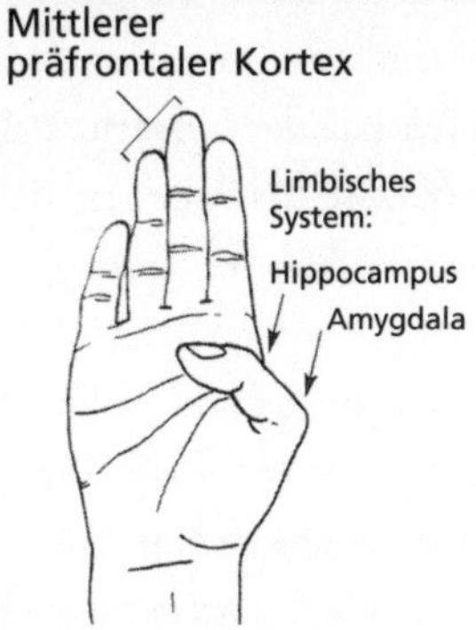

Legen Sie Ihren Daumen, wie auf dem Bild, in die Mitte der Handfläche.

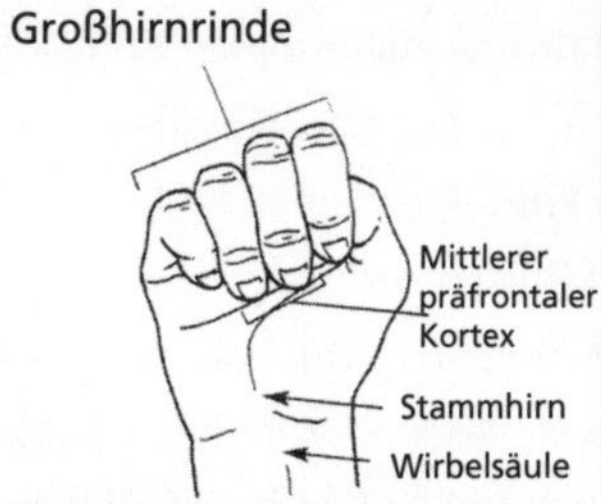

Und nun schließen Sie die Finger über dem Daumen, genau wie der Kortex über dem limbischen System des Gehirns liegt.

Öffnen Sie die Hand jetzt wieder für einen Moment. Das Handgelenk steht für die Wirbelsäule. Der untere Teil der Handfläche stellt das Stammhirn dar. Und der umfasste Daumen ist das limbische System des Gehirns. Das Stammhirn ist für die grundlegenden Körperfunktionen (wie den Atem und die Herzfrequenz), für unsere Erregungszustände und Überlebensreaktionen wie die Kampf-oder-Flucht-Reaktion zuständig. Das limbische System, das sich tief im Gehirn befindet, ist unser emotionales Zentrum, es arbeitet eng mit dem Stammhirn zusammen, um unsere Handlungen und Reaktionen zu steuern. (Wie Siegel erklärt, konzentriert sich das limbische System auf die Grundfrage: »Ist das gut oder schlecht?«) Hier werden auch die Erinnerungen gebildet und gespeichert. Der größte Teil dieser Aktivität geht abseits unseres Gewahrseins vor sich.

Schließen Sie die Finger wieder um den Daumen, dann nehmen Sie die äußere Schicht des Gehirns, den Kortex, in Betrieb. Dies ist der Teil des Gehirns, der sich am spätesten entwickelt hat und uns erlaubt, uns in Zeit und Raum zu orientieren, zu denken, zu überlegen, zu planen und uns Dinge vorzustellen. Der präfrontale Kortex – der Bereich direkt hinter unserer Stirn – dehnt sich über die vordersten Fingerglieder von den vorderen Fingerknöcheln bis zu den Fingerspitzen aus. Drücken Sie die Fingerspitzen in die Handfläche und nehmen Sie wahr, wie sie alle Teile Ihres Gehirns miteinander verbinden. Dies ist der Bereich, der Botschaften, die unser Leben steuern, verschickt und empfängt. Der mittlere präfrontale Bereich ist der Zeuge. Hier findet sich unsere Fähigkeit, achtsam, einfühlsam und mitfühlend zu sein. In ihm liegt unsere Fähigkeit begründet, komplexe Beziehungen zu gestalten. Und es ist auch der Bereich, der die Überlebensreaktionen des Reptilhirns beruhigen oder »herunterregulieren« kann.

Sind wir in einem stabilen Zustand, dann fließt die Kommunikation zwischen allen Teilen des Gehirns. (Siegel nennt diesen Zustand »Integration«.) Nehmen wir an, jemand schneidet Ihnen mit dem Auto den Weg ab, während Sie Ihr Kind zur Schule fahren. Limbisches System und Stammhirn reagieren so schnell, dass Sie auf die Bremse treten, bevor Sie sich des Geschehens voll bewusst sind. Dann spüren Sie, wie Angst und Wut den ganzen Körper überfluten. Doch nun schickt der präfrontale Kortex eine beruhigende Botschaft: »Das war nah dran, aber wir sind außer Gefahr.« Langsam fangen Sie sich wieder.

Stehen Sie jedoch unter hohem Stress oder sind Sie traumatisiert, wird der präfrontale Kortex vielleicht nicht in der Lage sein, die limbische Reaktion herunterzuregulieren. Angst und Wut übernehmen die Führung. Sie schimpfen und ängstigen Ihr Kind oder, noch schlimmer, fahren dem anderen Auto hinterher und zeigen dem Fahrer den Mittelfinger. Wenn wir von unserem Reptilhirn gekapert werden, kann es schnell passieren, dass wir uns und andere in Gefahr bringen.

Wie das kommt, können Sie gut an Ihrem Handmodell erkennen. Die Botschaften »Gefahr! Ärger!« steigen durch das Stammhirn ins limbische System auf. Und weil der präfrontale Kortex bereits über die Maßen gestresst ist (die vier um den Daumen geschlossenen Finger), schaltet er ab, und die Finger öffnen sich einfach.

Sie rasten buchstäblich aus! Die Erregung steigt in schwindelnde Höhe, Sie verlieren den Zugang zu Ihrem gesunden Menschenverstand, zum Mitgefühl, zu Ihrem moralischen Bewusstsein und anderen inneren Kräften, auf die wir uns verlassen, damit sie uns weise durchs Leben geleiten.

Wenn wir von unserem natürlichen Potenzial für Achtsamkeit und Selbstmitgefühl abgeschnitten sind, brauchen wir etwas, das unser System beruhigt, damit wir uns wieder verbinden können. Wir brauchen etwas, das uns zurück in Integration und Stabilität verhilft. Auch hier stellt der vierte Schritt von RAIN, das *Nähren,* einen Schlüssel zur Heilung dar.

Nähren, wenn die Angst groß ist

In Kapitel 5 haben wir erkundet, wie wir mithilfe dieses vierten Schrittes von RAIN mit unserer Scham arbeiten können. Sind wir in Schamgefühlen gefangen, brauchen wir vor allem das Vertrauen, dass wir liebenswert und wertvoll sind. Mithilfe von RAIN lernen wir, eine Liebesquelle zu finden, die größer ist als wir, eine Quelle, die uns hilft, auf unser Gutsein zu vertrauen.

Sprengt die Angst unser Toleranzfenster und fühlen wir uns überwältigt, *dann brauchen wir als Erstes Zugang zu einem Gefühl der Sicherheit.* Um effektiv mit RAIN arbeiten zu können, müssen wir uns ausreichend sicher und präsent fühlen, *bevor* wir anfangen. Deshalb schlage ich häufig vor, dass man sich in einem ersten Schritt um das *Nähren* und Stärken des inneren Ressourcen-Ankers kümmert. Sie können außerdem zu jeder Zeit während der Meditation innehalten, um den Schritt *Nähren* einzuschieben.

Nun fragen Sie sich vielleicht: »Aber ich dachte, das *Nähren* wäre der letzte Schritt der RAIN-Meditation?« Wie wir gesehen haben, kommt das vollständige *Nähren* tatsächlich häufig als letzter Schritt, nachdem wir unsere Erfahrung *erkundet* und direkten Kontakt zu ihr aufgenommen haben. Doch das im *Nähren* enthaltene Selbstmitgefühl trägt den gesamten Prozess, und wenn wir es mit Trauma oder anderen intensiven Ängsten zu tun haben, sind die Schritte des *Zulassens* und *Erkundens* vielleicht nicht so weise oder gar unmöglich. In solchen Fällen müssen wir die Reihenfolge von RAIN verändern. *Nähren* wir uns gleich zu Beginn – und wann immer es zwischendurch nötig ist – mit Fürsorge und Mitgefühl und stellen so einen gewissen Grad an Sicherheit und innerer Verbundenheit her, wird sich RAIN umso wahrscheinlicher auf heilsame Weise entfalten.

Ein direkter Zugang zur *nährenden* Selbstfürsorge besteht darin, die Aufmerksamkeit wie in der Meditation am Ende dieses Kapitels auf den Körper und den Atem zu lenken.

Ein zweiter Zugang zu dieser *nährenden* Selbstfürsorge besteht, wie in Kapitel 5 vorgestellt, darin, sich einen Ressourcen-Anker zu schaffen und sich an ihn zu wenden – ein Wort, Bild, Gegenstand oder eine Geste, die Ihnen hilft, sich mit den inneren Ressourcen zu verbinden, die Sie am dringendsten benötigen. Ist dieser assoziative Anker erst einmal etabliert, haben Sie einen schnellen, direkten Zugang, auf den Sie sich verlassen können, wenn Sie sich ganz und gar unterhalb der Linie befinden.

Wollen wir jedoch eine bleibende Veränderung in unserem Leben bewirken, reicht es nicht aus, Zugang zu einem positiven inneren Zustand wie Sicherheit oder Frieden zu finden. Wir wissen inzwischen, dass wir diese vorübergehenden Zustände zu Persönlichkeitsmerkmalen ausbauen können – also zu dauerhaften Ausdrucksformen dessen, wer wir sind. Dieser Prozess, Zustände in Persönlichkeitsmerkmale zu verwandeln, ist ein tiefer Ausdruck von *nährender* Selbstfürsorge.

Zustände in Persönlichkeitsmerkmale verwandeln

Erinnern Sie sich, dass unser Reptilhirn so abgestimmt ist, dass es schmerzhafte Erfahrungen eher speichert als die angenehmen? Das ist der sogenannte Negativitätseffekt. Selbst wenn wir die schmerzhaften Erlebnisse nicht im Detail erinnern (wie es bei Traumata häufig der Fall ist), bleiben sie doch tief im impliziten Gedächtnis haften und formen unsere Erwartungen, Überzeugungen und Stimmung – die Art und Weise, wie wir uns und die Welt erfahren. Im Gegensatz dazu geraten viele unserer täglichen positiven Erfahrungen schnell in Vergessenheit. Wir behalten nur ein paar besonders emotions- und bedeutungsgeladene Höhepunkte in Erinnerung. Die meisten Momente aber, in denen wir uns entspannt, sicher, vertrauensvoll, erfolgreich und geliebt fühlen, sind flüchtige Zustände und schnell vergessen.

Um einen gewünschten Zustand zu einem Persönlichkeitsmerkmal und damit zu einer anhaltenden Qualität unseres Seins zu machen, sind zwei grundlegende Schritte vonnöten. Zuerst müssen wir »die Erfahrung machen«, die wir entweder erkennen, wenn sie spontan eintritt, oder die wir mit einem Ressourcen-Anker absichtlich herbeiführen. Im zweiten Schritt heißt das, dass wir diesem positiven Zustand und dem Selbstgefühl, das sich zu ihm gesellt, unsere volle, anhaltende, tiefe Aufmerksamkeit schenken. Der Psychologe Rick Hanson nennt diesen zweiten Schritt »Installation«. Sie verleiht der positiven Erfahrung »Haftung«, sodass sie zu einem späteren Abruf in unserem impliziten Langzeitgedächtnis gespeichert wird.

Auf diese Weise baut sich das, was sonst nur ein flüchtiger Zustand gewesen wäre, mit der Zeit zu einem Persönlichkeitsmerkmal aus. Durch Wiederholung der Erfahrung, die wir mit unserer Aufmerksamkeit bereichern und sättigen, aktivieren wir die Neuroplastizität unseres Gehirns und schaffen in dem, wie wir uns und unser Leben erfahren, einen radikalen Wandel.

REFLEXION: EINEN POSITIVEN ZUSTAND VERANKERN

Verankerung ist immer möglich, wenn ein positiver innerer Zustand (mit Momenten der Ruhe, Zuversicht, Liebe, Sicherheit) auf natürliche Weise entsteht oder wenn wir ihn bewusst herbeigerufen haben. Tun Sie, sobald der positive Zustand da ist, Folgendes:

- Lenken Sie Ihre Absicht und Aufmerksamkeit sowie Ihr Interesse mindestens fünfzehn bis dreißig Sekunden darauf, die Erfahrung aufrechtzuerhalten.
- Lassen Sie zu, dass sie Ihren Körper erfüllt; laden Sie sie ein, so groß zu werden wie möglich. Aktivieren Sie alle Ihre Sinne: Was sehen und hören Sie? Wie erlebt Ihr Körper die Berührung, Temperatur, Energie, Bewegung? Sind auch Geschmack oder Geruch Teil der Erfahrung?
- Lassen Sie die Erfahrung bewusst in Ihre Körperzellen eindringen – so wie Licht einen Raum erhellt oder Wasser

einen Schwamm vollsaugt. Spüren Sie, dass Sie die erlebte Erfahrung einlassen, sich ihr ergeben und sie wirklich empfangen.

- Nehmen Sie sich einen Moment Zeit, um zu reflektieren, was sich an dieser Erfahrung bedeutsam oder wesentlich anfühlt.

Für eine Verankerung ist Wiederholung der Schlüssel zum Erfolg – immer wieder neu den Zugang finden und verankern. Üben Sie, wenn es Ihnen gut geht, aber auch, wenn Sie missmutig oder ein bisschen gestresst sind. Lassen Sie sich jedes Mal, wenn Sie sich stark oder im Frieden fühlen, vollständig von diesem Zustand erfüllen und bleiben Sie eine Weile dabei. Das Verankern – das Vertrautwerden – wird, wenn Sie ernsthaften Schwierigkeiten begegnen, den Zugang zu diesem Zustand leichter machen.

Was immer Sie üben, wird stärker. Zu lernen, positive Zustände in bleibende Persönlichkeitszüge zu verwandeln, ist eines der größten Geschenke, das Sie sich selbst machen können. Egal, wie gefangen Sie in Emotionen wie Angst oder Scham gewesen sein mögen, eine Stärkung der inneren Ressourcen kann helfen, das Gehirn zu verändern, das Herz zu heilen und das Bewusstsein zu entwickeln.

Die am Ende des Kapitels beschriebenen, geführten Meditationen »Die Samen der Sicherheit nähren« und »Die Zügel aus der Hand geben« geben Ihnen die Chance, dies direkt zu erkunden.

RAIN bei überwältigender Angst üben

Terry meditierte schon viele Jahre, doch als ihre Tochter Megan heroinabhängig wurde, gelang es ihr immer weniger, Trost in der Meditation zu finden. Stattdessen löste das Sitzen in der Stille häufig unerträgliche Unruhezustände aus.

Entschlossen, die Tochter vor der Straße zu bewahren, hatte Terry bereits drei Jahre in einer Achterbahn der Angst und Wut verbracht. Sie hatte Megan eine Entzugsklinik nach der anderen bezahlt. Sie hatte Miet- und Therapiekosten für sie aufgebracht, versucht, Arbeit für sie zu finden, war aber nur einem ständigen Netz von Lügen und Rückfällen begegnet. Manchmal verschwand Megan wochenlang, ließ Terry in Panik zurück und tauchte wieder auf, wenn sie am Boden war und verzweifelt Hilfe brauchte, mit dem Versprechen, diesmal würde alles anders werden.

Terry wusste, dass sie dieses Suchtverhalten ermöglichte, aber sie konnte nicht anders. Sie lebte in der ständigen Angst, einen Anruf zu erhalten: Megan nach einer Überdosis im Leichenschauhaus, Megan vergewaltigt und umgebracht.

Erst als ihre beste Freundin zu ihr sagte: »Du bist traumatisiert und brauchst jetzt sofort selber Hilfe«, begann Terry mit einer Therapie und suchte bei mir spirituelle Unterstützung.

Ich fragte sie, was ihr im Leben ein Gefühl von Verbundenheit und Frieden gebe. »Normalerweise das Gebet«, antwortete sie. »Ich bete zu etwas, das sich wie die Mutter des Universums anfühlt, zur Göttlichen Mutter. Aber wenn ich jetzt zu beten versuche, ist mein Herz unter der Angst begraben. Ich kann kaum noch atmen.«

»Was würde jetzt, in diesem Augenblick, Ihrem Herzen helfen zu atmen?«, fragte ich.

Terry schloss einen Moment die Augen. »Dass ich diese Angst nicht allein zu tragen bräuchte«, sagte sie. Dann blickte sie mich mit einem kleinen Lächeln an. »Ich wünschte, das Universum würde für mich übernehmen!«

»Dann nehmen wir das«, sagte ich. »In Ordnung?« Sie nickte mutig und schloss die Augen wieder.

»Vergegenwärtigen Sie sich jetzt die Ängste, die Sie mit sich herumschleppen, und zwar die großen. Stellen Sie sich vor, dass Sie sie sanft und respektvoll in beiden Händen halten ... und in die Arme der Göttlichen Mutter legen. Es geht nicht darum, sie damit loszuwerden. Eher darum, dass Sie sich von etwas sehr viel Größerem helfen lassen, sie zu halten. Schauen Sie mal, ob Sie das visualisieren und spüren können. Sie könnten die Angst zum Beispiel tatsächlich mit den Händen nach oben halten.«

Terry senkte den Kopf ein wenig, während sie die Hände hob. Tränen begannen ihr die Wangen herabzulaufen. Einige Minuten später ließ sie die Hände in den Schoß sinken und blieb still sitzen. »Ich atme, Tara«, sagte sie. »Mein Herz atmet. Es ist unglaublich schwer und traurig, aber da ist mehr Raum ... es ist Teil von etwas Größerem ... es atmet.«

Terry hatte einen Ressourcen-Anker gefunden (das Bild und die gefühlte Wahrnehmung dieser Gebetsgeste), der ihr etwas Erleichterung verschaffen konnte. Ich ermutigte sie, eine Weile still sitzen zu bleiben, im Atem zu ruhen und darauf zu achten, wie es sich anfühlte, die Ruhe eintreten und ihr Herz davon erfüllen zu lassen. Bevor wir auseinandergingen, schlug ich ihr vor, sie solle dies zum Zentrum ihrer Übung machen: ihre Angst der Göttlichen Mutter (ihrem Ressourcen-Anker) übergeben und dann in die Gefühle des Gehaltenseins eintauchen (um diesen inneren Zustand zu verankern).

Wenn Ängste so fest verwurzelt sind und/oder der Alltag sie noch verstärkt, könnte es nützlich sein, dass Sie sich erst einmal Tage, Wochen oder Monate darauf konzentrieren, ein Sicherheitsgefühl zu entwickeln, *bevor* Sie den kompletten RAIN-Prozess angehen. Und selbst dann ist es wichtig, wann immer ein Signal von »zu viel« auftaucht, innezuhalten und erst einmal Zugang zu den inneren Ressourcen zu suchen.

Als Terry und ich uns einige Wochen darauf wiedersahen, hatte

Megan einen weiteren Entzug abgebrochen und war komplett von der Bildfläche verschwunden. Terry war unglücklich, aber sie hatte viel gebetet und sagte, sie sei bereit, Achtsamkeit und Mitgefühl von RAIN voll und ganz in ihre Erfahrung aufzunehmen. Ich erinnerte sie daran, dass sie die Göttliche Mutter jederzeit bitten könne, ihr beizustehen und die Angst mitzutragen.

Zunächst *erkannte* sie die Angst und die Bedrängnis, die sie verspürte, und *ließ* beide *zu* und so da sein, wie sie waren. Als sie anfing, sie zu *erkunden,* und sich fragte: »Was glaube ich?«, hörte sie sich sagen: »Ich habe nicht die Macht, sie zu kontrollieren oder zu retten.« Sie hielt inne und atmete tiefer. »Da ist eine dunkle, klammernde Faust der Angst in meiner Brust«, flüsterte sie, »und ich muss einfach nur hier bleiben.« Nach einem kurzen Augenblick fügte sie hinzu: »Es hilft, wenn ich die Göttliche Mutter spüre, wie sie mit mir die Angst hält.«

Als Terry weiter in diese intensiven Gefühle hineinatmete, veränderte sich etwas. Zuerst kamen Tränen, dann begann sie zu schluchzen und rollte sich auf dem Sofa in Embryohaltung zusammen. »Ich könnte mein Baby verlieren und kann nichts tun.« Terry hatte sich der Verlustangst gestellt, die in der Angstumklammerung steckte.

Etwa zehn Minuten ergab sie sich ganz diesem Schmerz, und als sie sich langsam beruhigte, fragte ich: »Was braucht diese trauernde Stelle am allermeisten?«

Langsam setzte sie sich auf und stammelte: »Jetzt gerade? Wasser und Taschentücher.« Sie war wieder bei mir im Zimmer angekommen. Als sie sich ein wenig gesammelt hatte, sagte sie: »Sie braucht es, hier zu sein, aber … sie ist ja so groß. Sie braucht es, in der Liebe des ganzen Universums gehalten zu werden. Genau wie die Angst, die von etwas Größerem gehalten wird als von mir.«

Nun lud ich Terry ein, sich mit dieser Erfahrung Zeit zu lassen und zuzulassen, dass die Trauer einfach da war und dass etwas Größeres sie hielt. Sie schaukelte sich sanft und hielt sich dabei selbst. Dann bildete sie mit den Händen eine Schale, hob sie darbietend und neigte den Kopf. Nach ein paar Minuten fragte ich: »Wie fühlt es sich an, wenn Sie diese Trauer zulassen und sich für diese unendliche Güte öffnen?«

»Es ist, als würde dieser riesige, qualvolle Schmerz im Herzen in einen grenzenlosen See des Mitgefühls fließen … Es schenkt mir ein bisschen Frieden.«

Damit war für Terry die Achterbahnfahrt mit Megan nicht vorbei, doch ermöglichte ihr dieses Sich-Überlassen, weiser damit umzugehen. Obwohl es sie innerlich zerriss, sagte sie Nein, als Megan das nächste Mal mit Bitten und Versprechungen ankam. Noch schwerer wurde es für sie, als sie herausfand, dass ihre Tochter obdachlos war und sich prostituierte, um ihrer Sucht weiter nachgehen zu können. Doch Terry wusste im Innersten, dass sie Megan nicht retten konnte. Stattdessen musste sie offen bleiben für ihre eigene Angst und Trauer und sie dem Meer des Mitgefühls übergeben.

Dass Terry Grenzen setzte, zwang Megan, sich zu entscheiden. Sie entschied sich fürs Leben. Innerhalb der folgenden vier Jahre übernahm sie immer mehr Verantwortung für ihr Leben und stellte sich zunehmend den Dämonen, vor denen sie davongelaufen war.

Unser furchtloses Herz

Meiner Erfahrung nach kommt die Angst immer wieder. Unser Leben ist von Natur aus unsicher: Wir verlieren geliebte Menschen, Beziehungen scheitern, wir erfüllen im Arbeitsleben nicht immer die an uns gestellten Erwartungen, unser Körper wird sterben, auf unserem Planeten wird sich weiterhin Gewalt entladen, unsere Erde wird auch künftig Bedrohungen in ihren Biosystemen und in der Artenvielfalt erleben. Letztendlich haben wir keine Kontrolle über das Leben und den Tod.

Und ja, es ist möglich, wie Terry zu erleben, dass die Angst durch radikales Mitgefühl gelindert wird. Angst ist ein wandelbarer Zustand und kann in unendlicher Güte gehalten werden, einer Eigenschaft, die unsere innerste Natur ausdrückt. Durch die RAIN-Praxis können wir diesen Herzraum entdecken – eine liebende Präsenz, die größer ist als unser kleines, verängstigtes Selbst –, einen Raum, der Besorgnisse und Angst einschließt, ohne davon beherrscht oder verzehrt zu werden.

Als ich Terry das letzte Mal sah, sagte sie mir, was sie von dem ständigen Auf und Ab gelernt hat: »Ich kann Megan und ihr Leben nicht kontrollieren … Sie hat immer noch große Schwierigkeiten, und ich kann nicht sicherstellen, dass alles gut ausgeht. Aber ich kann ihr meine Liebe schenken, mein Bestes tun, um ihr zu helfen, und versuchen, präsent zu bleiben, wenn ich Angst habe. Wenn ich die Göttliche Mutter anrufe, sind genug Liebe und Präsenz da, um die Angst zu halten, um mein Leben zu halten.«

Jeder von uns kann lernen, die eigenen inneren Ressourcen zu *nähren* und angesichts von Angst das eigene furchtlose Herz zu entdecken. Unsere Ressourcen-Anker mögen sehr unterschiedlich sein. Doch egal, ob wir uns einen getreuen Freund oder eine spirituelle Persönlichkeit ins Gedächtnis rufen, uns an einen Baum lehnen, uns die Hand aufs Herz legen oder einen Felsen berühren – wenn wir dem positiven inneren Zustand, den wir damit erwecken, unsere volle Aufmerksamkeit schenken, dann *nähren* wir ganz direkt eine zärtliche Präsenz, in der unser Leben gehalten ist.

Meditation: Die Samen der Sicherheit nähren

Es gibt drei Meditationen, mit denen man das Gefühl innerer Sicherheit steigern kann: mit Aufmerksamkeit für Körper und Atem; mit weisen, liebevollen Botschaften; mit dem geistigen Heraufbeschwören einer Person, eines Ortes, einer Aktivität oder Erinnerung.

1. Körper und Atem

- Erden Sie sich, indem Sie sich Ihres Körpers gewahr werden und sich in eine stabile, bequeme Position bringen. Spüren Sie die feste Berührung von Rücken, Gesäß und Füßen am bzw. auf dem Stuhl und Fußboden; nehmen Sie Ihr Gewicht und die Schwerkraft wahr und wie die Erde Sie trägt.
- Scannen Sie Ihren Körper durch und lassen Sie bewusst alle spürbaren Anspannungen los.
- Konzentrieren Sie sich auf den Atem und lassen Sie das Ein- und Ausatmen immer länger werden (etwa jeweils fünf bis sechs Sekunden). Atmen Sie ohne Pause zwischen dem Ein- und dem Ausatmen, entspannen Sie sich beim Ausatmen und lassen Sie die gesamte Atmung sanft und leicht sein. (Dies wird auch »kohärentes Atmen« genannt. Es beruhigt unmittelbar Körper und Geist.)
- Legen Sie sich die Hand/Hände sanft auf Herz und Bauch oder an die Wangen.

2. Weise, liebevolle Botschaften

- Botschaften an sich selbst wie: »Ich bin hier. Ich bin bei dir.«
- Gebete und Segenswünsche Liebender Güte: »Möge ich mich sicher fühlen angesichts inneren oder äußeren Leides.«
- Mantras oder Sätze mit heiliger Bedeutung wie: *»Om Mani*

Padme Hum.« (Wenn unser Geist erwacht, entdecken wir das Juwel des Mitgefühls.)

3. Eine Person, einen Ort, eine Aktivität oder Erinnerung geistig heraufbeschwören

Um unter den möglichen Ressourcen-Ankern einen für sich zu finden, der gut helfen kann, können Sie folgenden Fragen nachgehen, und zwar am besten, wenn Sie gerade keine Angst haben. Achten Sie darauf, was Ihnen körperlich am ehesten ein Gefühl von Leichtigkeit vermittelt:

- *Bei wem haben Sie ein Verbundenheits- oder Zugehörigkeitsgefühl? Bei wem fühlen Sie sich umsorgt oder geliebt, zu Hause, in Sicherheit, geborgen?* Scannen Sie Familie, Freunde, Lehrer und Heiler durch – Menschen, die Sie kennen, und ebenso Wesenheiten, mit denen Sie sich verbunden fühlen, die Sie aber nie kennengelernt haben; Lebende und Verstorbene; Haustiere; archetypische oder spirituelle Personen wie den Buddha, Guanyin, Jesus.
- *Wann und wo fühlen Sie sich am meisten zu Hause – in Sicherheit, geborgen, entspannt oder stark?* Hier könnten Sie sich überlegen, wo Sie das Gefühl haben, Zuflucht zu finden – in der Natur, in einer Kirche oder einem Tempel, in einem Café.
- *Welche Aktivität gibt Ihnen ein Gefühl von Sicherheit, Geborgenheit und/oder Stärke?* Überlegen Sie, ob es eine Tätigkeit gibt – zum Beispiel anderen helfen, schwimmen, zeichnen, tanzen –, die Sie mit Ihren inneren Ressourcen verbindet.
- *In welchen früheren Erlebnissen – besonderen Erfahrungen – haben Sie sich einmal stark, in Sicherheit und handlungsfähig gefühlt?* Dies könnte alles umfassen, was mit Leistung oder Können, mit Lernen oder Dienen oder mit der Beziehung zu anderen zu tun hat.

Wählen Sie nun die Person, den Ort, die Aktivität oder Erinnerung, die Ihnen momentan am ehesten das Gefühl von Sicherheit vermittelt. Dies wird vorerst Ihr Ressourcen-Anker sein, Ihr Zugang zu einem positiven Zustand.

Vertiefen Sie Ihre Aufmerksamkeit, indem Sie diesen Ressourcen-Anker mit allen Ihren Sinnen zum Leben erwecken. Geht es dabei zum Beispiel um eine Person, bei der Sie sich zu Hause fühlen, dann lassen Sie das Bild dieser Person in Nahaufnahme klar vor sich erstehen, erinnern Sie sich an den Klang der Worte, die gesprochen wurden, an eine beruhigende Berührung oder einen Blick.

Beachten Sie dabei Ihre Körperempfindungen, wie die Empfindung von Leichtigkeit, Sicherheit oder Trost.

Nehmen Sie sich, bevor Sie die Übung beenden, fünfzehn bis dreißig Sekunden Zeit und verankern Sie diese positiven Erfahrungen von Sicherheit oder Geborgenheit, indem Sie mit der Aufmerksamkeit in die Gefühle eintauchen, sie einsinken und sich ganz von ihnen erfüllen lassen.

Meditation: Die Zügel aus der Hand geben

Erleben Sie diese Meditation, wann immer Sie zu viele Sorgen und Ängste aufgrund von Ergebnisorientiertheit entwickeln. Achten Sie auf das, was passiert, wenn Sie Ihre Schwierigkeiten einem größeren Universum überlassen.

Nehmen Sie eine bequeme Position ein, schließen Sie die Augen und lassen Sie spürbare Anspannungen los.

Nehmen Sie sich einen Moment Zeit, um in den ersten beiden RAIN-Schritten eventuelle Sorgen oder Angst *zu erkennen* und *zuzulassen. Erkunden* Sie in Schritt 3, was Sie gerade glauben (was Schlimmes passieren wird) und welche Angst Sie am stärksten im

Körper wahrnehmen. Vertiefen Sie das *Erkunden,* indem Sie Kontakt zu diesen Empfindungen aufnehmen und sich dafür öffnen.

Denken Sie jetzt an ein wohlwollendes oder formloses Wesen – einen Gott, Geist, die Intelligenz des Universums, Jesus, den Buddha, die Göttliche Mutter, die Natur –, das Sie als weise, mitfühlend und alles umarmend erleben.

Stellen Sie sich vor, Sie geben das komplette Maß an Angst, das Sie mit sich geschleppt haben, aus der Hand oder überlassen es diesem größeren Feld, diesem umfassenderen Wesen. Es ist nicht mehr Ihre Aufgabe, sich Sorgen zu machen oder das alles alleine zu tragen. Ihr kleines Selbst ist nicht zuständig. Lassen Sie zu, dass die Ängste oder Sorgen von etwas Größerem gehalten werden.

Visualisieren Sie und spüren Sie dieses Aus-der-Hand-Geben. Sie könnten versuchen, es körperlich auszudrücken, indem Sie beide Hände mit den Handflächen nach oben zum Himmel heben und den Kopf neigen. Wie fühlen Sie sich, wenn Sie diese Last nicht mehr zu tragen brauchen?

Nach RAIN: Wie fühlt sich dieser Augenblick an, wenn es kein Problem mehr zu lösen gibt? Schauen Sie, ob Sie sich entspannen und in diesem ruhigen Raum verweilen können.

FRAGEN UND ANTWORTEN

Muss ich immer, wenn Angst in mir aufsteigt, diese vier RAIN-Schritte durchlaufen?

Nicht unbedingt! Es gibt verschiedene Möglichkeiten:

Die ersten RAIN-Schritte – *Erkennen* und *Zulassen* – rufen häufig eine achtsame, offene Präsenz hervor, die uns hilft, mitten in der Angst (oder in welch schwierigem Gefühl auch immer) ein Gleichgewicht zu finden und frei zu werden. Anders gesagt: Vielleicht brauchen Sie nur diese ersten beiden Schritte.

Wenn aber die Angst groß ist und Sie in der Reaktivität gefangen sind, wird Ihnen der dritte Schritt, das *Erkunden,* helfen, die

Schichten der Verletzlichkeit aufzudecken, und der vierte, das *Nähren,* die Heilung schenken, die Sie brauchen.

Wie ich weiter oben erwähnt habe, könnte es, wenn die Angst übermächtig ist, aber auch nötig sein, mit dem *Nähren* anzufangen und zunächst das eigene Sicherheitsgefühl zu stärken, bevor Sie die RAIN-Schritte durchlaufen.

Entmachten wir uns nicht, wenn wir unsere Ängste »aus der Hand geben«? Oder bestärkt es uns nicht womöglich in unserem Gefühl, dass unsere Ängste zu viel für uns sind, als dass wir damit klarkommen könnten?

Stecken wir in Ängsten fest, dann kommen wir *nicht* gut damit klar. Wir fühlen uns bereits als Opfer, beherrscht, abgetrennt und verletzlich. Und zwar, weil unser Reptilhirn die Führung übernommen und die Kommunikation mit unserem präfrontalen Kortex, dem Ort der Vernunft, der Achtsamkeit und des Mitgefühls, vermindert hat. So kann es zwar zunächst so scheinen, als würden wir die Angst an etwas übergeben, das sich außerhalb von uns befindet, doch in Wahrheit verwenden wir unsere Vorstellungskraft, um uns wieder mit unseren inneren Ressourcen, unseren vorübergehend nicht zugänglichen Qualitäten Weisheit, Mitgefühl und Liebe zu verbinden. Das »Aus-der-Hand-Geben« kann (ganz ähnlich wie das »Anvertrauen«, zu dem in 12-Schritte-Programmen ermutigt wird) eine machtvolle Brücke zurück in unser Ganzsein bilden.

Woher weiß ich, wann ich mich außerhalb meines Toleranzfensters befinde? Mir ist klar, dass es eine Gefahr der Retraumatisierung gibt, aber manchmal frage ich mich, ob ich nicht einfach bloß meinem Unbehagen aus dem Weg gehe.

Falls Sie Erfahrungen mit Trauma oder mit Symptomen einer Posttraumatischen Belastungsstörung (PTBS) haben wie etwa Albträumen, Schreckhaftigkeit, starker Angst oder Panik, sollten

Sie davon ausgehen, dass emotionales Unbehagen oder das Gefühl von »zu viel« heißt, dass Sie sich außerhalb Ihres Toleranzfensters befinden. Ansonsten können Sie ruhig mit den Grenzen spielen und versuchen, eine Weile mit Ihrem Unbehagen präsent zu bleiben und zu beobachten, wie es sich ausbreitet. Wird es dann akut, sollten Sie dies als Zeichen sehen, Ihre Aufmerksamkeit zu verlagern und sich einer inneren Nährquelle zuwenden, um sich zu beruhigen. Doch könnten Sie feststellen, dass Sie mit einiger Übung genug inneres Gleichgewicht und Stabilität entwickeln, um es mit Ihren Ängsten auszuhalten. Wenn Sie lernen, präsent zu bleiben, legen Sie die gewohnte Vermeidungsstrategie ab und gewinnen mitten im Stress mehr Leichtigkeit und Freiheit. Damit erweitern Sie Ihr Toleranzfenster tatsächlich.

Ich denke, dass ich aus Angst handle, aber wenn ich meditiere, finde ich die Angst in meinem Körper nicht.

Da sind Sie nicht allein! Wir Menschen haben den starken Reflex, von der Körpererfahrung nackter Angst zu dissoziieren und uns in angstbasiertes Denken und Verhalten zurückzuziehen. Wir brauchen Übung, um uns bewusst für die gefühlte Wahrnehmung von Angst zu öffnen. Lenken Sie, wenn bei der Meditation angsterfüllte Gedanken auftauchen sollten, freundliche Aufmerksamkeit auf Kehle, Brust und Bauch. Es hilft, sich zu konzentrieren, wenn Sie in diese Bereiche hineinatmen. Beachten Sie Gefühle von Enge, Wundsein, Wärme, Druck oder Zittrigkeit, und laden Sie die Angst ein, sich zu zeigen. Mit ein bisschen Geduld werden Sie sich zunehmend vertraut damit machen können, wie sich die Angst in Ihrem Körper ausdrückt. Und je vertrauter Sie damit sind, desto weniger wird Sie die Angst beherrschen. Sie werden nicht mehr nur aus ihr heraus reagieren, sondern besser damit umgehen können.

Als ich in der Meditation mit meinen Ängsten in Berührung kam, löste das meine PTBS-Symptome aus. Ich habe Angst auseinanderzufallen, wenn ich damit weitermache. Soll ich trotzdem weiter meditieren?

Bei Auftauchen von PTBS-Symptomen ist es weiser, zunächst weitere innere Ressourcen zu aktivieren, bevor Sie mit Achtsamkeit und RAIN fortfahren. Haben Sie Ihren Zugang zu den inneren Ressourcen erst einmal gestärkt, werden Sie vielleicht feststellen, dass Ihr Toleranzfenster wächst. Auch kann es sehr hilfreich sein, einen Trauma-erfahrenen Lehrer oder eine mit Achtsamkeit arbeitende Therapeutin darüber zu konsultieren, wie Sie Ihre Praxis verändern könnten.

Denken Sie daran, dass es viele Arten von Meditation gibt. Bei einigen geht es direkt um die Entwicklung der inneren Ressourcen wie Ruhe und Wohlbefinden. Vielleicht sind Sie ja schon mit der Meditation der Liebenden Güte, der Konzentration auf den Atem oder einer Gehmeditation vertraut. Sie können Ihnen helfen, sich in schwierigen Zeiten stabiler und leichter zu fühlen.

7

Die tiefste Sehnsucht entdecken

Menschen sind nur frei, wenn sie das tun, was sie im tiefsten Innern lieben. Doch der Weg zum tiefsten Innern ist nicht ohne! Da muss man tauchen können.

D. H. Lawrence

Zu seinem sechzigsten Geburtstag kam Max gemeinsam mit seinem Partner Paul zu einem Tagesworkshop mit dem Titel »Radikale Akzeptanz«. Paul hatte darauf bestanden. »Sechs Jahrzehnte sind genug«, hatte er gesagt. »Du bist ständig auf der Zielgeraden und genießt dein Leben überhaupt nicht.«

Max, Besitzer einer Anlageberatungsfirma, stimmte zu. »Ich habe ständig Angst, etwas zu verpassen«, gab er zu, als wir uns in einer Pause zu dritt unterhielten. Angesichts meiner hochgezogenen Augenbraue fügte er hinzu: »Sobald mir irgendwas zu Ohren kommt – ein neues Work-out, die neueste iPhone-Generation, ein Klassentreffen, ein großartiger lebensverändernder Workshop«, er machte eine dramatische Pause und lächelte mich an, »habe ich Angst, ich verpasse was.«

Dann hielt er wieder inne und sah mich ernster an. »In Wahrheit habe ich Angst und bin nie zufrieden. Paul hat letztes Wochenende den Nagel auf den Kopf getroffen. Da hat er mich gefragt: ›Was ist denn genug?‹ Es läuft so viel gut in meinem Leben – ich habe eine super Karriere gemacht, einen guten Ruf, bin gesund, habe einen liebevollen Partner – aber es scheint nie genug zu sein.« Dann fügte er hinzu: »Meine eigentliche Angst ist, dass das Leben vergeht und ich verpasse, was wirklich wichtig ist.«

Die Angst, etwas zu verpassen: Max und Paul hatten mir in Kurzform präsentiert, wie viele von uns leben – von dem Gefühl gejagt, dass nie genug Zeit da ist, dass wir sterben werden, ohne voll und ganz gelebt zu haben. Egal, ob wir der nächsten sensationellen Erfahrung, einer Liebe oder einem Drink hinterherjagen, um unsere Ängste zu besänftigen, wir verpassen in diesen Momenten die Gegenwart. Wir haben den einzigen Ort, das Hier und Jetzt, verlassen, an dem wir die Wahrheit dessen verwirklichen können, wer wir sind, uns liebevoll mit anderen verbinden und dem Wind in den Bäumen lauschen können.

Der Zen-Dichter Ryokan schrieb: »Wenn ihr den Sinn herausfinden wollt, dann hört auf, hinter so vielen Dingen herzujagen.« Chronisches Wollen hält uns davon ab, je wirklich im jetzigen Augenblick anzukommen und ihn so zu sehen, wie er ist. Wenn wir immer auf dem Weg irgendwo anders hin sind, leben wir nicht das Leben, das hier ist.

Der RAIN-Prozess hilft uns, uns von dem Wollen zu befreien, das unser Leben einengt. In diesem Kapitel werden Sie sehen, wie wir mit dem dritten Schritt, dem *Erkunden,* die unerfüllten Bedürfnisse aufdecken können, die ungesunde Gewohnheiten wie das Wollen antreiben, und wie uns der vierte Schritt, das *Nähren,* mit unserem inneren Ganzsein und Erfülltsein verbindet. Doch lassen Sie uns zunächst einen Blick auf die universelle Konditionierung werfen, die uns ständig das Gefühl gibt, dass irgendetwas fehlt, dass dieser Augenblick nicht ausreicht.

Fern vom eigenen Stern

Das englische Wort »desire« (Wunsch, Verlangen) kommt von dem lateinischen Verb »desiderare«, sich sehnen, verlangen, wünschen, begehren, das ursprünglich vielleicht von dem Wort »sidus«, Genitiv »sideris«, Stern, herstammt und insofern »fern von den Sternen sein« bedeuten könnte. Überlegen Sie mal: Jeder Teil dieses Universums ist aus Sternenmaterial gemacht; unser Stern ist die Quelle unserer Lebendigkeit; seine Leuchtkraft spiegelt das Bewusstsein wider. Alle Formen entstehen aus dieser Quelle und leiden, wenn sie sich davon abgetrennt fühlen. Damit geht die Sehnsucht nach Verbundenheit und erfüllter Lebendigkeit einher. Der Standardfokus der Sehnsucht ist der Genuss, denn Genuss ist ein biologisches Grundsignal für das, was dieser erfüllten Lebendigkeit dient: Sicherheit, Nahrung, Sex, Selbstachtung, Verbundenheit mit anderen, spirituelle Verwirklichung. Die Sehnsucht ist also die Energie unseres Sterns, die uns heimruft.

Nun kann die Suche nach Genuss zwar absolut gesund sein, doch wenn unsere Grundbedürfnisse nicht erfüllt sind, wird es mit der Energie der Sehnsucht problematisch, und sie ist nur noch schwer zu steuern. Die Sehnsucht intensiviert sich, unsere Aufmerksamkeit verengt und fixiert sich auf leichter erreichbaren oder greifbareren Ersatz. Fühlen wir uns unsicher, streben wir dann vielleicht nach Macht oder Geld; fühlen wir uns ungeliebt, suchen wir womöglich permanent nach Bestätigung oder häufen Leistungen an in der Hoffnung, damit Zuneigung zu gewinnen. Und sind unsere Bedürfnisse radikal missachtet worden, können solche Fixierungen beherrschend werden. Die Sehnsucht steigert sich zu heftigem Verlangen und Suchtverhalten.

Ersatzmittel verschaffen uns eine vorübergehende Befriedigung, die uns abhängig macht, doch liefern sie nie wirklich das, was wir brauchen. Unsere Leistungen erlauben uns nie, uns wirklich wertvoll zu fühlen; unser Geld oder Besitz verschafft uns keine echte Sicherheit; selbst Hunderte von Freunden in den sozialen Medien werden uns nie überzeugen können, dass wir liebenswert sind. Also haben wir weiterhin das Gefühl, dass irgendetwas fehlt, greifen nach Ersatzmitteln und entfernen uns von unserem Stern – der Quelle unserer Sehnsucht.

REFLEXION: DER »WENN DOCH NUR«-GEIST

Jagen wir Ersatzmitteln nach, befinden wir uns in einer limbischen Trance; die Überzeugungen und unbefriedigten Bedürfnisse, die uns antreiben, liegen weit unterhalb der Linie, jenseits des Gewahrseins. Erkunden wir unseren Zustand, werden wir ein chronisches Unzufriedenheitsgefühl entdecken, das uns daran hindert, nach vorn zu blicken, und die Überzeugung, dass das Leben besser wäre, »wenn doch nur« die Dinge sich änderten.

Gibt es etwas am Horizont, von dem Sie überzeugt sind, dass es (wenn es denn geschähe) alles ändern würde? Dass Sie erfüllt oder zufrieden sein könnten, wenn Sie doch nur den richtigen Partner finden, ein Kind bekommen, abnehmen oder den richtigen Job kriegen würden, oder wenn Ihr Kind ins richtige College aufgenommen würde? Erkunden Sie nun die Wirkung des »Wenn doch nur«-Geistes: Wie formt er Ihre Gedanken und Ihre Stimmung? Ihre Entscheidungen im Leben? Ihre Fähigkeit, Ihr Leben hier und jetzt zu genießen? Warten Sie noch darauf, dass Ihr Leben beginnt?

Versuchen Sie festzustellen, wie sich das Wenn-doch-nur auch in Kleinigkeiten im Alltag zeigt: Wenn ich doch nur länger im Bett bleiben könnte, die Kinder sich schneller anziehen würden, es weniger Verkehr gäbe, ich noch eine Tasse Kaffee trinken, dieses Projekt abhaken, das neueste Upgrade für mein Mobiltelefon bekommen, meine Dateien in Ordnung bringen, die Nacht durchschlafen könnte, jemand anders die Küche sauber machen würde. Und wie lange bleiben Sie zufrieden, wenn Sie bekommen, was Sie sich gewünscht haben?

Machen Sie jetzt eine Pause beim Lesen und überprüfen Sie, ob es in diesem Augenblick Anzeichen eines Wenn-doch-nur gibt. Haben Sie das Gefühl, auf dem Weg irgendwo anders hin zu sein? Ist da eine untergründige Unzufriedenheit? Fehlt jetzt gerade irgendetwas?

Da Ersatzmittel nie lange befriedigen, können die Wogen fixierten Begehrens die Macht über unser Leben übernehmen. Wir werden auf der Oberfläche des Meeres herumgeworfen und bekommen keinen Zugang zu den Tiefen – zu der reinen Sehnsucht unseres tiefsten Selbst. Um es mit D. H. Lawrence zu sagen: Da muss man tauchen können!

RAIN bei der Angst, etwas zu verpassen

Was Max aus unserem Workshop mitnahm, war die Beziehung zu seinem künftigen Selbst. Während einer geführten Meditation sah er sich als älteren Mann auf einem kleinen Segelboot, das auf einem unberührten See von Winden getragen wurde. Er jagte nichts nach und versuchte nicht, irgendetwas zu beweisen. Die Botschaft von seinem künftigen Selbst lautete: »Du kannst genau da zufrieden sein, wo du bist.«

Diese Vision inspirierte Max, doch schien sie Welten von seinem realen Leben entfernt. Als er vier Monate darauf auf ein Retreat kam, beschlossen wir, den RAIN-Prozess auf das anzuwenden, was er inzwischen »meine endlose Suche« nannte. Während seiner Meditationen suchten ihn ständig Gedanken an eine neue große Investition heim, die ihn am Präsentsein hinderten. Ich schlug ihm vor, diese Gedanken zu *erkennen* und *zuzulassen* und dann die Umkehr zu vollziehen. »Was ist da, wenn Sie Ihre Aufmerksamkeit von den Gedanken über das Projekt auf Ihre Körperempfindungen umlenken?« Er nannte Erregung, Gier und Angst.

Auf weiteres *Erkunden* hin zeigten sich in seiner Brust Hitze, Druck und Aufgewühltheit. Als ich fragte, woran diese Körperstelle glaubte, antwortete er: »Dass ich, wenn ich nichts tue, etwas verpasse. Ich werde die Gelegenheit verpassen.«

»Was verpassen Sie genau?«, fragte ich.

Max schüttelte den Kopf. »Ich weiß nicht, vielleicht Geld? Die

Chance, etwas Gutes zu tun? Eine weitere beeindruckende Aufbesserung meines Lebenslaufs?«

»Stimmt das, Max? Verpassen Sie damit etwas Wichtiges?«

Wieder schüttelte er den Kopf. »Nein, aber so fühlt es sich an. Und so fühlt es sich immer an, dass ich etwas verpasse, wenn ich nicht handle … Lebendigkeit, das Leben.«

Nachdem er so mit der Mischung aus Angst und Wollen als gelebter Körperwahrnehmung in Kontakt getreten war, schlug ich Max vor, sich sein künftiges Selbst als Quelle einer *nährenden* Weisheit zu vergegenwärtigen. »Wie könnten Sie Ihr künftiges Selbst lenken?«

Er nickte und sagte nach ein paar Minuten: »Ich bin mit dem künftigen Max auf diesem Segelboot, aber diesmal ist es anders. Er steuert aktiv mit dem Wind, egal, wie stark er bläst. Er ist präsent und lebendig und hat mächtigen Spaß!« Max lächelte.

Ich fragte: »Möchte er Ihnen irgendwas mitteilen?«

»Absolut. Es fühlt sich an, als würde er mir die Hand auf die Schulter legen und sagen: ›Das Leben in diesem Augenblick ist mehr als genug. Du brauchst nichts hinterherzujagen. *Besser kann's gar nicht sein!*‹« Er öffnete die Augen und lachte. »Genau jetzt ist alles da, Tara, ich reite den Wind … sitze hier, atme, erkunde dieses Zeug gemeinsam mit Ihnen, spüre die Wärme in der Brust. *Besser kann's nicht sein!*«

Vor allem dann, wenn wir etwas im Außen nachgejagt sind, finden wir in dem Moment, wo wir zu dem Kontakt aufnehmen, was jetzt gerade passiert, genau wie Max vielleicht die Unruhe, Anspannung oder Angst vor, die Teil des Begehrens ist. Oft gibt es da so ein nagendes Gefühl, dass irgendwas fehlt. Was passiert aber, wenn wir einfach da bleiben, statt dem nachzugehen, von dem wir meinen, dass wir es so sehr wollen? Was passiert, wenn wir uns selbst ermutigen (gewissermaßen mit einer Hand auf unserer Schulter), darauf zu vertrauen, dass es gar nicht besser sein kann? Mit der Zeit werden wir die Fülle und Lebendigkeit unserer Präsenz entdecken. Damit geht der Segen einher, dass wir uns als genug empfinden – dass das, wonach wir uns eigentlich sehnen, schon da ist. Dieser Geist ist in dem berühmten Gedicht des Zen-Meisters Ryokan spürbar:

Vom Dieb zurückgelassen –
Der Mond
Im Fenster.

Wir dürfen nicht vergessen, dass uns die Präsenz zwar im Innern befreit, dass sie aber nicht unbedingt einen radikalen Wandel im Außen bedeutet. Max' tägliche Aktivitäten blieben mehr oder weniger dieselben. Gelassenheit war nicht sein Stil. Er wetteiferte auch weiterhin um hoch dotierte Verträge und die Wertschätzung seiner Kollegen. Doch sagte er selbst: »Ich bin nicht mehr so ruhelos und getrieben. Ich bin jetzt öfter wirklich da. Und wenn ich mal wieder unruhig einem besseren Wind hinterherjage, legt mir der alte Segler eine Hand auf die Schulter und flüstert: ›Besser kann's nicht sein!‹«

Süchtig nach Liebe

Max' Medizin gegen die Angst, etwas zu verpassen, bestand darin zu lernen, immer wieder in den gegenwärtigen Augenblick zurückzukehren. Doch gibt es Zeiten, in denen wir die Umkehr in die Gegenwart nicht schaffen, ohne tiefen, wunden Schichten ungestillter Bedürfnisse zu begegnen. Ich habe bei mir und bei unzähligen anderen Menschen erlebt, wie sich ein Verlangen zu einer echten Obsession auswachsen kann. In solchen Momenten müssen wir dem Verlangen und der Angst, die uns antreiben, tiefere Aufmerksamkeit widmen.

David kam zu einem Meditations-Retreat, kurz nachdem ihn seine Freundin nach einer sechsmonatigen, wechselhaften Beziehung verlassen hatte. Er litt sehr unter dem Verlust. Ständig ging er im Geist die kurze gemeinsame Geschichte durch, die Momente der Leidenschaft, die Momente, in denen ihre Liebe eine lebenslange Innigkeit zu versprechen schien. Je mehr er sich hineinsteigerte, umso verzweifelter wurde seine Sehnsucht.

Bei einem privaten Gespräch verkündete er: »Ich habe die Liebe meines Lebens verloren. Jeder sagt mir, ich werde eine andere finden, eine, die sogar noch besser ist, aber … ich glaube da nicht dran. Ich glaube, sie war die Richtige. Ich habe das Gefühl, mein Leben ist dahin.«

David war überrascht, als ich ihm vorschlug, gemeinsam direkt von dem Punkt aus, an dem er gerade stand, durch den RAIN-Prozess zu gehen. »Da sitze ich und versuche zu meditieren, und das Einzige, woran ich denken kann, ist, dass ich sie anrufen muss, mich mit ihr versöhnen, Liebe machen, irgendwas tun muss, damit es zwischen uns läuft«, brach es aus ihm heraus. Er sagte mir, dass er ständig über ihren letzten Streit nachdenke und versuche herauszufinden, wo genau er es vermasselt habe.

»Welches Gefühl ist am deutlichsten spürbar?«, fragte ich.

»Das Verlangen«, antwortete er, »intensives, permanentes Verlangen.«

»Schauen Sie mal, ob Sie dieses Verlangen einfach nur *erkennen* und *zulassen* können, dass es da ist, ohne es in irgendeiner Weise zu beurteilen.« Er schüttelte angeekelt den Kopf. »Das ist schwer. Ich fühle mich so außer Kontrolle, ich schäme mich, dass ich sie so sehr will.«

»Das verstehe ich, David. Das ist ganz natürlich. Schauen Sie mal, ob Sie auch diese Scham *zulassen* können, die mit dem Verlangen einhergeht. Vielleicht ist es hilfreich, wenn Sie diese Gefühle benennen – ›Verlangen, Verlangen … Scham, Scham‹ – und einfach innehalten, ihnen den Raum geben, dass sie jetzt erst mal da sein dürfen.«

Kurz darauf nickte er, und ich fragte: »Welche Emotion ist gerade am stärksten?«

»Das Verlangen«, sagte er, ohne zu zögern. »Jede Zelle in mir sehnt sich danach, sie wiederzubekommen.«

»In Ordnung«, sagte ich, »dann lassen Sie uns das Verlangen *erkunden.* Versuchen Sie, sich mental eine Ihrer Fantasien so anzuschauen, als würde sie auf einem Bildschirm laufen.« Er schloss die Augen. »Und jetzt achten Sie auf das, was geschieht, wenn Sie sich von dem Bildschirm abwenden. Was passiert in Ihrem Körper und Herzen?« Nach einer kleinen Pause fügte ich hinzu: »Wo ist das Verlangen in Ihrem Körper spürbar? Können Sie mir sagen, wie es sich anfühlt?« Damit ermutigte ich ihn, die entscheidende Umkehr von den Gedanken zum Fühlen zu vollziehen und voll in seine Erfahrung einzusteigen.

Davids Verlangen stellte sich als Hand heraus, die sich in sein Herz gekrallt hatte und an ihm zog. Jedes Zerren fühlte sich an, als würde sie ihm das Fleisch zerfetzen, das Herz zerreißen.

Nun begannen wir, die Präsenz mit einer Art der *Erkundung* zu vertiefen, die ich »das Verlangen zurückverfolgen« nenne. Sie hilft uns, die ungestillten Bedürfnisse und darin die eigentliche Sehnsucht aufzufinden, die unsere Wunschfixierungen schürt.

»Stellen Sie sich vor, Sie könnten in diese Energie des Verlangens hineinschlüpfen, in diese Hand, die sich in Ihr Herz krallt.« David lehnte sich mit zusammengepresstem Kiefer nach vorn, das Gesicht in höchster Konzentration zusammengezogen. Ich wartete einen Augenblick, bevor ich fragte: »Was möchte diese Energie des Verlangens erleben?«

»Sie möchte Gesellschaft … sie will nicht alleine sein.«

»Okay, bleiben Sie bei diesem zerrenden Gefühl«, sagte ich, »und nehmen Sie wahr: Was ist das für ein Gefühl von ›Gesellschaft‹? Wie wäre es, wenn sie ›Gesellschaft‹ hätte?«

»Sie könnte sich entspannen, loslassen … Sie wäre Teil von etwas.«

»Und wie würde es sich anfühlen, ›Teil von etwas‹ zu sein? Wie ist das?«

»Das ist wie« – er legte sich beide Hände auf die Brust –, »mein Herz ist dieser offene Raum. Es ist total lebendig … voller Wärme … leicht.«

»Können Sie das jetzt gerade spüren?« Er nickte. »Ist es das, was diese Energie des Verlangens wirklich möchte? Gibt es da noch was anderes?«

David saß ganz still da. Dann flüsterte er: »In diesem Augenblick ist da kein Verlangen.«

Das *Erkunden* mündete in die Fülle des *Nährens,* während David sich in diesem warmen, lichten Raum ausruhte. Nach einer Weile bat ich ihn zu ertasten, was er von dieser Erfahrung im Gedächtnis behalten wolle. »Das ist Liebe, Tara, und sie ist ja schon da«, antwortete er. Seine Hände lagen noch immer über seinem Herzen. »Aber ich weiß, dass ich das, sobald ich diesen Raum verlasse, innerhalb von Minuten oder Stunden vergessen habe. Und dann werde ich es wieder mit ihr haben wollen.« Dann fügte er mit einem sanften Tätscheln seiner Brust hinzu: »Irgendwie muss ich mich daran erinnern, dass es alles schon hier ist.«

Bevor wir die Sitzung abschlossen, besprachen wir noch, dass er nicht gegen die Fantasien ankämpfen sollte, die unvermeidlich wieder auftauchen würden. Ich sagte David, er solle versuchen, sich nicht für seine tief eingefurchte und sehr menschliche Art verurteilen, wie er nach Liebe suche. Wenn wir unsere Wünsche verurteilen, blockieren wir den Pfad zu der hinter dem Sehnen versteckten Liebe, den Pfad zu der zeitlosen Liebe in uns, die uns ruft.

Ist Bindung etwas Schlechtes?

Immer wieder begegnet mir die Frage, ob man seine Sehnsucht nach einer innigen Verbindung zu anderen Menschen loslassen soll. Die Leute haben gehört, dass Bindungen ungesund seien und die spirituelle Entwicklung blockierten. Dabei ist es natürlich und gesund, sich enge, nährende Beziehungen zu suchen. Unser Körper und Gehirn streben vom Moment der Geburt an nach Bindung; nur so überlebt der Mensch. Kleinkinder binden sich sogar an Menschen, die ihren Bedürfnissen immer wieder nicht gerecht werden. Die Herausforderung besteht darin, dass wir, wenn unsere Bindungsbedürfnisse in der frühen Kindheit nicht erfüllt wurden, auf eine Weise nach Intimität greifen – oder sie von uns stoßen –, dass echte Verbundenheit unmöglich wird. Und wenn unsere Ersatzmittel versagen, fühlen wir uns häufig wie ein verlassenes Kind und weinen nachts um einen Trost, der nicht kommt.

Für David steigerte leidenschaftlicher Sex einfach nur den Einsatz. Wir Menschen haben mit der Biologie des Verlangens gekämpft (und sie gefeiert), seit wir von den Bäumen herabgestiegen sind. Hormone und andere Neurotransmitter durchfluten den Körper, treiben sowohl Erregung wie Bindung an und bilden eine starke Prägung im Gedächtnis. Einige derselben Hirnkreisläufe haben auch mit Abhängigkeit von Opiaten und anderen Drogen zu tun. Kein Wunder, dass David eine Kralle am Herzen spürte; er war auf Entzug.

Deshalb ist der Prozess, den David gerade lernte – eine Quelle der Liebe im Innern zu finden –, so wesentlich für die Heilung. Wenn das Verlangen im Außen fixiert ist, hilft uns RAIN, die Fixierung aufzulösen, indem wir die Umkehr in unsere direkte Erfahrung vollziehen. Die Anhaftung wird trotzdem weiter auftauchen, doch wird sie unser Leben nicht mehr beherrschen und den Fluss der Liebe nicht mehr blockieren. Je mehr wir der Liebe in uns selbst vertrauen können, umso mehr können wir uns von einem Ort des Ganzseins, der Spontaneität und echten Fürsorge mit anderen verbinden.

VON UNBEFRIEDIGTEN BEDÜRFNISSEN ZUR SUCHT

Sind unsere frühesten Bedürfnisse nach Sicherheit und Verbundenheit nicht befriedigt worden, werden wir für Sucht empfänglich. Neurowissenschaftler haben dokumentiert, dass Stress biologische Veränderungen im Gehirn verursacht, darunter eine Blockierung der Dopaminrezeptoren, die Genuss und Lust registrieren. Das treibt uns noch mehr an, nach so hochintensiven Belohnungen zu suchen, wie Sex, Essen, Geld oder Drogen es sind. Nun können wir uns zwar unseren Kick holen und unsere Lustzentren vorübergehend entfachen, doch werden die Dopaminrezeptoren immer unempfindlicher, sodass wir mehr und mehr Stimulation brauchen, um Befriedigung zu erlangen. Teilnehmer bei den Anonymen Alkoholikern werden manchmal gemahnt: »Vielleicht gibt dir ein Drink das Gefühl, du wärst ein neuer Mensch … aber dann braucht auch der neue Mensch wieder einen Drink.«

Sind wir im Verlangen gefangen, nimmt die Aktivität im präfrontalen Kortex ab. Das beeinträchtigt das kritische Denkvermögen und die Fähigkeit, sich zurückzuhalten. Wir fühlen uns wie ein vollkommen anderer Mensch. Das limbische System hat uns gewissermaßen gekapert und verwehrt uns den Zugang zu dem erst später entwickelten Teil des Gehirns! Mit der Zeit sind dann die Gehirnmuster, die unser Selbstgefühl ausmachen, zutiefst gestört. Denken, Fühlen, Entscheidungen und die Art, wie wir uns mit anderen in Beziehung setzen, hängen nur noch an der Sucht. Wir verlieren den Kontakt zu dem Gold – dem Geist, der unser Sein belebt.

Essen als Ersatz für die Liebe

Fran kam auf Rat ihrer Patin bei der 12-Schritte-Gruppe *Overeaters Anonymous* zu mir. Sie sagte mir, OA sei schon hilfreich. Neue Freundschaften zu schließen, von den Mühen der anderen zu hören und ehrlich von ihren eigenen zu erzählen helfe ihr, sich weniger für ihren Essenszwang zu schämen. Doch wann immer ihr ein größerer Stressor begegne, falle sie unweigerlich zurück in den Fressexzess.

Vielleicht fehle ihr ein Schlüsselelement, sagte sie. »Menschen, die an eine höhere Macht glauben, haben eine Anlaufstelle, wenn sie allein sind und es hart auf hart kommt. Aber so was habe ich nicht. Meine Patin bei OA hat versucht, mir dabei zu helfen. Ich kann spüren, dass es noch was Größeres als mich gibt in diesem Universum, aber ich finde da keine gottesähnliche Kraft, die speziell über mich wachen würde.«

Fran wollte wissen, ob ihr Meditation die nötige innere Stärke geben könnte, um ihrem Esszwang zu widerstehen. Ich schlug ihr vor, mit RAIN anzufangen, und fragte sie, ob sie bereit sei, sich einen jüngeren Fressanfall nochmals zu vergegenwärtigen.

»Ja, das war, als mein Vater und meine Stiefmutter zu Besuch kommen wollten«, antwortete sie. Fran erzählte mir, sie hätten eine angespannte Beziehung, sodass sie Angst vor ihrem Besuch gehabt habe. Sie war extra früh von der Arbeit nach Hause gekommen, um sauber zu machen, und hatte statt eines richtigen Abendessens nur einen kleinen Imbiss zu sich genommen. Und dann hatte sich der Imbiss zu einem ausgedehnten Fressanfall mit Cornflakes und Eis ausgewachsen.

Sie sagte, die Angst habe so richtig angefangen, als sie ihr Büro in ein Schlafzimmer verwandelt und versucht habe, eine Mahlzeit zu planen, die ihnen gefallen würde. Das war der Punkt, an dem wir mit dem RAIN-Prozess einsetzten, und zwar damit, dass Fran ihre Angst zur Kenntnis nahm und ihr Raum gab. Im dritten RAIN-Schritt, dem *Erkunden,* fragte sie die verängstigte Stelle in sich, was sie glaubte. »Na ja, sie werden es bereuen, gekommen zu sein, sie werden denken, dass mein Ausziehsofa nicht bequem genug ist und dass ich nicht kochen kann. Sie werden mich mit meinem älteren Bruder und meiner Schwester vergleichen, die beide mehr als 200 000 im Jahr verdienen, Familie haben und traditioneller leben.«

»Okay, und jetzt eins nach dem anderen«, unterbrach ich sie. »Welches von den Gefühlen, die da hochkommen, ist am stärksten?«

»Die Angst … aber auch … nein, eigentlich bin ich verletzt. Ihrer Vorstellung nach bin ich eine Versagerin; sie respektieren mich nicht.«

»Und wenn Sie sich erlauben, dieses Verletztsein zu fühlen – wo finden Sie es in Ihrem Körper?«

Fran legte sich eine Hand auf die Kehle. »Genau hier«, sagte sie. »Meine Kehle fühlt sich an wie gewürgt, als würde ich versuchen, Tränen zurückzuhalten, Worte zurückzuhalten.«

»Was würde passieren, wenn Sie aufhören würden, die Tränen und die Worte zurückzuhalten?«

»Wenn der ganze Schmerz rauskäme, würde nie jemand in meiner Nähe sein wollen.« Sie hielt inne und fuhr dann fort: »Mein Bruder hat mir immer gesagt: ›Du wartest nur drauf, dass du verletzt wirst.‹ Schon als kleines Kind war das so.« Fran fing an zu weinen. »Keiner will mit mir zusammen sein, wenn ich verletzt bin.«

»Stimmt das wirklich?«

»Also, ich will dann nicht mit mir zusammen sein. Ich fühle mich so kindisch und so dumm, wenn ich so empfindlich bin.«

Ich bat Fran, sich ins Innere dieser Stelle in ihrer Kehle zu versetzen, die sich gewürgt anfühlte, dieses kindlichen Ortes, der so leicht verletzt war. »Was braucht dieser Teil jetzt, in diesem Augenblick, am dringendsten von Ihnen? Wie hätte er gern, dass Sie mit ihm umgehen?«

»Ich soll wissen, dass es wehtut, und er möchte, dass ich mich um ihn kümmere und nicht weggehe.«

»Okay, nehmen Sie sich hier einen Moment Zeit, Fran, und lassen Sie den liebevollsten, weisesten Teil von Ihnen Zeugin sein dieses verletzten Ortes … Was möchten Sie tun?«

Fran setzte sich ein wenig aufrechter hin und nahm ein paar tiefe Atemzüge. »Ich möchte diesem Kind in mir versichern, dass ich mich um es kümmere … Das tue ich … aber ich weiß, dass ich weggehen werde. Ich kann diese Gefühle einfach nicht so lange aushalten.«

»Wie wäre es, wenn Sie dem Kind sagen würden, dass Sie sich kümmern und gern bleiben würden, auch wenn es schwer ist, und dass Sie Ihr Bestes geben werden?«

Fran nickte. »Die verletzte Stelle sagt, dass das ausreicht.« Und nach einer Weile fügte sie hinzu: »Irgendwas in mir fühlt sich leichter an … einfach nur empfindsam, aber es tut nicht mehr so weh.«

EIN LOCH IN DER SEELE

Ich wurde mit etwas geboren, das ich gern als Loch in meiner Seele bezeichne … als Schmerz, der von der Tatsache kam, dass ich einfach nicht gut genug war. Dass ich es nicht verdiente, überhaupt da zu sein. Dass man mir nicht die ganze Zeit Aufmerksamkeit schenkte. Dass man mich vielleicht nicht genug mochte. Für uns Süchtige ist Genesung mehr, als einfach nur eine Pille zu nehmen oder sich einen Schuss zu setzen … Genesung hat etwas mit Geist zu tun, damit, mit diesem Loch in der Seele umzugehen.

William Cope Moyers

In den Monaten darauf gingen Fran und ich den RAIN-Prozess noch viele Male durch. Der Schritt *Erkunden* half ihr, sich zutiefst mit ihrem ungestillten Bedürfnis nach Zugehörigkeit vertraut zu machen – danach, gesehen zu werden, wichtig genommen, begleitet. Der Kontakt zu dem »Loch in ihrer Seele«, das ihre Angst antrieb, machte es ihr leichter, sich selbst fürsorgliche und liebevolle Botschaften zu senden. Doch außerhalb unserer Sitzungen konnte sie, wenn sich die Angst bis zum Zwang steigerte, die Präsenz an diesem verletzten Ort nicht halten. Für kurze Zeit durchbrach sie das alte Muster, nur um dann wieder in den nächsten Exzess zurückzufallen.

Das begann sich nach einer RAIN-Meditation zu ändern, die sie allein durchgeführt hatte. Als wir uns danach wiedertrafen, sagte mir Fran, sie habe sich verletzt gefühlt, als eine OA-Freundin sie nach einem Treffen nicht in einen Ausflug einbezogen habe. Ihr erwachsenes Ich wusste, dass es sich wahrscheinlich nur um ein Versehen handelte, doch ihr inneres Kind war verletzt. Normalerweise wäre sie nach Hause gegangen und hätte (wie sie es ausdrückte) das Kind mit Essen vollgestopft. Diesmal dagegen ging sie direkt in ihr Schlafzimmer und rollte sich auf dem Bett zusammen. Sie legte sich die Hände an die Kehle und fing bald an zu schluchzen. »Es war, als wäre ich unendlich allein, klein, keiner da … und zugleich schaute ich zu. Mein Herz ging ganz einfach auf für dieses kleine Mädchen, und ich flüsterte immer wieder: ›Ich will bei dir sein, ich gehe nicht fort, ich gehe nicht fort.‹ Und dann war gar nicht mehr ich das, die da flüsterte. Es war, wie wenn meine Seele … diese lichtgefüllte Präsenz … sie … mich … umarmte. Ich weiß nicht. Aber es war spirituell, jenseits von dem kleinen Ich. Ich schätze, das ist meine höhere Kraft … Und selbst, als meine Gefühle sich beruhigt hatten, hatte ich noch das Gefühl zu leuchten.«

Dein Stern ruft dich

Das Leuchten, das Fran *nach RAIN* erlebte, wirkte ermächtigend. Innerhalb von Tagen war sie in der Lage, einen Rückfall zu bändigen, der hätte heftig ausfallen können. Sie akzeptierte, dass es sie immer noch manchmal packte und dass dieser Weg lebenslange Arbeit erfordern würde. Aber jetzt vertraute sie darauf, dass sie – zusammen mit der Unterstützung der OA – mit den Bedürfnissen des verletzten Teils in sich würde umgehen können. Indem sie *nach RAIN* gegenwärtig blieb und sich mit Mitgefühl *nährte,* vertiefte sich ihre Verbindung zu jener fürsorglichen Präsenz, die sie als ihre Seele bezeichnete. Dies verwandelte außerdem ein tief verwurzeltes begrenzendes Identitätsgefühl. Um es mit Frans Worten zu sagen: »Ich habe zwar ein Suchtverhalten, aber ich bin kein Junkie … Ich bin so viel mehr als das.«

Das Erwachen aus der Trance des Verlangens ist ein spiritueller Pfad. Wenn Sie von unerfüllten Bedürfnissen getrieben sind, schädlichen Ersatzstoffen hinterherzujagen, dann treibt es Sie weiter und weiter fort von Ihrem Stern. Das Leid des Verlangens und der suchtbedingten Gier ist Ihr Stern, der Sie ruft, damit Sie erwachen. Und dank RAIN können Sie lernen hinzuhören und anders damit umzugehen. Sie können lernen, die Umkehr zu vollziehen, entdecken, wonach Sie sich wirklich sehnen, und Ihre unerfüllten Bedürfnisse heilen. Dank des im RAIN-Prozess enthaltenen radikalen Mitgefühls können Sie die zeitlose, liebende Quelle ausmachen, die Sie nach Hause ruft.

Meditation: Verlangen zurückverfolgen

Setzen Sie sich bequem hin, nehmen Sie einige tiefe Atemzüge und lassen Sie mit dem Ausatmen Ihre innere Anspannung los.

Scannen Sie Ihr Leben durch und nehmen Sie wahr, an welchen Stellen die Energie des Verlangens eventuell auf irgendeine Art die Führung übernimmt und Leid verursacht.

Vergegenwärtigen Sie sich eine bestimmte Situation, die vielleicht regelmäßig einen Wunsch oder Gedanken auslöst, der dieses

Verlangen am meisten stimuliert. Lassen Sie diese Situation oder diesen Gedanken so klar werden und so nahe rücken wie möglich, damit Sie das Verlangen ganz lebendig im Innern spüren können.

Erkennen Sie das Verlangen und *lassen* Sie es *zu.* Und schauen Sie, falls eine verurteilende Schicht da sein sollte (»Das sollte ich nicht fühlen«), ob es möglich ist, sich die freundliche Botschaft zu schicken, dass dies eine natürliche, universelle Erfahrung ist. »Es gehört dazu.«

Erkunden Sie den Wunsch, indem Sie Ihrer Körperhaltung erlauben, das Verlangen auszudrücken. Sie könnten sich zum Beispiel nach vorn lehnen, die Hände zu Fäusten ballen und wahrnehmen, wie sich bei starkem Verlangen Ihr Gesicht anfühlt. Lenken Sie nun Ihre Aufmerksamkeit auf das Körperinnere: Wo spüren Sie die Energie des Verlangens? Welche Empfindungen sind für Sie am klarsten? Sind sie angenehm oder unangenehm? Gibt es da eine Angst? Irgendeine andere Emotion?

Fahren Sie nun mit Ihrer *Erkundung* fort und fragen Sie diesen Ort des Verlangens: »Wonach sehnst du dich jetzt, in diesem Augenblick, am meisten? Nach Aufmerksamkeit? Sicherheit? Akzeptanz? Verbindung? Verständnis? Liebe?« Hören Sie hin und fragen Sie, egal, wie die Antwort lautet: »Wie wäre es, wenn du das bekommen würdest, und was würde dir das geben?«

Es kommt häufig vor, dass man die Frage wiederholen muss – »Wie wäre es, wenn du das bekommen würdest, und was würde dir das geben?« –, um wirklich in Kontakt mit der Erfahrung zu kommen, nach der Sie sich sehnen.

Versuchen Sie bei jeder Übungsrunde, im Körper wahrzunehmen, was das wirklich für eine Erfahrung ist, nach der Sie verlangen. Wie würde es sich eigentlich anfühlen, wenn Sie die Liebe (das Verständnis, das Zugehörigkeitsgefühl, die Verbindung) erhielten, nach der Sie sich sehnen?

Nähren Sie die Erfahrung, indem Sie sich die Erlaubnis geben, sich für das Gutsein dieser Erfahrung zu öffnen und es einsinken zu lassen. Saugen Sie es in jede Zelle auf und ruhen Sie sich aus in der Erfahrung, nach der Sie sich sehnen.

Im Verweilen *nach RAIN* könnten Sie sich fragen: »Stimmt es, dass das, wonach ich mich sehne, schon da ist?«

Meditation: Welches ist meine tiefste Sehnsucht?

Finden Sie eine bequeme Sitzposition. Entspannen Sie sich und machen Sie es sich behaglich. Seien Sie präsent und empfänglich und nehmen Sie wahr, in welchem Zustand Ihr Herz ist. Ist da ein Gefühl von Offenheit oder Enge? Von Frieden oder Angst? Von Zufrieden- oder Unzufriedenheit? Lenken Sie den Atem ins Umfeld Ihres Herzens, atmen Sie gewissermaßen ins Herz ein und aus dem Herzen wieder aus.

Beginnen Sie mit dem *Erkunden,* indem Sie sich fragen: »Wonach sehnt sich mein Herz wirklich?« Hilfreich könnte auch die Frage sein: »Was ist am wichtigsten im Leben?« Oder: »Wenn ich am Ende meines Lebens angelangt wäre und zurückblickte, was wäre an dem, wie ich heute, in diesem Moment, lebe, am wichtigsten?« Nehmen Sie wahr, dass Sie diese Fragen direkt an Ihr Herz richten.

Hören Sie nun einfach hin und seien Sie sich aller eventuell auftauchenden Worte, Bilder oder Gefühle gewahr. Versuchen Sie, geduldig zu sein. Es könnte etwas dauern, bis sich der Geist aus seinen gewöhnlichen Vorstellungen über das Leben heraus öffnet und mit dem verbindet, was wirklich lebendig und echt ist. Es könnte sein, dass Sie sich die Frage »Wonach sehnt sich mein Herz am meisten?« so oder anders formuliert mehrfach stellen und in Offenheit und Stille hinhören müssen. Bleiben Sie dabei im Kontakt mit Ihren Körperempfindungen, vor allem mit denen in der Herzgegend.

Ihre Sehnsucht wird sich zu unterschiedlichen Zeiten vermutlich unterschiedlich ausdrücken. Zum Beispiel als Bestreben, voll und ganz zu lieben oder sich geliebt zu fühlen, die Wahrheit zu erkennen, friedfertig, hilfsbereit, frei von Angst und Leid zu sein. Es gibt nicht die eine »richtige« Sehnsucht. Manchmal werden Sie bei einer unmittelbaren Intention landen, die Ihre Sehnsucht unterstützt. So könnte Ihnen zum Beispiel bewusst werden, dass Sie gern Gedichte schreiben, Yoga praktizieren, anderen helfen, sich gern sozial und politisch engagieren würden. Dies wäre dann im Dienst der tiefen Sehnsucht, ein kreatives, mitfühlendes, lebendiges Leben zu führen. Wichtig ist, dass Sie sich auf das einstimmen, was in diesem Augenblick für Sie am ehesten zutrifft.

Das Zeichen dafür, dass Sie einer tiefen Sehnsucht auf die Spur gekommen sind, ist die gefühlte Wahrnehmung von Aufrichtigkeit, Unschuld, Energie oder einem Fließen. Manche Menschen beschreiben es wie ein inneres Umschalten, das ihnen neue Entschlusskraft, Offenheit und Leichtigkeit schenkt. Gibt es kein klares Gefühl einer Verbindung zu dem, was wirklich zählt, macht das gar nichts. Vielleicht sitzen Sie einfach still da und bleiben offen für alles, was aufkommen mag, oder Sie entscheiden sich, ein anderes Mal weiterzumachen.

Nach RAIN: Erlauben Sie sich, falls Sie das Gefühl haben, bei einer tiefen, reinen Sehnsucht angekommen zu sein, in die Fülle dieses Gefühls einzutauchen. Spüren Sie die Essenz dieser Sehnsucht in allen Ihren Zellen, genau so, wie sie sich in Ihrem gesamten Körper und Sein ausdrückt. Nehmen Sie die Sehnsucht wahr als Ruf Ihres erwachenden Herzens.

FRAGEN UND ANTWORTEN

Wenn ich versuche, das Verlangen zurückzuverfolgen, komme ich immer an den Punkt, dass ich für jemanden etwas Besonderes sein will. Ist irgendetwas falsch an diesem Verlangen? Und wenn ja, wie gehe ich ab jetzt damit um?

Wir sind soziale Wesen, und in unserem Überleben und Gedeihen sind wir teilweise abhängig davon, dass wir von anderen innerlich genährt werden. Es ist völlig natürlich, sich als etwas Besonderes fühlen zu wollen, eine spezielle Person als Partner oder Partnerin zu wollen. Doch kann dieses Verlangen in dem Moment Leid verursachen, in dem es uns beherrscht. Unsere Aufmerksamkeit fixiert sich auf eine äußere Ressource, als würden die Person, die wir sind, und unser gesamtes Wohlbefinden davon abhängen, dass jemand Bestimmtes in einer bestimmten Beziehung zu uns steht. Mit der Meditation »Verlangen zurückverfolgen« beabsichtigen wir, uns mit einer inneren Ressource zu verbinden. Dann kontrolliert und begrenzt unser Verlangen uns nicht mehr, sondern es motiviert uns.

Wenn Sie diese Meditation praktizieren und dem Verlangen begegnen, für jemand Bestimmtes etwas Besonderes sein zu wollen, dann können Sie Ihre *Erkundung* vertiefen. Nehmen Sie die Umkehr vor, indem Sie Ihre Aufmerksamkeit von der (realen oder vorgestellten) Person, nach der Sie verlangen, darauf verlagern, sich die innere Erfahrung, sich als »etwas Besonderes zu fühlen«, vorzustellen und zu *erkunden*. Wie würden Sie sich fühlen, wenn Sie für jemanden etwas Besonderes wären? Warm? Entspannt? Strahlend? Lebendig? Mit allem verbunden?

Welche positive Empfindung Sie auch vorfinden mögen – vielleicht »Wärme und das Gefühl, lebendig zu sein« –, lassen Sie sich davon erfüllen. Werden Sie vertraut damit. Dies ist es, wonach Sie wirklich verlangen; es ist die gefühlte Wahrnehmung, etwas Besonderes zu sein, und sie befindet sich hier, direkt in Ihnen. Lernen Sie diese innere Ressource des Wohlbefindens kennen und darauf zu vertrauen. Sie werden natürlich den Drang verspüren, diesen speziellen Menschen zu finden, und das ist völlig in Ordnung. Doch wenn Sie wissen, dass sich das, wonach Sie sich sehnen, auch in Ihrem Innern finden lässt, werden Sie sich viel mehr Ruhe, Gnade und Zufriedenheit im Leben verschaffen.

Ich weiß, dass das Verlangen etwas Natürliches ist, aber ich schäme mich zutiefst dafür, wie gierig ich nach Essen, Sex oder dem Hochgefühl durch Drogen bin.

Wir meinen fast ausnahmslos, wir sollten in der Lage sein, uns zu kontrollieren, und unsere Begierden würden bedeuten, dass wir versagen – vor allem dann, wenn wir ihnen nachgehen. Diese Scham schürt das Grundgefühl von Unzulänglichkeit und Schwäche, das häufig zu Suchtverhalten führt.

Die Freiheit beginnt damit, dass wir unserer Scham heilende Aufmerksamkeit widmen. Fehlt uns etwas, dann ist Begierde etwas ganz Natürliches. Haben wir eine lange Zeit nichts gegessen, wird der Körper nach Nahrung gieren. Entsprechend werden wir, wenn es uns an Liebe, Aufmerksamkeit und einem Sicherheitsgefühl mangelt, nach Erfüllung dieser universellen Bedürfnisse gieren. Und bleiben diese Bedürfnisse ungestillt, wird sich dieses Begehr auf einen Ersatz wie Essen, Sex oder Drogen verlagern. Es ist nicht Ihr Fehler, wenn Sie ungestillte Bedürfnisse haben, die Sie nach einer Ersatzbefriedigung suchen lassen. Zahllose Menschen sitzen im selben Boot.

Versuchen Sie, wenn Scham auftaucht, sich an den weisesten, liebevollsten Teil Ihres Seins zu wenden – an Ihr künftiges oder entwickeltes Selbst. Schauen Sie mit dessen mitfühlenden Augen auf Ihr kleines Selbst und sagen Sie ihm: »Das ist nicht deine Schuld.« Oder versuchen Sie es mit »Du bist okay, mein Schatz« oder mit »Du hast dieses Verlangen, aber du bist noch mehr als das«. Und denken Sie daran: »Andere haben es auch.« Wenn Sie der Scham immer und immer wieder mit mitfühlender Präsenz begegnen, dann wird sie mit der Zeit ihren Griff lockern. Und Sie werden sich in der Lage sehen, frisch und kreativ mit dem Verlangen umzugehen.

TEIL III

RAIN und die Beziehungen

8

Vergebendes RAIN

Einer der Gründe, aus denen Menschen so stur an ihrem Hass festhalten, besteht meiner Meinung nach darin, dass sie spüren, dass sie sich, wenn der Hass einmal nicht mehr da ist, mit ihrem Schmerz auseinandersetzen werden müssen.
James Baldwin

Vergebung verändert die Vergangenheit nicht, aber sie macht die Zukunft weiter.
Paul Boese

Eine Teilnehmerin unserer Meditationsgemeinschaft, die in einem Hospiz vor Ort ehrenamtlich tätig war, schenkte mir folgende Geschichte über eine Patientin, mit der sie sich angefreundet hatte.

> Charlotte war häufig verängstigt oder depressiv, und als es dem Ende entgegenging, konnte sie kaum noch sprechen, da in ihrer Kehle ein Tumor wuchs. Eines Morgens traf ich sie aufgelöst an, sie hatte einen Albtraum gehabt und geträumt, die Belegschaft hätte ihr mitgeteilt, sie habe nur noch drei Tage zu leben. Mit schwacher, kratzender Stimme insistierte Charlotte, sie sei noch nicht bereit, sie könne noch nicht sterben. Vorher habe sie ihrem Mann etwas Wichtiges mitzuteilen. Zu meiner großen Verwunderung wurde Charlotte drei Tage später nach Hause geschickt. Die Kollegen teilten mir mit, ihr Tumor sei dramatisch geschrumpft.
> Als ich das nächste Mal kam, war Charlotte wieder da. Sie schien zutiefst im Frieden zu sein. Hier ihr Bericht, so nah an ihrem Wortlaut, wie ich mich erinnere: »Ich war wütend auf meinen

> Mann, auf das, was er getan hatte, auf all unsere gemeinsamen Jahre. Seine Arbeit und sein Tennis waren ihm immer wichtiger gewesen als ich, er war zu nachsichtig mit unseren Kindern, immer ging er alles mit dem Kopf an, Gefühle dagegen konnte er nicht ausdrücken, im Haus war er zu nichts nütze … und die Liste lässt sich endlich weiterführen. Nach mehr als zwanzig Jahren Ehe kam er einer anderen Frau zu nahe. Er gab es zu und schlief auch nicht mit ihr, aber ich habe das nie überwunden. Ich schätze, ich fühlte mich ohnehin schon zurückgewiesen. Schon von Anfang an konnte ich ihm nicht verzeihen, dass er mir nicht das Gefühl gab, etwas Besonderes zu sein. Was ich sah, war ein Mann, der mich im Stich ließ, der nicht hinter mir stand. Ich vergaß, dass er eigentlich ein anständiger, fürsorglicher Mensch ist. Erst durch diesen Traum wurde mir klar, dass ich ihm sagen muss, dass ich ihn liebe … und dass es in meinem Leben nichts gibt, was ich mehr bereue, als dass uns meine ewige Kritik auseinandergebracht hat. Also habe ich es ihm gesagt, und er hat zugehört. Dann hat er mir ein paar Dinge anvertraut, die er bereut, und als wir uns danach umarmten, liefen uns beiden die Tränen über die Wangen. Das war das erste Mal seit vielen Jahren, dass wir uns wieder nahegekommen sind. Jetzt bin ich bereit zu gehen.«

Wir müssen nicht warten, bis wir sterben, um unser Herz von seinen Schichten aus Groll, Wut und Schuldzuweisungen zu befreien. Doch weil diese eingefleischten Aggressionen so tief verankert sind, brauchen wir Hingabe und eine klare Intention, um sie loszulassen. Sonst riskieren wir eine jahrzehntelange Trance, die uns von echter Nähe abhält, nicht nur zu anderen, sondern auch zu uns selbst.

Reflexion: Am Lebensende

Ich lade meine Schüler immer wieder ein, sich vorzustellen, sie wären am Ende ihres Lebens angelangt und würden noch mal darauf zurückblicken. Dieser Blickwinkel hilft, uns zu erinnern, was das Wichtigste ist, damit wir die Gewohnheiten erkennen können, die uns voneinander fernhalten.

Nehmen Sie sich einen Moment Zeit, um in die Zukunft zu reisen, und sehen Sie sich selbst, dem Tod nah. Denken Sie von dort aus an eine wichtige Beziehung in Ihrem Leben. Gab es da Offenheit, Akzeptanz und Fürsorge? Oder waren Sie durch gegenseitige Kritik, Wut und Vorwürfe voneinander distanziert? Wie könnte Ihnen dieser Blickwinkel als Leitfaden dienen, wenn Sie jetzt, in diesem Augenblick, mit diesem Menschen zusammen wären?

Zu beobachten, wie Groll unser Herz einfängt, führt uns im Großen und im Kleinen auf einen Pfad der Vergebung. Genau wie Charlotte wollen wir in der Tiefe unseres Herzens lieben und frei sein. Es gibt eine Weisheit in uns, die weiß, dass wir unsere Schuldzuweisungen loslassen müssen, wenn wir einander und das Leben lieben wollen.

Gesunde Wut versus Schuldzuweisungstrance

Jeder von uns ist schon von anderen verletzt – nicht beachtet, nicht gesehen, zurückgewiesen, respektlos behandelt – worden. Viele von uns und den Menschen, die wir lieben, sind missbraucht oder abgewertet und systematisch unterdrückt worden – wegen ihrer sexuellen Orientierung, ihres Geschlechts, ihrer Hautfarbe oder Religion. Wut besitzt eine Intelligenz; es ist eine Emotion, die wesentlich ist zum Überleben. Wir müssen achtsam sein, wenn sie uns körperlich mobilisiert und unseren Kopf mit Geschichten über Fehlverhalten anfüllt. Wut rüttelt uns wach, damit wir unsere Energien im Angesicht von Hindernissen bündeln, die unser Wohlbefinden beeinträchtigen, damit wir bessere Grenzen schaffen, uns vor körperlicher Bedrohung schützen sowie unsere Bedürfnisse oder Ansichten zu Gehör bringen, falls wir zum Schweigen gebracht wurden.

Und auf gesellschaftlicher Ebene kann Wut als Reaktion auf Unterdrückung den Ruf nach Gerechtigkeit nach sich ziehen. Wie jedoch die buddhistische Lehrerin und Autorin Ruth King schreibt: »Wut ist nicht transformativ, sie ist initiatorisch.« Es ist eine Energie, die wir weise nutzen sollten.

Aber was passiert, wenn unsere Schuldgeschichten immer weitergehen? Was ist, wenn wir regelmäßig gereizt, schikaniert und wütend werden und sich unsere Schuldzuweisungen und Vorwürfe gegen alle möglichen Leute, darunter auch wir selbst, richten?

Chronische Schuldzuweisungen und Feindseligkeiten sind fast immer Zeichen einer schmerzlich einschränkenden Trance. Werden sie zu einem Selbstläufer, dann verhärtet sich unsere Wut zu einem Panzer um unser Herz. Wie eine Kruste, die nie abgeht, hindert er das Licht und die Wärme des Gewahrseins daran, unsere Wunden zu heilen. Er bringt uns dazu, aus Angst zu reagieren, statt weise mit dem umzugehen, was uns die Umstände bieten. Und er trennt uns von den anderen Menschen, untergräbt die Verständigung, das Vermögen zur Empathie und die Fähigkeit, anderen nahe zu sein.

Wenn wir in Trance sind, werden wir zu dem, was einer meiner Freunde »allzeit schuldzuweisungsbereit« nennt. Wie Wärmesuchraketen lassen wir uns schon von einem bestimmten Tonfall, einem flapsigen Kommentar, einem Zuspätkommen, mangelnder Aufmerksamkeit triggern. Unsere Reaktion ist übertrieben, und wir gehen grundsätzlich davon aus, dass andere uns bewerten, übervorteilen, respektlos behandeln oder von sich stoßen. Oder wir hegen einen schleichenden Groll; vielleicht vernachlässigt unser Teenagerkind seine Aufgaben im Haushalt oder der Partner arbeitet zu lange.

Dieser chronische Groll ist tückisch; er schafft eine unsichtbare Distanz, die die Liebe und die Freude am Gegenüber behindert.

REFLEXION: ALLZEIT SCHULDZUWEISUNGSBEREIT

Im Trancezustand lassen wir uns leicht von Situationen und Menschen triggern, die wir, oft unbewusst, mit unseren ursprünglichen Wunden assoziieren. Das Erwachen aus der Trance fängt damit an, dass wir unseren Trancezustand als solchen erkennen und merken, wenn unsere Gedanken und Gefühle abseits des bewussten Gewahrseins, also unterhalb der Linie aktiv sind.

Während es ganz natürlich ist, sich über bestimmte, gegen uns gerichtete Verhaltensweisen zu ärgern oder davon verletzt zu sein, stellt die Schuldzuweisungstrance eine stärkere, schmerzhaftere und länger anhaltende Reaktion her. Stellen Sie sich einmal folgende Fragen: »Wie oft bin ich getriggert? Bestimmt es meine gesamte Wahrnehmung eines Menschen, wenn ich ihm irgendeine Schuld zuweise?«

Beobachten Sie, mit diesen Fragen im Hinterkopf, Ihre Reaktion in Situationen, wenn Leute

- Sie kritisieren
- Ihnen nicht zuhören oder desinteressiert wirken, während Sie sprechen
- sagen, sie hätten zu viel zu tun, um Sie treffen zu können
- nicht auf E-Mails oder Nachrichten antworten
- Sie enttäuschen – Ihnen nicht genug beistehen oder nicht »ihren Teil« erledigen
- Ihnen keine Wertschätzung entgegenbringen

- zu viel von Ihnen fordern
- nicht mit Ihnen übereinstimmen
- etwas haben, das Sie gern hätten (Wohlstand, Arbeit, Haus, Kinder, Partner)
- immer zu spät kommen.

Stecken wir in der Wut- und Schuldzuweisungstrance fest, dann formt unser Reptilhirn alle Dimensionen unserer Erfahrung. Unser Körper ist angespannt, das Herz taub oder zusammengeschnürt, das Denken aufgewühlt und unnachgiebig. Je dichter die Trance, umso verbauter ist der Zugang zu unserem präfrontalen Kortex, dem Ort der Vernunft, Achtsamkeit und Empathie.

Dieses Abschalten des Gehirns beeinflusst unsere Wahrnehmung anderer dramatisch. Sie sind keine echten Lebewesen mit eigenen Gefühlen mehr wie wir, sondern werden zu dem, was ich die »unechten anderen« nenne. Unsere Aufmerksamkeit fokussiert sich auf ihre Fehler, ihr Anderssein, darauf, wie sie uns bedrohen oder behindern. Zugleich verengt sich unser Selbstgefühl, und wir werden ein »unechtes Selbst« – identifiziert mit Opferdasein und rechthaberischer Wut. Wenn sich unsere Aufmerksamkeit so verengt, leben wir unterhalb der Linie, unfähig, uns mit anderen verbunden oder bei uns selbst zu Hause zu fühlen.

Der unechte andere

Stefan, ein Teilnehmer unserer Meditationsgemeinschaft, hatte jahrzehntelang in einer solchen Beziehung des »unechten anderen« mit seinem Vater festgesteckt.

Als sensibles, musisch veranlagtes Kind, das in vieler Hinsicht seiner Mutter nachkam, erfuhr Stefan schon früh, dass er für seinen

Vater eine Enttäuschung war. Sein Vater, der das Schreinern, sportliche und Outdoor-Aktivitäten liebte, nahm jede Gelegenheit wahr, um Stefans Mangel an sportlicher Begabung, seine Angst vorm Felsklettern, sein komplett fehlendes Interesse an Werkzeugen zu verspotten. Zuerst versuchte Stefan noch, Wege zu finden, um seinem Vater zu gefallen, doch als Jugendlicher lernte er, sich abzuschotten, und redete mitunter monatelang nicht mit ihm.

Die Feindseligkeit hielt auch an, nachdem Stefan das Haus verlassen hatte. Bei Familientreffen zu den Feiertagen konnte der Vater es nicht lassen, über den Sohn zu sticheln, der kein Öl wechseln konnte, nie zu einem Football-Spiel der Patriots ging und kein Steak mochte. Die Stiche trafen Stefan noch immer, sie ließen die Minderwertigkeitsgefühle und Selbstzweifel hochkommen, die ihn seit der Kindheit quälten. Und obwohl die kritischen Bemerkungen abnahmen, als Stefan und seine Frau Kinder bekamen und als dann auch seine Mutter gestorben war, blieb die angespannte Distanz zwischen Vater und Sohn bestehen.

Einige Monate bevor Stefan zu einem unserer ganzwöchigen Meditations-Retreats kam, hatte sein Vater einen Herzinfarkt. Bis dahin hatte er alleine gelebt, doch jetzt musste er in ein Betreutes Wohnen umziehen. Er konnte nicht mehr Auto fahren, und der Verlust der Unabhängigkeit und des Zuhauses machten ihm schwer zu schaffen. Stefan half seiner Schwester bei den Vorbereitungsmaßnahmen, aber Mitleid hatte er keines. Seine Schwester konfrontierte ihn: »Als du jünger warst, war er ein echter Vollidiot, aber das ist Geschichte. Der Mann hat es jetzt wirklich schwer. Wann wirst du ihm vergeben … erst nach seinem Tod?«

»Er wird nie begreifen, wie viel Leid er verursacht hat … Meine Vergebung hat er nicht verdient«, antwortete Stefan empört.

Stefan und sein Vater steckten in einer quälenden Sackgasse. Beide waren in ihrer jeweiligen Rolle gefangen: der unzulängliche Sohn; der feindselige, erniedrigende Vater. Beide hatten sich zu dem jeweils unechten anderen verhärtet, verkörperten zweidimensionale Rollen im jeweiligen inneren Kino des anderen. Sie waren keine realen, komplexen Subjekte mehr mit eigenen Gefühlen und Sorgen, Verletzungen und Unsicherheiten. Beide sahen den jeweils anderen nur durch die enge Brille eines unechten Selbst.

Reflexion: Unechter anderer und unechtes Selbst

Denken Sie an einen kürzlichen Konflikt mit einem Freund, der Partnerin oder einem Familienmitglied. Stellen Sie ihn sich wie einen Film vor, angefangen beim Auslöser des Konflikts, und halten Sie das Bild an einem Punkt an, an dem die Anspannung besonders groß ist.

Worauf sind Sie in solchen Momenten fokussiert? Ist es ein Gesichtsausdruck, der Wut oder Rachsucht, Widerwillen oder Nichtachtung vermittelt? Sind es bestimmte Worte oder ein Tonfall, der diese Emotionen herüberbringt?

Sehen Sie Ihr Gegenüber als schlechten Menschen, als unechten anderen?

Was passiert, wenn Sie die Herausforderungen berücksichtigen, denen die andere Person gegenübersteht? Könnte sie sich verletzt, gestresst, verängstigt, unzulänglich fühlen, über sich selbst verärgert sein?

Was passiert, wenn Sie sich an all die Dinge erinnern, die Sie an der anderen Person schätzen – die Art, wie sie fürsorglich, hilfsbereit, kreativ, engagiert sein kann?

Verlagern Sie jetzt die Aufmerksamkeit auf sich selbst und nehmen Sie den Blickwinkel eines Zeugen ein:

Wie sehen Sie aus, wenn Sie in Schuldzuweisungen feststecken? Wie klingen Sie? Wie fühlt sich Ihr Körper an? Ihr Herz? Sind Sie in der Rolle des wütenden oder verletzten Opfers? Der selbstgerechten Richterin? Des drohenden Angreifers?

Mögen Sie sich so, wie Sie jetzt sind? Sind das wirklich Sie?

Was vergessen Sie gerade an eigenem Schmerz und eigener Verletzlichkeit?

Was vergessen Sie gerade an eigenem Gutsein, an dem, was Ihnen im Innersten wirklich wichtig ist?

Wenn wir jemanden unbewusst als schlechten Menschen, als unechten anderen wahrnehmen, fällt es leicht, ihn zu verletzen. Wir sehen ihn nicht mehr als das fühlende Subjekt, das auch wir sind. Und wenn wir den anderen so zum unechten anderen machen, wird dies, wie ich in Kapitel 10 eingehender behandeln werde, auch der tragische Boden, auf dem ganze Gruppen von Menschen unterdrückt werden, die wir aufgrund von Kategorien wie Ethnie, Klasse, Religion, politische Ansichten oder sexuelle Orientierung oder Identität als minderwertig, gefährlich oder feindlich erachten. Und was noch weniger leicht ins Bewusstsein rückt: Auch die Tiere und die Natur betrachten wir als unechte andere und begegnen ihnen mit Gewalt.

Glücklicherweise hat unser entwicklungsfähiges Gehirn die Fähigkeit, achtsam und mitfühlend zu sein. Wir können aus der Trance hervorkommen, wir können uns und die anderen klarer sehen, und wir können ein vergebendes, versöhnliches Herz kultivieren.

Eine Definition von Vergebung

Hier eine hilfreiche Definition: Vergeben heißt, den Schutzpanzer aus Schuldzuweisungen und/oder Hass aufzulösen, der unser Herz umschließt.

Eine andere Definition, die mir gefällt, lautet: Vergeben heißt, niemanden (einschließlich sich selbst) aus dem Herzen auszuschließen.

Und hier eine weitere: Vergebung ist das Mitgefühl, das entsteht, sobald wir dem aus Schmerz und Verletzung entstandenen Leid unsere volle Präsenz geschenkt haben.

Doch findet bei vielen das Wort Vergebung keinen Widerhall, oder es sorgt für Verwirrung. Sollte das auch bei Ihnen der Fall sein, dann ersetzen Sie beim Weiterlesen das Wort Vergebung ruhig durch »Mitgefühl« oder »warmherzige, offene Akzeptanz«.

Vergebung ist ein Prozess, der sich mit der Zeit entfaltet. Bei mir selbst und bei anderen konnte ich beobachten, dass ein Vergeben häufig erst dann möglich wird, wenn uns jemand anders seine Güte geschenkt hat. Denke ich darüber nach, ergibt das durchaus einen Sinn. Wird uns Mitgefühl entgegengebracht, dann mindern die Wärme und das Kontaktangebot unsere Angst und Empfindlichkeit gegenüber Zurückweisung. Es lindert unsere Wunden und hilft uns, die Verlustgefühle zu akzeptieren, die direkt hinter dem Panzer aus Schuldzuweisungen liegen. Unser Herz wird weicher und unser Blickfeld weiter. Wir sehen klarer, dass auch andere leiden könnten.

Aber wir müssen nicht warten, bis jemand uns das Herz aufschließt. Vergebung kann durch das Üben von RAIN frei werden, und zwar dann, wenn wir das *Erkunden* nutzen, um hinter unseren Panzer zu schauen, und dem, was wir dort vorfinden, mit Selbstmitgefühl begegnen. Auch das macht unser Herz weich und versetzt uns in die Lage, unser Mitgefühl auf andere auszuweiten.

Den meisten Menschen fällt die Verlagerung von Schuldzuweisungen auf eine nach innen gerichtete Präsenz nicht leicht. Wir brauchen Mut, um uns für die emotionale Realität zu öffnen, unsere Verletzungen, unsere Angst und Trauer zu akzeptieren. Die Autorin Anne Lamott zitierte einmal aus unbekannter Quelle: »Vergebung heißt, alle Hoffnung auf eine andere Vergangenheit aufzugeben.« Wir gehen das exquisite Risiko ein, stoßen den bisher so sorgfältig gehegten Schutzmantel ab und sagen – sanft und zärtlich – JA zu dem, was ist.

Reflexion: Warum halten wir so sehr an Schuldzuweisungen fest?

Bitte denken Sie an jemanden, dem gegenüber Sie oft Wut verspüren und eine Vorwurfshaltung einnehmen. Stellen Sie sich die Frage: »Mit welchem Schmerz wäre ich konfrontiert, wenn ich aufhören würde, diese Person als bösen Menschen zu betrachten oder ihr die Schuld zu geben?«

Wenn ich in Workshops diese Reflexion einleite, bitte ich die Leute häufig um ein Wort oder einen Satz, das oder der ausdrückt, was sie empfinden. Viele Hände heben sich, und einer nach dem anderen benennt die Ängste und die Verletzlichkeit, die hinter dem Panzer aus Anschuldigungen und Schuldzuweisungen liegen. Gibt es unter Folgendem irgendetwas, das bei Ihnen auf Widerhall stößt?

- Ohnmächtig, außer Kontrolle
- Angst, sie würden mich einfach immer weiter verletzen
- Wenn sie nicht im Unrecht sind, dann bin ich es
- Schmerz
- Ich müsste Verantwortung übernehmen
- Einen schmerzhaften Verlust akzeptieren
- Trauer
- Ich müsste akzeptieren, dass das Leben ungerecht ist
- Nicht liebenswert
- Ungeschützt

Zu vergeben fällt schwer, denn wir werden so gut wie alles dafür tun, um unsere innere Verletzlichkeit nicht spüren zu müssen. Außerdem fällt es schwer, weil wir meist fürchten, dass Vergebung zugleich schädliches Verhalten entschuldigt: »Du hast mich verletzt, aber das ist okay. Ich vergebe dir, du brauchst also keinerlei Verantwortung zu übernehmen.« Weil Vergebung von so zentraler Bedeutung ist, wenn wir das eigene Herz freisetzen und die Welt heilen wollen, möchte ich noch einige weitere Punkte nennen, die meine Schüler mitunter als verwirrend empfinden.

Missverständnisse beim Thema Vergebung

Vergeben heißt nicht, dass wir unsere Wut oder Angst, Verletzung oder Trauer verleugnen oder unterdrücken sollten.

Körper, Herz und Geist ziehen sich ganz natürlich in Abwehr zusammen, wenn wir uns verletzt fühlen, und diese Kontraktion ist durchaus sinnvoll. Die Botschaft von Wut und Schuldzuweisung lautet: »Ich bin bedroht; mein Wohlbefinden wird verhindert.« Bevor wir uns in Richtung Vergebung bewegen, müssen wir uns vor etwaiger drohender Gefahr schützen. Außerdem müssen wir unseren Gefühlen Akzeptanz und mitfühlende Präsenz entgegenbringen. Übergehen wir eine Emotion wie Hass oder Wut, indem wir sie ignorieren oder von uns weisen, kann das zu etwas führen, das ich verfrühte Vergebung nenne; dann gehen wir zwar womöglich davon aus, wir hätten vergeben, haben uns in Wirklichkeit aber von den eigentlichen Gefühlen, die nach unserer Aufmerksamkeit verlangen, dissoziiert.

Vor allem nach einem Missbrauch oder anderen Formen von Trauma ist es wichtig, die Botschaft der Wut zu beachten. Dann müssen wir uns die Zeit nehmen, die wir brauchen, und einen sicheren Ort zum Heilen finden. Die Vorstellung, wir könnten und »sollten« einem Täter vergeben, kann Schamgefühle und Gefühle des Scheiterns aufwerfen und von einem natürlichen Heilungsprozess wegführen. Statt zu versuchen, jemand anderem Mitgefühl entgegenzubringen, brauchen wir unsere volle Aufmerksamkeit dafür, das zu finden, was uns selbst ein Gefühl von Wirkmächtigkeit und Kraft gibt. Wir müssen unsere Wut fühlen, unser Bedürfnis nach Schutz wertschätzen und uns Selbstmitgefühl und Selbstfürsorge schenken. Erst wenn wir selbst so weit geheilt sind, dass wir an den Verursacher des Traumas denken können, ohne retraumatisiert zu werden, können wir anfangen, ihn als »echten anderen« in unser Herz mit aufzunehmen.

Vergeben heißt nicht, schädliches Verhalten zu billigen, und ebenso wenig, passiv oder inaktiv zu sein.

Wenn wir vergeben, sagen wir damit keinesfalls: »Was du getan hast, geht in Ordnung« oder etwa, dass wir ein solches Verhalten weiterhin zulassen. Missbraucht ein Freund unser Vertrauen, können wir vergeben und zugleich neue Grenzen schaffen, indem wir ihm nichts mehr von dem erzählen, was sich intim anfühlt. Wir können einer früheren Partnerin ihren emotionalen Missbrauch vergeben und uns entscheiden, nie wieder mit ihr allein zu sein. Wir können einem Therapeuten oder einer Lehrerin ein unethisches und schädliches Verhalten vergeben und zugleich die entsprechenden Obrigkeiten informieren sowie andere Menschen, die gefährdet sein könnten.

Die Energie der Wut mag uns zwar in Bewegung halten, kann uns aber auf lange Sicht nicht stützen. Vergebung muss Hand in Hand gehen mit einem tiefen sozialen und politischen Engagement. Wir können Politikern vergeben, die verantwortlich sind für die Zerstörung des Ökosystems der Erde, und leidenschaftlich die Bewegungen und Aktivisten unterstützen, die unsere Werte vertreten. Wir können unseren Hass oder unsere Vorwürfe gegen diejenigen loslassen, die weiterhin Randgruppen unterdrücken, und uns dem Abbau von Vorurteilen wie auch der Suche nach Gerechtigkeit und Wiedergutmachung für diejenigen widmen, denen Schaden zugefügt wird.

Wir müssen nicht allein und ohne Unterstützung vergeben.

Häufig brauchen wir Unterstützung, vor allem, wenn wir traumatische Verletzungen erlitten haben. Wir könnten uns für eine Traumatherapie entscheiden, für die Arbeit mit einer Heilerin, einem spirituellen Berater oder auch dafür, uns zuverlässigen Freunden anzuvertrauen. Wenn eine ganze Gruppe traumatisiert wurde – wenn zum Beispiel durch die Bombardierung einer Kirche, durch einen Amoklauf oder in einem Krieg Freunde und Familie gestorben sind –, kommt Hilfe häufig zunächst durch ein kollektives Teilen von Angst und Trauer zustande, durch Ritual und Gebet und durch die mächtige, heilende Erfahrung der Zugehörigkeit zu etwas Größerem, durch eine Gemeinschaft Gleichgesinnter.

Vergebung ist nur selten ein einmaliges oder schnelles Ereignis.

Im Umgang mit tiefgehenden Verletzungen wie auch mit kleinen Kümmernissen ein vergebendes Herz zu kultivieren ist ein lebenslanger Prozess. Genau wie körperliche Heilung benötigt er die ihm entsprechende Zeit und lässt sich nicht beschleunigen. Vor allem bei tiefen Wunden geschieht Heilung stufenweise: Oft müssen wir ganzen Schichten von Wut, Angst, Scham und Trauer unsere fürsorgliche Aufmerksamkeit widmen.

Bei vielen Menschen kommen Schuldzuweisungen und Groll in den engsten, wichtigsten Beziehungen am stärksten und häufigsten vor. Das bedeutet, dass wir uns leicht triggern lassen. Vielleicht merken Sie, dass Sie sich jedes Mal, wenn Ihr Partner oder Ihre Partnerin zu allem ein Urteil zu haben scheint, verängstigt und zugleich wütend hinter einem Panzer verkriechen. Es könnte sein, dass Sie sich immer wieder mit der Verletzung hinter Ihrem Panzer verbinden müssen, sich immer wieder mit Selbstmitgefühl *nähren* und die Wut loslassen müssen. Dabei werden Sie feststellen, dass Sie in jeder Runde ein Stück weiterkommen und die Verletztheit langsam heilt; jede Runde ermächtigt Sie ein Stück mehr; jede Runde schenkt Ihnen ein Stück mehr das Gefühl, wer Sie sind, und ermöglicht es ein wenig mehr, so zu leben, dass Sie andere nicht mehr aus Ihrem Herzen auszuschließen brauchen.

Die drei Stadien der Vergebung

Beim Unterrichten hat sich für mich als hilfreich erwiesen, den Prozess des Vergebens in Form von drei Stadien zu beschreiben. Genau wie RAIN lassen sie sich variieren, doch bieten sie einen nützlichen Wegweiser.

DIE DREI STADIEN DER VERGEBUNG

1. Die Absicht zu vergeben
2. Umkehr mithilfe von RAIN
3. Einen echten anderen ins Herz schließen

Wenn ich feststelle, dass ich in der Schuldzuweisungstrance feststecke, stelle ich mir in meiner eigenen Praxis drei Fragen, die mir helfen, mich durch diese drei Stadien des Erwachens aus den Schuldzuweisungen zu geleiten:

- Worum geht es mir im Innersten in dieser Beziehung? Das erinnert mich an meine Sehnsucht nach einem wachen, offenen Herzen – einem versöhnlichen Herzen.
- Was möchte ich gerade vermeiden zu fühlen (oder vor welchem Gefühl laufe ich davon)? Dies macht die Umkehr möglich. Ich verlagere meine Aufmerksamkeit von der anderen Person auf die Verletzlichkeit hinter meinem Panzer aus Schuldzuweisungen.

- Was stimmt wirklich, wenn ich diese Person betrachte? In welchem inneren Kampf könnte sie stecken? Was ist für sie am wichtigsten? Das hilft mir, mich an die Menschlichkeit, das Leid und das Gutsein dieser Person zu erinnern.

Stadium 1 des Vergebens: Die Absicht zu vergeben

Viele meiner Schüler haben das Gefühl, dass sie vergeben *sollten,* weil sie doch auf einem spirituellen Pfad sind. Sie sehen Wut und Schuldzuweisungen als peinliche Abweichung von ihrer spirituellen Entwicklung. Doch ist Vergebung nichts, was ein Ego-Selbst anordnen könnte. Im Gegenteil, Selbstkritik und Scham machen es nur umso schwerer zu vergeben.

Du kannst Vergebung nicht erzwingen, du kannst sie dir nur wünschen. Dies ist eine ganz wesentliche Einsicht. Jenseits unseres Egos gibt es eine Art Weisheit, die weiß, dass unser Herz nicht vorwurfsvoll sein kann, sondern offen sein muss, um frei sein zu können. Von diesem Blickwinkel aus verstehen wir, dass wir nicht ehrlich glücklich und liebevoll sein können, wenn wir uns an Wut und Schuldzuweisungen festhalten. Die Zen-Lehrerin Charlotte Joko Beck hat es so ausgedrückt: »Unsere Unfähigkeit zu vergeben spiegelt sich unmittelbar in der Tatsache wider, dass wir keine Freude kennen.«

Dieser innere Ort der Weisheit bringt die tiefe Absicht zu vergeben hervor. Vielleicht spüren Sie es als eine zarte Hoffnung oder als Gebet, Ihr Herz möge sich entspannen und öffnen, damit Sie die Freiheit eines furchtlosen, vergebenden Herzens erfahren können. Die Absicht zu vergeben besitzt eine echte Kraft. In den Augenblicken, in denen Ihre Absicht oder Ihr Gebet aufrichtig und tief ist, können Heilung und Transformation geschehen. Allein die Absicht zu vergeben macht es möglich, diesen ganzen Prozess in Gang zu setzen.

Reflexion: Die Absicht zu vergeben

Ist Ihnen beim Lesen eine Person eingefallen, die Sie mit Vorwürfen oder Groll von sich weisen? Können Sie wahrnehmen, wie die Schuldzuweisungstrance Sie klein, unbeugsam und starr macht? Wie Sie das Gold vergessen, dass in Ihnen und in Ihrem Gegenüber steckt? Vielleicht wollen Sie sich an Ihr künftiges Selbst – an den weisesten, liebevollsten Ort in Ihrem Innern – wenden und sich nur mal für einen Augenblick vorstellen, wie es wäre, genug Platz im Herzen zu haben, um diese Person darin aufzunehmen. Können Sie spüren, welche Freiheit möglich ist?

Vergegenwärtigen Sie sich jetzt diese Person und flüstern Sie innerlich: »Meine Absicht ist es, dir, [nennen Sie die Person jetzt beim Namen], zu vergeben.« Können Sie, selbst wenn ein Teil von Ihnen noch nicht bereit sein sollte, die Ehrlichkeit Ihrer Absicht spüren? Vertrauen Sie darauf, dass Ihr Herz mit der Achtsamkeit und dem Mitgefühl von RAIN zunehmend offener, freier und bereitwilliger sein wird zu vergeben.

Stadium 2 des Vergebens: Umkehr mithilfe von RAIN

Die Absicht zu vergeben motiviert uns zu der tiefgreifenden Arbeit mit RAIN. Sobald wir uns dazu entschlossen haben, werden wir schneller bemerken, wenn wir in eine Trance hineinrutschen. Dann können wir uns entscheiden, innezuhalten und *zuzulassen,* dass die Erfahrung umfassender in unser Gewahrsein rückt.

Wir betreten aktiv den Pfad des Vergebens, wenn wir die Umkehr vollziehen. Wir verlagern die Aufmerksamkeit von den nach außen gerichteten Schuldgedanken auf unsere Verletzlichkeit, um sie zu *erkunden.* Hier begegnen wir direkt den Verletzungen und Ängsten, die sich hinter dem Panzer aus Anschuldigungen und Schuldzuweisungen verbergen. Und damit fängt die Heilung an: Mithilfe des *Nährens,* des letzten RAIN-Schrittes, berühren wir mit zärtlicher Präsenz die Teile in uns, die unserer Aufmerksamkeit am dringendsten bedürfen. Dies löst den Schutzpanzer auf und trägt dazu bei, unser Herz zu trösten, leichter zu machen und zu öffnen.

Ich möchte noch einmal auf Stefan zurückkommen, um an seinem Beispiel zu zeigen, wie RAIN und die Umkehr helfen können.

Als Stefan sich für unser Frühlings-Retreat anmeldete, hoffte er, er könnte dort ein wenig Linderung seiner Wut gegenüber seinem Vater finden. Die Konfrontation seiner Schwester hatte dem Thema eine neue Dringlichkeit verliehen. Beim Meditieren nun konnte er deutlich sehen, dass er sich sein Leid selbst erschuf. »Ich sitze da, und dann laufen diese ganzen Filme ab, was für ein schlechter Mensch er ist, und ich mache mich verrückt. Und dann sage ich mir, »Ich bin derjenige, der das fühlt, während er einfach nur sein Leben lebt.« Stefans Absicht zu vergeben festigte sich zunehmend.

Doch während der ersten paar Tage des Retreats schien, wie er es ausdrückte, sein Geist »versessen darauf, das Feuer zu schüren«. »Jeder Gedanke an ihn weckt meine Wut«, sagte er mir, als wir am dritten Tag zu einem privaten Gespräch zusammenkamen. »Ich sehe diesen herablassenden Blick vor mir, er hat immer noch die Kontrolle über mich, und ich fühle mich jämmerlich.« Nach einer langen Pause fuhr er fort: »Und dabei ist er dieser alte Mann, der in einer Einzimmerwohnung herumschlurft. Ich möchte gern versöhnlich sein – meine Schwester hat recht. Aber ich bin immer noch so leicht gereizt.«

»Es ist ganz natürlich, dass Sie so empfinden«, sagte ich. »Wir können gewöhnlich die Wut nicht einfach so ablegen und unser Herz öffnen, vor allem, wenn die Wunde tief ist. Wenn Sie wirklich vergeben wollen, müssen Sie als Erstes dem, was Sie jetzt fühlen, Ihre Aufmerksamkeit widmen – und das können Sie mithilfe der RAIN-Übung.«

Da es Stefan ziemlich leichtfiel, seine Schuldzuweisungen zu *erkennen* und *zuzulassen,* lud ich ihn ein, die Umkehr vorzunehmen und anzufangen, sie im Körper zu *erkunden*.

»Wenn Sie einmal die Vorwurfsgedanken beiseitelassen, wo fühlen Sie dann im Körper die Wut?«, fragte ich.

»Genau hier«, antwortete er nach einer Weile und legte sich die Hände auf die Mitte der Brust.

»Dann achten Sie mal darauf, wie sich die Wutempfindungen genau anfühlen, und lassen Sie sie genauso stark sein, wie sie sind. Lassen Sie die Hände ruhig da liegen. Das wird Ihnen helfen, mit der Aufmerksamkeit dabeizubleiben.«

Er nickte mit gerunzelter Stirn und zusammengepresstem Kiefer. Kurz darauf seufzte er, ließ die Hände sinken und sackte auf seinem Stuhl in sich zusammen. Ich fragte ihn, was er wahrgenommen habe.

»Die Wut wurde sehr stark, und dann ist sie gewissermaßen kollabiert. Ich fühle mich leer und geschlagen.« Er schwieg eine Weile und fügte dann mit leiser Stimme hinzu: »Ich war eine Enttäuschung. Ich war einfach nicht Manns genug, als dass er mich hätte respektieren können.«

Ich ermutigte Stefan, die *Erkundung* fortzuführen und wahrzunehmen, was in seinem Körper passierte, wenn er dies glaubte – dass er nicht Manns genug war.

»Es tut weh. Da ist dieser Junge in mir, in meiner Brust. Er schämt sich, er ist einsam, er weint … aber nur innen drin.«

»Was würde er sagen, wenn er sprechen könnte?«

»Ich werde nie einen Vater haben, der mich sieht, der mich mag, der mich zum Sohn haben will.« Als er diese Worte laut ausgesprochen hatte, schlug er sich die Hände vors Gesicht und begann zu schluchzen. Dies war der Schmerz, den seine Wut und Vorwürfe verdeckten – es war die tiefe Trauer dieses Verlusts.

Ich wartete ein wenig, bis er sich wieder beruhigt hatte, bevor ich leise fragte: »Was braucht der kleine Junge in diesem Augenblick von Ihnen?«

»Er braucht die Gewissheit, dass ich da bin, dass ich für ihn da bin.« Ich lud Stefan ein, den kleinen Jungen zu *nähren,* indem er ihm diese Botschaft mehrmals, ehrlich und ernst gemeint schickte.

Wieder kreuzte er die Hände über der Brust und saß ganz still da. Ein paar Minuten später öffnete er die Augen und sagte: »Danke. Irgendwas hat sich ein bisschen geöffnet; da ist mehr Raum, mehr Leichtigkeit.«

Ich ermutigte Stefan, sich für die Umkehr die Zeit zu nehmen, die er brauchte. Wenn ich in den darauffolgenden Tagen beim Retreat die Schüler beobachtete, dann sah ich Stefan häufig mit beiden Händen über der Brust gekreuzt. Bei unserer letzten Runde in der Gruppe stand Stefan auf und erzählte, was er vom Retreat mit nach Hause nahm: »Ich kann mich zum Opfer machen, indem ich jemand anders beschuldige, oder ich kann mich selbst heilen und ermächtigen.« Er legte sich für einen Moment eine Hand auf die Brust und fügte hinzu: »Ich habe die Wahl.«

Das eigene Selbstverständnis zu verändern und die Opferrolle verlassen zu können ist ein Geschenk, das wir im Verweilen *nach RAIN* erfahren können. Ich denke oft an einen Spruch aus dem Kinofilm *Die Dolmetscherin,* den ich vor vielen Jahren gesehen habe: »Rache ist eine feige Form der Trauer.« Wenn ich das anderen erzähle, stößt das auf Widerhall. Jemanden zu beschuldigen ist einfacher, als sich der Wirklichkeit seiner Verletzungen, Ängste und Verluste zu stellen. Doch erst, wenn wir in RAIN die Umkehr vornehmen und unserem Innenleben heilende Aufmerksamkeit schenken, können wir auf unsere ganze Kraft, Weisheit und unser Mitgefühl zugreifen. Diese Umkehr löst das Opferdasein auf und ermächtigt uns, hinter die Maske des unechten anderen zu sehen. Und dies wiederum erlaubt uns, die Kreise unseres Mitgefühls immer mehr auszuweiten.

Stadium 3 des Vergebens: Einen echten anderen ins Herz schließen

Stellen Sie sich vor, Sie gehen im Wald spazieren und sehen einen Hund neben einem Baum sitzen. Sie gehen zu ihm, um ihn zu begrüßen, und plötzlich springt er Sie mit gebleckten Zähnen an. Sie weichen zurück, wütend und erschrocken. Dann stellen Sie fest, dass eine seiner Pfoten in einer Falle steckt. Ihre Grundhaltung ändert sich komplett, Sie sind jetzt besorgt. Vielleicht wollen Sie immer noch nicht zu nah herantreten; das ist gefährlich. Doch im Herzen wissen Sie, dass Sie dem Hund aktiv beistehen möchten.

Der Übergang von der Wut zur Fürsorge geschieht in dem Augenblick, in dem Ihnen klar wird, dass die Aggression des Hundes aus seiner Verletzlichkeit und seinem Schmerz kommt. Dies gilt für jeden von uns: Wenn wir uns verletzend verhalten, liegt das daran, dass wir in einer irgendwie gearteten schmerzhaften Falle stecken.

Vielleicht fällt Ihnen jemand ein, der Sie verletzt hat. Können Sie sehen, inwiefern er in seinen eigenen Verletzungen oder Ängsten gefangen ist? Bei einer Show von Oprah Winfrey über Kindheitstraumen sprach sie darüber, wie frühe Verletzungen zu Wegbereitern für Gewaltverhalten werden. Statt jemanden anzuschuldigen, sagte sie, müsse man sich folgende wichtige Frage stellen: »Was ist passiert?« Welcher Schmerz aus der Vergangenheit hat dieses Verhalten verursacht? In einem Interview der *New York Times* drückte der Rapper Jay-Z es so aus: »›Ach so, du bist als Kind schikaniert worden, und jetzt versuchst du, mich zu schikanieren. Ich verstehe.‹ Und habe ich das erst mal kapiert, dann reagiere ich nicht wütend. Ich kann sanfter darauf eingehen und vielleicht ›Hej, Mann, alles okay mit dir?‹ sagen.«

Wüssten wir um die verborgene Geschichte unserer Feinde,
so fänden wir in jedem Menschenleben genug Schmerz und Leid,
um all unsere Feindseligkeit abzulegen.
Henry Wadsworth Longfellow

Wenn jemand uns gerade erst verletzt hat, werden wir seine Verletzlichkeit nicht erkennen können. Haben wir aber erst einmal für uns selbst Sorge getragen, können wir sein verborgenes Leid sehen.

Als ich Stefan nach dem Retreat wiedertraf, sprach er anders von seinem Vater. »Wir hatten ihn zum Abendessen bei uns. Er hat krumm dagesessen auf seinem Stuhl, ganz offensichtlich müde. Da hat mein Sohn ihn gefragt: ›He, Opa, wie wär's mit Pingpong?‹ Sofort hat sich mein Vater aufgerichtet und irgendwas von einer Show im Fernsehen erfunden, die er unbedingt anschauen müsste. Er wollte seine Verletzlichkeit nicht zeigen.«

Stefan war berührt von dem Stolz und der Ohnmacht seines Vaters, und ihn so »mit einem Bein in der Falle« zu sehen, erweichte und öffnete Stefan das Herz. Sein Panzer fing an zu schmelzen, und sein Vater reagierte entsprechend. Die beiden schauten zusammen eine Netflix-Serie, wetteiferten, wer das beste Popcorn machte, und simsten einander während der Woche, welches Football-Team das beste sei – Patriots oder Steelers.

Sechs Monate darauf hatte sein Vater einen weiteren, noch schwereren Herzinfarkt. Eines Abends im Krankenhaus – Stefan las ihm laut die Nachrichten vor – hob sein Vater plötzlich die Hand, um ihn zu unterbrechen. Dann hörte Stefan Worte, die er nie zu hören erwartet hätte. »Ich weiß, dass ich nicht der richtige Vater für dich gewesen bin. Aber ich glaube nicht, dass du weißt, wie sehr ich dich immer geliebt habe.« Sie schauten sich eine Zeit lang direkt in die Augen, die seines Vaters waren feucht. Dies waren Momente, an die sich Stefan, nachdem sein Vater einige Monate darauf gestorben war, noch lange erinnern sollte.

Als Stefan mir dies mitteilte, sagte er: »Wissen Sie, Tara, ich denke, er konnte das sagen, weil er spürte, dass ich ihm vergeben hatte; es war sicher genug für ihn.«

Diese Geschichte erzähle ich nicht, um zu versprechen, dass der andere einlenkt, wenn Sie ihm vergeben. Doch tatsächlich wirkt die Energie unseres offenen und liebevollen Herzens sehr tief auf andere – mal sichtbar, mal unsichtbar. Und uns selbst befreit sie auch.

Das Geschenk der Vergebung

Beides, zu vergeben und Vergebung zu empfangen, ist Ausdruck radikalen Mitgefühls. Beides bringt uns in unserer Entwicklung weiter. Wenn wir uns durch das Vergeben öffnen, verbinden wir uns wieder mit unserer eigenen Warmherzigkeit und Liebe. Spüren wir, dass uns vergeben ist, dann können wir unserer Zugehörigkeit und unserem grundlegenden Gutsein vertrauen. Wie das Ein- und Ausatmen sind Geben und Nehmen miteinander verbunden: Beides gibt uns die Möglichkeit, uns an das Gold zu erinnern und aus ihm heraus zu leben.

Der Autor Scott McClanahan erzählt von einem Mann, der nach einem hässlichen Streit mit seinen Eltern das Haus verließ. Er blieb viele Jahre fort, einen Teil davon verbrachte er im Gefängnis. Einige Monate nach seiner Freilassung schrieb er seinen Eltern, er werde dann und dann nach Hause kommen. Er schrieb, wenn sie ihn sehen wollten und sich dessen, was passiert war, nicht schämten, sollten sie ein Laken auf die Wäscheleine hängen. Als er am besagten Tag aus dem Zug stieg, kamen Angst und schmerzhafte Zweifel in ihm hoch, ob sie ihn wohl sehen wollten. Die Zweifel wurden immer stärker, je näher er dem Haus kam, denn er erinnerte sich an die schrecklichen Worte, die damals gefallen waren. Er war kurz davor umzukehren, als er ein Laken in einem Baum hängen sah. Und dann noch eins. Und als das Haus in Sichtweite kam, sah er, dass die Wäscheleine über und über mit Laken behängt war, ebenso war der Garten mit Laken bedeckt, das Dach mit Laken bedeckt. Seine Eltern standen vor dem Haus und hießen ihn willkommen.

Wir sehnen uns danach, einander im Herzen zu tragen. Und wir sehnen uns danach, andere rückhaltlos zu lieben. Was könnte wunderbarer sein, als hingebungsvoll Laken der Vergebung aufzuhängen, damit sich diejenigen, die wir von uns gestoßen haben, willkommen fühlen können?

Praxisübung: RAIN der Vergebung

Vergebung besteht aus zwei Grundphasen: In der ersten – einem inneren Prozess – geht es darum, die Verletztheit hinter den Schuldzuweisungen zu heilen. In der zweiten bringen wir der betreffenden Person eine mitfühlende Aufmerksamkeit entgegen. Bitte betrachten Sie den jetzt folgenden ersten Teil als für sich stehende Meditation und praktizieren Sie sie so lange wie nötig (Tage, Monate, Jahre), bis Sie sich ganz im Selbstmitgefühl eingefunden haben. Üben Sie erst dann beide Teile in Folge.

Setzen Sie sich bequem hin, schließen Sie die Augen und gehen Sie in die Stille. Nehmen Sie einige tiefe Atemzüge und lassen Sie mit dem Ausatmen alle spürbare Anspannung los. Reflektieren Sie zunächst über Ihre Absicht, ein vergebendes Herz zu kultivieren, das Sie selbst und alle Wesen einschließt.

TEIL I: RAIN für die Wunden hinter den Schuldzuweisungen

Gehen Sie Ihr Leben durch und nehmen Sie wahr, wo Sie eventuell jemandem gegenüber nachtragend oder in Wut und/oder Schuldzuweisungen gefangen sind. Vergegenwärtigen Sie sich, was diese Gefühle ausgelöst hat (oder auslöst). Stellen Sie sich zum Beispiel die Fragen: »Was ist am schlimmsten daran? Was regt mich am meisten daran auf?«

»Was glaube ich über diese Person? Was glaube ich, wie sie zu mir steht?«

R – *Erkennen:* Nehmen Sie wahr, welche Gefühle und Gedanken vorherrschend sind, wenn Sie an diesen Menschen denken.

A – *Zulassen:* Halten Sie inne und *lassen* Sie *zu,* dass diese Erfahrung so ist, wie sie ist, ohne jede Beurteilung oder Bemühung, etwas zu tun.

I – ***Erkunden:*** Nehmen Sie nun die Umkehr vor, indem Sie Ihre volle Aufmerksamkeit von den Gedanken an den anderen auf das umlenken, was in Ihrem Innern geschieht.

- Entdecken Sie, wie sich Ihre aufgeregten Gefühle und Gedanken an diese Person als *Gefühle in Ihrem Körper* ausdrücken: Wo sind diese Gefühle am stärksten? Wie sind sie beschaffen? Nehmen Sie sich Zeit, um sich ganz darauf einzulassen und den Teil in sich zu spüren, der am meisten leidet.
- Vielleicht wollen Sie diesen verletzten Teil von sich etwas fragen wie: »Wie möchtest du mich bei dir haben? Was brauchst du am dringendsten? Ist es Akzeptanz? Schutz? Verständnis? Vergebung? Mitgefühl? Liebe?«

N – ***Nähren:*** Wenden Sie sich an Ihr weisestes, liebevollstes Selbst (das künftige Selbst, das erwachte Herz). Stellen Sie sich vor, Sie könnten aus Ihrem künftigen Selbst heraus zuhören und reagieren: Wie könnten Sie geben, was am dringendsten gebraucht wird? Gibt es da eine Berührung (wie zum Beispiel Ihre Hand auf dem Herzen), eine Botschaft oder ein Bild, die dem verletzten Teil helfen könnten anzunehmen, was er braucht?

Nehmen Sie sich einen Moment Zeit (dreißig Sekunden), um diesen Teil mit Mitgefühl zu *nähren* und zu spüren, wie er dieses ihm entgegengebrachte Mitgefühl erlebt.

(Beachte: Wenn es zu schwierig ist, Zugang zum eigenen erwachten Herzen zu bekommen, können Sie sich an eine andere, zugänglichere Quelle der Liebe wenden – vielleicht eine Freundin, ein Familienmitglied, eine Gottheit, Ihren Hund –, damit sie hilft, diese innere Verletzung zu *nähren*.)

Nach RAIN: Beobachten Sie, wer Sie sind, wenn Sie *nährendes* Mitgefühl geben und empfangen, und bleiben Sie in diesem Gefühl.

TEIL II: RAIN der Vergebung gegenüber einer anderen Person

Haben Sie Teil I abgeschlossen, können Sie nun Ihre Aufmerksamkeit auf die andere Person richten. Achten Sie darauf, dass Sie sie mit dem Bewusstsein Ihres künftigen Selbst betrachten – mit Ihrem weisesten, mitfühlendsten Herzen. (Stellen Sie sich ruhig vor, Sie würden diese Reflexion zehn oder fünfzehn Jahre in die Zukunft versetzt vornehmen. Probieren Sie es mal!)

R – *Erkennen:* Nehmen Sie alles zur Kenntnis, was Sie an dieser anderen Person sehen.

A – *Zulassen:* Halten Sie inne und *lassen* Sie *zu,* dass diese Erfahrung so ist, wie sie ist.

I – *Erkunden:* Vielleicht wollen Sie sich folgende Frage stellen: »Welche Verletzlichkeiten – Ängste, Verletzungen, ungestillten Bedürfnisse – könnten diesen Menschen dazu bringen, Leid zu verursachen? An welcher Stelle hat er sein Bein in der Falle?«

N – *Nähren:* Bieten Sie Ihre Vergebung mit folgenden Beispielsätzen oder eigenen mitfühlenden Worten und/oder mit Bildern an. Flüstern Sie den Namen der Person und sagen Sie: »Ich sehe und spüre die Verletzung, die du mir zugefügt hast, und ich vergebe dir jetzt.« Oder, falls Sie noch nicht bereit sind zu vergeben: »Ich sehe und spüre die Verletzung, die du mir zugefügt hast, und habe die Absicht, dir zu vergeben.« Wiederholen Sie das mehrere Male.

Falls Sie sich in der Lage fühlen, diese Person versöhnlich in Ihr Herz mit aufzunehmen, könnten Sie den vergebenden Sätzen noch einen fürsorglichen Wunsch für die Heilung des Schmerzes dieser Person nachsetzen.

Nach RAIN: Nehmen Sie die Qualität des Herzraums wahr, der sich aufgetan hat, und lassen Sie ihn so weit und umfassend sein, wie er ist. Vielleicht mögen Sie noch nachfragen: »Wer bin ich, wenn ich versöhnlich in meinem Herzen ruhe?«

Bei Vergebungsübungen passiert es häufig, dass wir das Maß beurteilen, in dem wir die Meditation durchzuführen vermögen. Lassen Sie alles Urteilen sein und ehren Sie die Ehrlichkeit Ihrer Absicht, Ihr Herz zu öffnen und freizusetzen. Beenden Sie die Meditation, indem Sie alle Vorstellungen vom Selbst und vom anderen loslassen. Verweilen Sie einfach in der Erfahrung zärtlichen Gewahrseins. Taucht ein Gedanke oder Gefühl auf, dann nehmen Sie die Fähigkeit wahr, diese ganze lebendige sterbliche Welt versöhnlich in den weiten Raum Ihres Herzens aufzunehmen.

FRAGEN UND ANTWORTEN

Meine Partnerin ist mit einer jähzornigen, narzisstischen Mutter aufgewachsen, die fast täglich auf sie losging. Jetzt macht sie dasselbe mit unseren heranwachsenden Töchtern. Ich verstehe ja, dass vermutlich ihre schmerzliche Vergangenheit hinter diesem Verhalten steckt. Aber jetzt ist sie erwachsen. Sollte sie nicht Verantwortung für das Leid übernehmen, das sie verursacht?

Wenn wir Leid verursacht haben, müssen wir Verantwortung für unser Verhalten übernehmen, damit echte Heilung geschehen kann, indem wir, falls möglich, um Vergebung bitten und Wiedergutmachung leisten. Wenn wir in der Lage sind, ehrlich das Leid anzuerkennen, das wir jemandem zugefügt haben, stärkt uns das sogar und mindert die Tendenz zu Selbstbeschuldigungen.

Doch ebenso, wie uns die Verletzungen aus der Vergangenheit dazu bringen können, uns und andere zu verletzen, machen sie es uns schwer, unser Verhalten zu ändern. Lang anhaltender emotionaler Missbrauch in der Kindheit unterminiert bekanntlich die Entwicklung von Fähigkeiten wie Koordination exekutiver Funktionen, der Selbstregulierung, Achtsamkeit und Empathie – die allesamt wesentlich zur Entwicklung eines vollverantwortlichen Erwachsenen beitragen. Für jemanden wie

Ihre Partnerin würde es sich womöglich gefährlich anfühlen und unerträgliche Gefühle der Scham und Angst vor Zurückweisung aufwerfen, wenn sie zugäbe, dass sie Leid verursacht.

Für Sie in Ihrer schwierigen Lage könnte es hilfreich sein, das Wort »sollte« als Marker zu verstehen. Es sagt Ihnen, dass Ihre Vorstellungen von gutem oder richtigem Verhalten, ganz egal, wie logisch und vernünftig sie sein mögen, nicht mit der Wirklichkeit übereinstimmen, in der sich Ihre Partnerin derzeit befindet. Und was ganz entscheidend ist: Vorwürfe helfen nicht, wenn jemand aus unverarbeiteter Verletztheit heraus agiert. Vorwürfe bestrafen und verstärken nur die zentrale Verletzung, die da heißt: »Irgendetwas stimmt nicht mit mir.« Wie Sie vielleicht mit Ihrer Partnerin bereits erlebt haben, ruft es außerdem eine Abwehr- und/oder Verleugnungshaltung hervor. Es dient keiner positiven Veränderung, sondern sorgt dafür, dass das verletzende Verhalten anhält.

Natürlich müssen Sie klar und deutlich kommunizieren, dass Ihre Partnerin Ihre Töchter nicht weiter verletzen darf, und Letztere schützen, indem Sie Grenzen setzen. Für Sie als zweiten Elternteil ist dies äußerst wichtig – sonst ermöglichen Sie verletzendes Verhalten. Aber Sie können versuchen, von einem Ort der Fürsorge statt des Vorwurfs aus zu kommunizieren, und von dort aus nach einem Weg suchen, um die Lage zu verändern. Genau wie bei Kindern will auch das verletzte innere Kind eines Erwachsenen *genährt* werden, damit es wachsen und sich verändern kann. Ich habe noch nie erlebt, dass sich jemand infolge von einem »Sollte«, von Wut oder Schuldzuweisungen weiterentwickelt und aufgehört hätte, anderen Leid zuzufügen. Die Forschung zeigt durchgehend, dass Bestrafung echter Heilung und Transformation nicht dienlich ist, Fürsorge und Rehabilitierung dagegen schon.

Doch ist eine Verlagerung vom »Sollte« und den Vorwürfen hin zu Mitgefühl für Ihre Partnerin nur möglich, wenn Sie sich selbst gut um Ihre inneren Anteile kümmern, die sich, was ganz natürlich wäre, womöglich ohnmächtig, wütend, bitter, selbstgerecht, verletzt und verängstigt fühlen. Sie sind aufgerufen, sich in Ihr höheres Selbst hineinzuversetzen, Ihnen selbst, Ihrer Partnerin und Ihren Kindern zuliebe. Vielleicht brauchen Sie therapeutische Hilfe, um einen sicheren, mitfühlenden Raum für die Kommunikation mit Ihrer Partnerin zu schaffen, damit Sie Verbündete werden und sich zusammen auf eine Transformation und Heilung zubewegen können.

Manche Menschen glauben, dass ohnehin jeder sein Bestes gibt. Was meinen Sie dazu?

Wenn Sie auf Ihr eigenes Leben zurückblicken, werden Sie Zeiten finden, in denen Sie den Menschen mit Präsenz und Fürsorge begegneten, und andere, in denen Sie zerstreut und reaktiv waren und vielleicht sogar Leid verursacht haben. Doch konzentrieren Sie sich auf eine bestimmte Situation, die Sie zutiefst bereuen, und fragen sich: »Warum war ich nicht sensibler, freundlicher, zugewandter, bewusster?«, dann werden Sie vermutlich feststellen, dass Sie in Trance waren – sich unterhalb der Linie befanden – und dass Ihre Aufmerksamkeit eingeschränkt war. Ihre Gedanken und Ihr Verhalten waren von einer tief eingefahrenen Unaufmerksamkeit getrieben, von Emotionen wie Angst oder Abwehr oder von der Gier nach Genuss oder nach Linderung von Leid. Ihr Stammhirn hatte die Oberhand, und Sie waren von dem evolutionsgeschichtlich jüngeren präfrontalen Kortex abgeschnitten. Ihr Gehirn tat sein Bestes, es wandte sich zur Stillung unbefriedigter Bedürfnisse an seine primitiven Bewältigungsstrategien.

Die Achtsamkeit und das Mitgefühl von RAIN fördern eine Integration des Gehirns. Das bedeutet, dass wir selbst dann, wenn wir emotional unter Druck stehen, noch etwas Gewahrsein haben für das, was gerade passiert, und der Zugang zu unseren inneren Ressourcen gestärkt wird, sodass das limbische System uns nicht mit sich fortreißen kann. Wir haben dann eher die Wahl, aus unserem vollen Potenzial zu leben und tatsächlich unser Bestes zu geben.

Nur wenn ich wütend werde und meinem Partner die Art und Weise verüble, wie er mich verletzt, bekomme ich seine Aufmerksamkeit. Vergäbe ich ihm, würde das für mich bedeuten, dass ich den Missbrauch akzeptiere.

Wut, Schuldzuweisungen und Bestrafung können vorübergehend helfen, das Verhalten eines anderen Menschen zu kontrollieren. Die Frage ist nur, ob dies sein Verhalten wirklich ändert und uns die Beziehung schenkt, die wir uns wünschen.

Eine Teilnehmerin meines wöchentlichen Kurses erzählte mir, ihr Mann sei in ihren vier Ehejahren ihr gegenüber durchweg gewalttätig gewesen. Wie sie es ausdrückte, »sprang ich hin und her zwischen dem Dasein als verletztes, angstvolles Opfer und als wütendes Opfer«. Wenn sie in Wut ausbrach und drohte, ihn zu verlassen, bettelte ihr Mann um Gnade. Dann schwor er, es werde keine Übergriffe mehr geben, und flehte sie um Vergebung und eine weitere Chance an. Sie willigte ein zu bleiben, jedes Mal in der Hoffnung, er habe sich jetzt wirklich geändert.

Als sie die Umkehr von RAIN praktizierte, sich also von den Schuldzuweisungen abwandte und sich um ihre innere Erfahrung kümmerte, sah sie schließlich der Wahrheit ihres Leidens direkt ins Gesicht: »Das ist Misshandlungsschmerz.« Und sie wusste, dass der vierte Schritt – *Nähren* – hieß, sie sollte sich um sich kümmern. Die Abkehr von Wut und Schuldzuweisungen ermöglichte es ihr, die Wirklichkeit zu *erkennen* und *zuzulassen:* Sie litt, er würde sich nie ändern, aber sie konnte ihre Lage verändern. Sie zog zu ihrer Schwester und reichte die Scheidung ein. Auch nachdem sie dann in Sicherheit war, dauerte es noch sehr lange, bis sie vergeben konnte.

Wut ist ein Signal. Sie gibt uns die Energie, für uns zu sorgen. Doch wenn wir aus dem Dasein als ohnmächtiges, wütendes Opfer heraustreten wollen, müssen wir die Schuldzuweisungen hinter uns lassen. Das gilt, wenn unser Partner gewalttätig ist, unser Kind im Teenageralter uns Geld klaut oder ein Geschwister uns in einem gemeinsamen Erbfall betrügt. Wenn wir die abweisende Energie der Schuldzuweisungen loslassen können, gewinnen wir Zugang zu der Weisheit, die wir benötigen, um produktiv mit unserer Situation umgehen zu können.

9

Das Gutsein sehen

Jemanden zu lieben bedeutet, das Lied in seinem Herzen zu lernen und es für ihn zu singen, wenn er es vergessen hat.
ARNE GARBORG

Es ist ein ernüchternder Gedanke, dass unsere größte Liebestat kein Akt des Dienens, sondern ein Akt der Kontemplation, des Sehens ist. Wenn wir Menschen dienen, dann helfen, unterstützen und trösten wir oder lindern Schmerz. Wenn wir ihre innere Schönheit und Güte sehen, transformieren und erschaffen wir.
ANTHONY DE MELLO

DAS PAAR HATTE um ein Gespräch mit mir nach einer unserer Mittwochabend-Meditationen gebeten. Schon bevor sie anfingen zu reden, konnte ich die Sorge in ihren Gesichtern sehen. Es gehe um Jono, sagten sie, ihren dreiundzwanzig Jahre alten Sohn.

Jono hatte eine Lernschwäche und nach zwei Jahren das kleine geisteswissenschaftliche College abgebrochen. Seitdem wohnte er zu Hause und arbeitete Teilzeit im Home Depot, um seinen Teil zu den Haushaltskosten beizutragen. »Ich habe versucht, ihn dazu zu bringen, Kurse am Community College zu belegen«, sagte mir sein Vater, »aber keine Chance. Dann wollte ich, dass er zur Berufsberatung geht, aber das hat er auch abgelehnt. Er hängt mit seinen alten Freunden von der Highschool herum, nette Jungs zwar, aber die kommen alle nicht vom Fleck.« Grimmig fügte er hinzu: »Es kommt mir so vor, als wollte Jono nichts weiter als Filme gucken, Mountainbiken oder mit seiner Videokamera herumwursteln, aber sich bestimmt nicht um eine sichere Zukunft kümmern.«

An diesem Punkt warf Jonos Mutter ein: »Es ist ja nicht so, dass wir ihn nicht gern bei uns hätten, wir lieben ihn! Er ist ein Schatz, aber in letzter Zeit läuft er nur mit einer Jammermiene herum. Er ist einfach nicht mehr der Alte.«

Ich konnte spüren, wie tief ihre Sorge um Jono war, und sagte es ihnen. Tränen traten der Mutter in die Augen. »O ja, das stimmt. Und wir machen uns solche Sorgen um seine Zukunft.« Dann sah sie mich flehend an. »Aber was sollen wir tun?«, fragte sie. »Soll ich für ihn beten und ihn in weißes Licht hüllen? Sollen wir ihn herbringen und zum Meditieren drängen? Wir würden alles tun, um ihm zu helfen.«

»Ich habe einen Vorschlag«, sagte ich, »aber zuerst möchte ich Sie etwas fragen.« Sie lehnten sich neugierig nach vorn. »Welche Eigenschaften lieben und schätzen Sie an Jono wirklich?«

»Oh«, sagte seine Mutter, ohne zu zögern, »er war schon immer der freundlichste Mensch, den man sich vorstellen kann … so sensibel, was die Gefühle anderer betrifft. Und er kann unheimlich lustig sein; er hat einen ganz verrückten Humor.«

»Und ich muss zugeben, dass Jono ein kreativer Kopf ist«, fügte sein Vater zu. »Mich beeindruckt, was er mit dieser Kamera zustande bringt.« Dann fügte er nachdenklich hinzu: »Er ist wirklich klug. Er hat nur noch nicht herausgefunden, wie er seine Intelligenz sinnvoll einsetzen kann.«

»Wow«, sagte ich lächelnd. »Das behalten wir für später im Kopf. Erst einmal danke! Sie lassen Jono für mich richtig lebendig werden.«

Dann schlug ich ihnen vor, sie sollten bei ihrer täglichen Meditation an das denken, was sie an ihrem Sohn am meisten liebten und respektierten. »Spüren Sie Ihre Anerkennung für den, der er ist, tief im Körper, im Herzen. Und beachten Sie, wenn Sie mit ihm zusammen sind, wie es ihm geht – seine Stimmung, den Energielevel und so fort. Bleiben Sie ein paar Monate dabei, und dann treffen wir uns wieder.«

Bei diesem nächsten Treffen wirkten beide ruhiger auf mich.

Diesmal sprach Jonos Mutter zuerst: »Vielleicht entspannt mich ja die Übung nur, die Sie uns gegeben haben, aber je mehr ich an Jonos Stärken denke, umso mehr habe ich das Gefühl, dass alles gut gehen wird.«

Ihr Mann nickte. »Zuerst dachte ich, Sie wollten einfach nur, dass wir loslassen, aber es war viel mehr als das. Wir wissen zwar immer noch nicht, wie er seinen Weg finden wird, aber wir vertrauen viel mehr darauf.«

Bevor sie gingen, erzählte ich ihnen, was ich mit meinem eigenen Sohn herausgefunden hatte: Je mehr ich darauf vertraute, dass er seine Sache gut machte, umso mehr war das auch der Fall. Mein Vertrauen war ansteckend.

Einige Monate später traf ich Jonos Eltern ein letztes Mal zu einem Gespräch. Sie berichteten, er habe ehrenamtlich als Videoeditor bei einer gemeinnützigen Organisation vor Ort gearbeitet und plane jetzt, zurück zur Schule zu gehen, um einen Abschluss in digitaler Videoproduktion machen zu können. Und vor allem schien er wieder mehr der Alte zu sein; am Vatertag hatte er für seinen Vater einen »Nachrichtenspot« gedreht, in dem er seine Beförderung zum CEO von Home Depot verkündete. Jono hatte sein Funkeln und seine Verspieltheit wieder und war auf einem guten Weg.

Vor allem in engen Beziehungen verkanten wir uns leicht in rigiden Kommunikationsmustern, die echte Intimität und Heilung verhindern. Die Achtsamkeit und der nährende Teil von RAIN können uns vom Knebelgriff dieser hartnäckigen Gewohnheiten befreien. Auch wenn ich mit Jonos Eltern die RAIN-Übung nicht formal durchlaufen hatte, sind die einzelnen Schritte doch erkennbar: Sie *erkannten,* dass er eine schwere Zeit hatte und dass sie darunter litten; statt weiter blind zu reagieren, hielten sie inne und *ließen zu,* ihn sein zu lassen, wie er gerade war, sie akzeptierten ihn; sie *erkundeten* die Lage, indem sie ihre Aufmerksamkeit von dem, was nicht lief, auf das lenkten, worauf sie bei ihm vertrauten – nämlich auf sein Gutsein; und sie schufen den Boden für mitfühlendes *Nähren,* indem sie echte Wertschätzung für ihn kultivierten. Durch diese formlose RAIN-Übung konnten sie ihre angstbesetzten Reaktionsmuster ablegen und Jono das geben, was er am meisten brauchte: Vertrauen in den, der er war.

Was ist grundlegendes Gutsein?

Für Jono und seine Eltern entstand Heilung in dem Moment, in dem sie ihre Aufmerksamkeit von dem, was falsch lief, auf das verlagerten, was ich »grundlegendes Gutsein« nenne.

Was heißt das? Erinnern Sie sich noch an das Bild vom Goldenen Buddha in Kapitel 3? Dann stellen Sie sich unser alltägliches soziales Ich oder unsere Persönlichkeit einmal so vor, als wäre es die Schutzhülle aus Lehm. Die verschiedenen Schutzhüllen – unsere Erscheinung, unsere Verhaltensweisen, Abwehrmechanismen, Urteile, Fähigkeiten, Schwächen usw. – werden oft im Sinne eines »guten Selbst« und »bösen Selbst« gewertet. Das gute Selbst entspricht den Standards, die wir von unseren Eltern, Freunden und der Gesellschaft allgemein übernommen haben. Vielleicht ist unser gutes Selbst höflich, arbeitet hart, ist attraktiv und versiert. Unser schlechtes Selbst ist all die Dinge, in denen wir versagen – in denen wir uns als egoistisch, ungeduldig, kritiksüchtig oder unbesonnen bezeichnen.

Doch keines dieser bedingten Ego-Muster schränkt unser grundlegendes Gutsein ein oder verleiht ihm etwa Ausdruck. Grundlegendes Gutsein ist das Gold unserer wahren Natur: Es sind die universellen Eigenschaften von Gewahrsein, Lebendigkeit, Liebe, Kreativität und Intelligenz, die in jedem von uns vorhanden sind. Unsere wechselnden Launen, Verhaltensweisen und Persönlichkeiten sind wie die Wellen an der Oberfläche des Meeres. Das grundlegende Gutsein ist der ganze Ozean. Konzentrieren wir uns nur auf die bedingten Muster und kritisieren wir diese oder identifizieren uns mit ihnen, dann können wir unsere Weite und Tiefe leicht übersehen.

Da Angst den Ausdruck grundlegenden Gutseins einengt, lässt sich das Gold bei anderen am leichtesten dann erkennen, wenn sie entspannt und präsent sind. Oft sehen wir es bei Kindern leuchten, noch bevor ihre Persönlichkeit sich geformt hat. Eine Freundin erzählte mir, wie sie ein Bild ihrer neun Monate alten Enkelin angesehen und gestaunt habe über die reine Empfindung und den Glanz ihrer Augen. Plötzlich habe sie sich an eine Zeile eines längst vergessenen Gedichts erinnert: »Köstlichste Frische lebt tiefinnerst allen Dingen.«

DAS GUTSEIN SEHEN

Da jeder von uns einen individuellen Körper und Geist, eine individuelle Persönlichkeit besitzt, zeigt sich das Gold auf unzählige Weisen in unserem sich entfaltenden Wesen.
Ich bat meine Freunde in den sozialen Medien, Beispiele zu erzählen, wo sie das grundlegende Gutsein bei anderen wahrgenommen hätten. So vervollständigten einige von ihnen den Satz: Ich sehe das Gutsein …

- im Gesicht meines Mannes, wenn er nach einer Reise die Kinder wiedersieht.
- wenn mein jüngster Sohn die Erschöpfung in meiner Stimme hört und mir ein Glas Wasser bringt.
- bei meiner Frau, wenn sie dem Parkplatzwächter oder der Kassiererin freundlich, aufmerksam und respektvoll begegnet.
- wenn mein bester Freund seinen Hund unglaublich liebevoll umarmt.

- bei meiner fünfjährigen Tochter, die bei Sonnenuntergang zur Sonne sagt: »Tschüs, ich liebe dich.«
- wenn mein Mann rechts ran fährt, um jemandem zu helfen, dessen Wagen liegen geblieben ist – und nie irgendwas haben will für die Zeit, die er geopfert hat.
- wenn mein Partner liebevoll ist, zu unserer Beziehung steht und bereit ist, gemeinsam an unseren Schwierigkeiten zu arbeiten.
- als mein Vater mich nach seinem schweren Schlaganfall immer noch fragt: »Schätzchen, kann ich irgendwas für dich tun?«

Kurz nachdem ich diese Bitte gepostet hatte, erhielt ich von einer lieben Freundin eine Geburtstagskarte. Sie begann mit der Botschaft: »Ich sehe dein grundlegendes Gutsein, wenn …« Als ich ihre Worte las, traten mir die Tränen in die Augen; ich fühlte mich zutiefst geliebt und gesehen. Und dann überflutete mich ein Gefühl ihres grundlegenden Gutseins – des Goldes, das da durchschien, der Schönheit ihrer tiefen, liebevollen Aufmerksamkeit. Das erinnerte mich an eines der Zitate, die ich am liebsten mag. Es stammt von Thomas Merton:

Und dann schien mir, als sehe ich plötzlich die geheime Schönheit ihres Herzens, die Tiefe ihres Herzens, die weder Sünde noch Begehren noch Selbsterkenntnis je erreichen kann, den Kern ihrer Wirklichkeit, als sehe ich sie so, wie sie in Gottes Angesicht sind. Wenn sie sich nur alle selbst so sehen könnten, wie sie wirklich sind. Wenn wir einander nur immer so sehen könnten. Dann gäbe es keine Kriege mehr, keinen Hass, keine Gewalt, keine Gier … Ich nehme an, unser größtes Problem wäre dann, dass wir voreinander auf die Knie fallen und einander anbeten würden.

Das Sich-Spiegeln im anderen sagt uns, wer wir sind

Die Autorin Alice Walker erzählt folgende Geschichte:

> Bei dem südafrikanischen Balemba-Stamm wird eine Person, die unverantwortlich oder ungerecht gehandelt hat, allein und unbehindert in die Mitte des Dorfes gesetzt.
> Alle lassen ihre Arbeit liegen, und Männer, Frauen und Kinder versammeln sich in einem großen Kreis um die angeklagte Person. Dann spricht jedes einzelne Stammesmitglied zu ihr, einer nach dem anderen, über all die guten Dinge, die diese Person in der Mitte des Kreises in ihrem Leben getan hat. Jedes Ereignis, jede Erfahrung wird in allen Details und mit Sorgfalt erzählt. All ihre guten Eigenschaften, ihre guten Taten, Stärken und die Gefälligkeiten, die sie anderen getan hat, werden sorgfältig und ausführlich berichtet.
> Oft dauert die Stammeszeremonie mehrere Tage. Am Ende wird der Kreis gebrochen, und es findet eine fröhliche Feier statt, bei der diese Person symbolisch und buchstäblich wieder im Stamm willkommen geheißen wird.

Das Vertrauen in unser eigenes grundlegendes Gutsein entsteht aus dem klaren, tiefen Spiegeln seitens der anderen. Die Nahrung, die wir als Kleinkinder zum Überleben benötigen, besteht nicht nur aus warmer Milch, nicht nur aus der Wärme eines Gehalten- und Getröstetseins, sondern auch aus der liebenden Energie, die aus dem Blick der Betreuungsperson spricht. Wenn wir uns gesehen, gehört und in Liebe betreut fühlen, lautet die Botschaft: »Du bist wichtig. Du bist Teil von uns. Du bist zugehörig und geliebt.« Wenn unsere wachsende Neugier und Verspieltheit auf Begeisterung trifft, lautet die Botschaft: »Deine Lebendigkeit und Entfaltung werden geschätzt; alles, was du bist, ist willkommen in dieser Welt.«

Um das Gold in unseren Kindern (und einander) spiegeln zu können, benötigen wir die Grundelemente des radikalen Mitgefühls: Klarheit, eine warmherzige, offene Präsenz und emotionale Intelligenz. Befinden wir uns aber in Trance – und unterhalb der Linie –, dann passiert es schnell, dass wir uns auf das äußere Verhalten eines Kindes fixieren und ungeduldig, wertend oder wütend reagieren oder uns in Desinteresse oder Besorgtheit zurückziehen. Eine solche Reaktivität kann das Gefühl unserer eigenen Unzulänglichkeit als Eltern nähren und uns damit sogar in noch tiefere Trance versetzen. Und wenn eine reaktive Trance zur Gewohnheit wird, verinnerlicht das Kind die Botschaft vom schlechten Selbst schnell nach dem Motto: »Irgendwas stimmt mit mir nicht.«

Die meisten von uns halten anderen eine Mischung aus klarem und verzerrtem Spiegel vor und bekommen umgekehrt dasselbe. Wenn ich an meinen Sohn als Jugendlichen zurückdenke, fällt mir sofort ein, dass es damals immer irgendetwas gab, worum ich mir Sorgen machte! In der Grundschule machte ich mir Sorgen, weil er nicht viele Freunde hatte. In der Mittelschule war er mir zu sozial – und wollte immer mit anderen abhängen. In der Highschool gab es die Videospiele, Partys, Verzögerungstaktiken, zu wenig Aufmerksamkeit fürs Lernen. Und meine Sorgen gingen Hand in Hand mit Urteil, Kontrolle und der Botschaft: »Du solltest anders sein.« Dahinter steckte die Trance des geringen Selbstwertgefühls und der Angst: »Ich versage als Mutter. Das ist mein Fehler. Wenn ich das nicht in Ordnung bringe, wird er womöglich kein gutes Leben haben.«

Zugleich hatte er jedoch auch immer meine Liebe und Wertschätzung und muss gespürt haben, wie es mich im Herzen freute, wenn er Spaß am Rollerbladen hatte oder inspiriert von einer Wildnis-Visionssuche zurückkam, wenn ich erfuhr, dass er einen Freund getröstet hatte, der in Schwierigkeiten steckte, oder seine Überlegenheit bei dem Kartenspiel *Magic: The Gathering* bestaunte. Wenn ich ihn jetzt als jungen Therapeuten und Unternehmer,

Ehemann und Vater sehe, weiß ich, dass die Zeiten, in denen ich echte Anerkennung und tiefes Vertrauen in seine Entfaltung ausstrahlte, seinem Selbstvertrauen und Wohlbefinden am meisten gedient haben.

Können wir es mit der positiven Spiegelung übertreiben?

Unsere Stärken und Talente – all das, was wir »das gute Selbst« nennen könnten – sind echte Teile von uns! Und es kann ein wirkliches Geschenk sein, wenn sie anerkannt werden, vor allem dann, wenn wir an uns selbst zweifeln oder zu wenig Vertrauen in uns haben. Doch ist ein bisschen Lob nicht gleich gesunde Spiegelung. Vielleicht wurden Sie immer für gute Noten belohnt, dafür, dass Sie attraktiv, kooperativ, musisch begabt oder sportlich waren. Was war da die Botschaft? Für viele lautete sie: »Das muss ich tun, um liebenswert und gut zu sein, und mir darf nichts schiefgehen.« Und mit diesem Glauben ging eine chronische Angst einher zu versagen, einen Fehler zu begehen, nicht der oder die Beste zu sein, etwas Neues zu riskieren. Zu versuchen, das Selbstwertgefühl von jemandem mit übermäßigem Lob aufzupumpen, poliert nur die Schutzschicht des Goldenen Buddha, vergrößert jedoch die Distanz zu dem Gold selbst.

Was passiert, wenn wir jemandem seine Schwächen oder seine Verletzlichkeit spiegeln?

Einer Person ihre Schwächen (oder das, was sie als ihr »schlechtes Selbst« erlebt) zu spiegeln ist nur dann hilfreich, wenn Sie sich Ihrer eigenen Zugewandtheit und Ihres Respektes ihr gegenüber sowie des Glaubens an ihr grundlegendes Gutsein sicher sind. Sonst wird sie vermutlich zu verletzt sein oder abwehrend reagieren, um Ihre Botschaft überhaupt aufnehmen zu können. Die meisten von uns kennen das Gefühl, kritisiert zu werden, ohne dass eine grundlegende Wertschätzung dahinterstünde: Unser ganzes Sein panzert sich in emotionaler Reaktivität!

Wenn aber Vertrauen und Zugewandtheit da sind, kann eine solche Spiegelung dem anderen helfen, das unbewusste Verhalten, die Emotionen und Überzeugungen zu *erkennen,* mit denen er Leid und das Gefühl von Abgetrenntheit verursacht. Eltern helfen ihren Kindern, wenn sie sie wissen lassen, wie ihre Grobheit oder Täuschung, Achtlosigkeit oder Wut auf andere wirkt. Therapeuten spiegeln ihren Klienten unverarbeitete Emotionen wie Angst oder Scham und helfen ihnen damit, sich ihrer bewusst zu werden. Eine vertraute Freundin oder Kollegin gibt uns vielleicht das Gefühl, nicht allein zu sein und gesehen zu werden, wenn sie uns unseren Verlust oder unsere Trauer spiegelt.

Eine klares, tiefes Spiegeln kann in jedem Alter zu radikaler Heilung führen. Während meines Praktikums als Doktorandin hatte ich einen Psychotherapie-Supervisor, der die Gabe hatte, wie er es nannte, »das geliebte Menschenkind zu sehen«. Rob schenkte seinen Klienten seine volle Präsenz und spiegelte ihnen ihr Gutsein so, dass sie es hören und darauf vertrauen konnten. Er spiegelte ihnen den Mut in ihrer Verletzlichkeit, die Hingabe in ihrer Ehrlichkeit, die Tiefe ihrer Sehnsucht, zu heilen oder zu erwachen. Nach einer Sitzung bei ihm fühlten sie sich ein Stück mehr bei sich zu Hause, ein Stück mehr auf ihr Gold eingestimmt. Und genauso ging er mit uns, seinen Studenten, um.

Ich erinnere mich, wie Rob in einer unserer wöchentlichen Supervisionsgruppen mitbekam, dass ich mir Sorgen machte. Ich mochte eine Klientin sehr gern, hatte aber plötzlich Angst, ich sei nicht versiert genug, um mit ihr zu arbeiten. »Sie haben sie wirklich gern, nicht wahr?«, sagte er mit seinem gütigen Lächeln. Dann schaute er sich in der Runde um und sprach zu allen: »Unterschätzen Sie nicht die Kraft Ihrer einfachen Zuwendung. Ich kann nicht sagen, welche Technik am besten ist, aber Zuwendung ist die magische Zutat.« Seine Worte nahmen mir die Sorge vom Herzen und gaben mir noch etwas dazu. Sie zeigten mir, wie einfach das Geschenk der Spiegelung sein kann.

Ich vermochte nicht mehr zu lügen,
und so nannte ich nun meinen Hund »Gott«.
Erst blickte er verwirrt drein,
doch dann begann er zu lächeln, gar zu tanzen.
Ich blieb dabei. Jetzt beißt er gar nicht mehr.
Ob das wohl auch bei Menschen gehen mag?
SANT TUKARAM, DICHTERHEILIGER IM 17. JAHRHUNDERT

Unser eigenes Gutsein sehen: Uns selbst mithilfe von RAIN *nähren*

Denken Sie an eine Zeit, zu der Sie richtig böse auf sich waren. Hatten Sie in diesem Zustand auch nur die Spur einer Ahnung von Ihrem guten Herzen, Ihrer Liebe anderen gegenüber, Ihrer zunehmenden Fähigkeit, ehrlich und präsent zu sein? In welchem Maß konnten Sie noch das Gutsein in Ihrer Familie, bei Freunden oder Kollegen sehen?

Wenn wir in Selbstkritik feststecken, setzt sich der Filter unserer Wahrnehmung zu, und unser Spiegel verzerrt sich. Wir beobachten uns, um festzustellen, wie wir versagen, geben uns Mühe, unsere Unzulänglichkeit zu verbergen und uns zu rechtfertigen, zu beweisen oder zu verbessern. Und dieses Misstrauen uns selbst gegenüber übertragen wir unweigerlich auf andere.

Wenn die Abneigung gegen sich selbst oder das geringe Selbstwertgefühl stark ist, hilft uns ein kompletter Durchgang von RAIN (siehe Kapitel 3, Meditation: RAIN Schritt für Schritt) dabei, den begrenzenden Überzeugungen und Gefühlen, die das Gold unseres Wesens verdecken, mit Achtsamkeit und Selbstmitgefühl zu begegnen. Bei unserem *Erkunden* kommen wir mit der tiefen Verletzlichkeit in Berührung, die uns antreibt, und verbinden uns durch das *Nähren* wieder mit einer umfassenderen, liebevolleren Präsenz.

Wir können auch direkt mit dem Schritt des Nährens beginnen, indem wir absichtlich nach dem Gutsein in uns suchen oder uns darauf besinnen, so wie in der folgenden Reflexion beschrieben.

REFLEXION: IN SCHWIERIGEN ZEITEN DAS EIGENE GUTSEIN AUFRUFEN

Stecken wir in der Trance des geringen Selbstwertgefühls, können wir kaum an unser eigenes Gutsein glauben. Holen Sie sich auf die für Sie am besten funktionierende Weise in die Präsenz zurück und probieren Sie dann einen oder mehrere der folgenden Vorschläge aus.

- Denken Sie an jemanden – eine Person, eine spirituelle Persönlichkeit, ein Haustier –, für den Sie mühelos Wertschätzung aufbringen und dem Sie mit Liebe begegnen können. Nehmen Sie das Gutsein Ihrer Liebe zu diesem Wesen wahr.
- Vergegenwärtigen Sie sich eine Gelegenheit, bei der Sie liebevoll oder großzügig waren.
- Vergegenwärtigen Sie sich die Eigenschaften, die Sie an sich schätzen (wie zum Beispiel Ihre Liebe zur Natur, Ihre Abenteuerlust, Neugier, Beharrlichkeit, Ihren Humor).
- Denken Sie an Ihre Kindheit zurück und erinnern Sie sich an besonders hervorstechende Momente der Verspieltheit, Zuneigung oder des Staunens.
- Denken Sie an jemandem, dem Sie vertrauen, jemanden,

der Sie schätzt und liebt, und versuchen Sie, sich mit seinen Augen zu sehen.
- Stellen Sie sich Ihr künftiges Selbst vor, das Selbst, das Ihre tiefste Absicht und Ihr größtes Potenzial ausdrückt, das Selbst, in das Sie hineinwachsen.

Ich selbst greife oft auf RAIN zurück, ganz besonders auf das *Nähren,* wenn ich wieder spirituelle Anbindung brauche. Wir lernen, uns selbst die Art von Spiegelung zu geben, die wir als Kind alle gebraucht haben. Probieren Sie die verschiedenen Reflexionen einmal aus und schauen Sie, welche davon für Sie funktionieren. (Ebenso wie es viele Arten guter Erziehung gibt, gibt es viele verschiedene Zugänge zu spirituellem *Nähren.*) Damit lösen Sie die Ängste und Selbstzweifel auf, die in Jahren verzerrter Spiegelung entstanden sind – und dafür sind viele Übungsrunden vonnöten. Nehmen Sie sich bei jeder Runde auch Zeit für das Hinterher, das Verweilen *nach RAIN,* um wahrzunehmen, wo Sie stehen, wenn Sie die *nährende* Kraft und das *Genährtsein* spüren. Je häufiger Sie einen Vorgeschmack auf Ihr grundlegendes Gutsein bekommen, desto einfacher wird es im Alltag, sich mit dem inneren Gold zu verbinden.

Für andere zu einem Spiegel des Gutseins werden

»Es tut nicht weh, jemanden zu hoch einzuschätzen; denn oft wird er sich dadurch veredelt fühlen und anders handeln können«, schrieb Nelson Mandela.

Können Sie sich einer positiven Spiegelung von jemandem entsinnen, die für Sie einen Unterschied bewirkt hat? Ich kann mich durchaus an Momente erinnern, die mein Selbstvertrauen einschneidend und lebensverändernd gestärkt haben. Da gab es die

Mutter einer Freundin, die mir sagte, ich hätte eine besondere Art zuzuhören, mit der ich anderen helfen könnte. Da gab es den Studenten von der Harvard Divinity School, einen älteren Bruder einer Freundin, der auf meine bohrenden philosophischen Fragen mit dem Kommentar reagierte, ich hätte »spirituelle Tiefe«. Und als ich gerade anfing, mich ernsthaft auf Yoga einzulassen, sagte mir meine Yoga-Lehrerin eines Tages, sie spüre meine Hingabe an den Pfad. Diese wenigen Worte halfen mir, mich selbst zu *erkennen* und auf mich zu vertrauen. Sie wurden meine Gefährten auf meinem Weg, und wenn ich mich an diese Wirkung erinnere, inspiriert es mich noch heute, selbst anderen eine solche Spiegelung zu schenken.

REFLEXION: WOHLTÄTER, DIE SIE GENÄHRT HABEN

Setzen Sie sich bequem hin, schließen Sie die Augen und entspannen Sie sich. Vergegenwärtigen Sie sich, wenn Sie jetzt Rückblick auf Ihr Leben halten, eine Person, die Sie positiv beeinflusst hat. Stellen Sie sich die Frage: »Wann hat dieser Mensch mir etwas über mich gespiegelt, das mir geholfen hat, auf mein eigenes Gutsein zu vertrauen?« Kommt eine Erinnerung auf, dann halten Sie inne und erlauben Sie sich, diese Person wertzuschätzen und wahrzunehmen, wie ihre Worte oder ihr Tun Sie genährt haben.

Ein Spiegel des Gutseins zu werden ist bewusstes Üben radikalen Mitgefühls. Wenn wir in Trance sind – besorgt, in Angst, reaktiv, in Automatismen gefangen –, sind wir oft blind gegenüber dem Gutsein der anderen. Stattdessen fixieren wir uns auf das, was wir nicht mögen, was falsch und unrecht zu sein scheint. Wenn wir klar werden wollen und nährender Spiegel für andere, dann müssen wir erst einmal unser Bewusstsein, unsere Präsenz und unsere Absichten stärken.

Das Gutsein sehen lernen: Drei Schlüsselfragen

- Was ist dieser Person wirklich wichtig?
- Schaue ich gerade mit klarem Blick?
- Auf welche Weise kann ich anderen am besten ihr Gutsein bewusst machen?

Was ist dieser Person wirklich wichtig?

Logan, ein junger Mann, der an einigen unserer Retreats teilgenommen hatte, ging ständig hart mit sich zu Gericht und war voller Selbstzweifel. Während eines unserer Gespräche fragte ich ihn, ob es kürzlich vielleicht einen Moment gegeben habe, in dem er sich eine Ruhepause gegönnt und sich mit sich selbst wohl und zu Hause gefühlt habe. Ja, am Tag zuvor sei da so ein Moment gewesen, antwortete er. Bei einer Meditation hatte er eine ältere Frau bemerkt, die gegenüber auf einem Stuhl saß. Ihre Beine baumelten herunter, weil sie nicht bis zum Boden reichten, und das sah so unbequem aus, dass er aufstand und ihr ein Kissen brachte und es unterlegte. Als er an seinen Platz zurückkehrte, bemerkte er ein Gefühl innerer Wärme, Verbundenheit und des Friedens.

Ich wartete eine Minute, bevor ich sagte: »Logan, das war so fürsorglich von dir. Ich sehe, wie wichtig es dir ist, freundlich zu sein, und dass du das lebst.« In unserem weiteren Gespräch sagte ich ihm, ich sei zuversichtlich, dass er anderen eine Menge zu bieten habe und dass er einen guten Meditationslehrer abgeben würde. Am Ende dankte ich ihm, dass er der älteren Frau gegenüber – die zufälligerweise meine Mutter war! – so gütig gewesen sei. Wir gingen unter Tränen auseinander, beide berührt von unserer Reflexion über die Güte.

Zwei Jahre darauf gab Logan Meditationsunterricht in Gefängnissen und arbeitete außerdem mit Jugendlichen. In einer E-Mail schrieb er mir von einem siebzehn Jahre alten Mädchen, die in unerbittlicher Selbstkritik gefangen zu sein schien. Während eines Jugendlichen-Retreats, das er mit angeleitet hatte, hatte er sie gefragt, ob sie sich an einen Moment erinnern könne, in dem sie sich wohlgefühlt habe. Sie erzählte ihm, sie habe jemandem in ihrer Meditationsgruppe geholfen. Genau wie ich ihm damals spiegelte er ihr ihre Güte und ihr Gutsein zurück. Und als er fragte, wie sie sich gefühlt habe, als sie der anderen Jugendlichen geholfen habe, wurde ihr Gesicht weich. »Ich hatte das Gefühl, dass nichts verkehrt war an mir«, sagte sie.

Wenn jemand tut, was er liebt, kann man deutlich sein Gutsein sehen. In einem solchen Augenblick spürt man, was ihm wirklich wichtig ist, was ihn ganz lebendig macht. Erinnert man ihn an dieses Gutsein, kann ihm dies helfen, eine lebenslange Abneigung gegen sich selbst oder eine Selbstentfremdung aufzulösen. Fragen wir uns selbst: »Was ist dieser Person am allerwichtigsten?«, dann können wir hinter die oberflächlichen Wünsche und Ängste – die Schutzschichten des Egos – schauen und der betreffenden Person helfen, dasselbe zu tun.

Schaue ich gerade mit klarem Blick?

Oft sehen wir die Menschen, die uns am nächsten stehen, mit den Augen der Gewohnheit und enthalten ihnen eine Spiegelung vor. Wir sind in Trance, gefangen in unserer Vorstellung davon, wie sie sind und wie sie denken und fühlen. Um es mit den Worten des Dichters T. S. Eliot zu sagen:

Was wir von anderen wissen,
Ist nur unsere Erinnerung an Momente,
In denen wir sie kannten. Und seitdem haben sie sich verändert. […]
Uns sollte stets gegenwärtig sein,
Dass wir bei jeder Begegnung einen Fremden treffen.

Um das Vertrautheitsmuster zu überwinden, müssen wir uns darin üben, immer wieder mit neuen Augen hinzusehen und wirklich neugierig zu werden. Ein Trick, der für mich gut funktioniert, besteht darin, jemandem in die Augen zu schauen und mich zu fragen, welche Farbe sie eigentlich haben. Und diese Frage dann darauf auszuweiten, wer mich denn da anschaut. Weiß ich, was ihm in diesem Augenblick wirklich wichtig ist? Welche Präsenz und Zuwendung würde ich ihm anbieten, wenn ich ihn jetzt gerade zum ersten oder letzten Mal sehen würde? Und an was konkret in seinem grundlegenden Gutsein würde ich mich erinnern, wenn er nicht mehr da wäre?

Manchmal suche ich mir eine Person aus und mache es mir, genau wie Jonos Eltern es mit ihm hielten, für ein paar Wochen zur Übung, zu schauen, wie sich ihr grundlegendes Gutsein in ihrem Leben ausdrückt.

Schau nach den Dingen in ihnen, die du vielleicht wegen eurer Vertrautheit übersehen hast. Denn Vertrautheit erzeugt Schalheit, Blindheit und Langeweile. Du kannst nicht lieben, was du nicht mit neuen Augen sehen kannst. Du kannst nicht lieben, was du nicht ständig neu entdeckst.

ANTHONY DE MELLO

Auf welche Weise kann ich anderen am besten ihr Gutsein bewusst machen?

Der Ausdruck unserer Wertschätzung ist eine intime Gabe, und vielleicht sind wir schüchtern, fühlen uns unbehaglich oder fürchten, dass unser Kommentar nicht gern gehört wird. Vielleicht denken wir, wir seien nicht wichtig genug für den anderen, als dass das, was uns auffällt, eine Rolle spielen würde. Oder es gehört ganz einfach nicht zu unseren Gewohnheiten.

Die Autorin und Ärztin Rachel Naomi Remen erzählt von ihrem

Großvater, einem Rabbi, der sie *Neshume-le* nannte, was so viel wie »geliebte kleine Seele« bedeutet. Diese Worte fühlten sich für sie wie Segnungen an, sie gaben ihr großen Trost und das Vertrauen in ihren Platz auf dieser Welt. Nach seinem Tod erzählte Rachel ihrer Mutter, wie viel ihr diese Worte bedeutet hätten. Ihre Mutter antwortete: »Ich habe dich jeden Tag deines Lebens gesegnet, Rachel. Ich war nur nicht weise genug, das auch laut auszusprechen.«

Meiner Erfahrung nach bereitet inneres Training wie zum Beispiel die bewusste Reflexion über das Gutsein uns darauf vor, unsere Wertschätzung mit mehr Natürlichkeit auszudrücken. Aus diesem Grund bat ich Jonos Eltern, über sein Gutsein nachzudenken und damit ihre Aufmerksamkeit auf einen anderen Fokus zu verlagern.

Im Buddhismus tut die Meditation der Liebenden Güte, die *Metta*-Meditation, genau dies. Traditionellerweise denken wir in dieser Meditation über das Gutsein eines immer größeren Kreises von Lebewesen nach – bis wir schließlich das Leben insgesamt mit einschließen – sowie über eine Reihe bestimmter guter Wünsche. Über die letzten Jahrzehnte hat sich für mich herauskristallisiert, dass diese Meditation tiefer geht und kraftvoller wird, wenn wir Bildsymbolik, Berührung und geflüsterte Worte mit einbeziehen. Wie bereits erwähnt, haben Schüler von mir es als tief einschneidend für ihr Leben empfunden, wenn sie sich liebende Güte schenkten, indem sie sich eine Hand aufs Herz legten und flüsterten: »Es ist in Ordnung, mein Schatz«, »Das gehört dazu«, »Mögest du glücklich sein« oder welche Botschaft auch immer am tröstlichsten sein mag.

Durch meine eigenen Experimente habe ich zu einer Praxis gefunden, die ich bis heute verfolge. Gegen Ende eines einmonatigen Schweige-Retreats war ich während eines Abendessens berührt von der Freundlichkeit und Güte eines älteren Mannes, der nicht weit von mir saß. Ich stellte mir plötzlich vor, ich stünde vor ihm und wir schauten einander an; dann schloss er in meiner Vorstellung die

Augen, und ich küsste ihn auf die Stirn. Das Bild ließ eine Woge der Zärtlichkeit in mir aufsteigen, ein Gefühl von Seelenverbindung. Seitdem habe ich diese Übung innerlich mit den Menschen gemacht, die mir nahestehen, und ebenso mit Menschen, die ich nicht kenne oder noch nie gesehen habe. Ich halte inne, um ihr Gutsein zu sehen, und stelle mir vor, ich würde ihnen eine liebevolle Geste darbieten – einen Kuss auf die Stirn, eine sanfte Berührung ihres Gesichts oder eine leichte Umarmung. Oft verbinde ich das mit einem guten Wunsch, mal im Stillen, mal leise geflüstert. Diese umfassende, auch körperliche Praxis schenkt mir Zugang zu einem warmen, zärtlichen Herzraum – einem Kommunikationsbereich, der, egal, über wen ich gerade nachgedacht habe, mich selbst und alle Lebewesen mit einschließt.

Diese Meditation fordert mich außerdem auf, meinen Segen laut auszusprechen. Wenn ich mit jemandem zusammen bin, über den ich so nachgedacht habe, ist da ein unmittelbareres Gefühl von Innigkeit. Ich kann sein grundlegendes Gutsein leichter erkennen und überlegen: »Wie kann ich ihn das wissen lassen?«

Reflexion: Aufwärmübung, um »es laut auszusprechen«

Nehmen Sie sich einige Minuten Zeit, um sich zu entspannen und den Geist zur Ruhe kommen zu lassen. Denken Sie, sobald Sie sich präsent fühlen, an eine Person, die Ihnen nahesteht. Vergegenwärtigen Sie sich, was Sie an ihr schätzen und lieben – vielleicht ihren liebevollen Blick, ihre Heiterkeit, ihren Humor, ihre Ehrlichkeit. Nehmen Sie die Wärme dieser Wertschätzung in Ihrem Körper wahr.

Stellen Sie sich nun vor, Sie wären direkt mit dieser Person zusammen und würden ihr im Einzelnen erzählen, wie Sie ihr Gutsein erleben. Wie empfängt sie Ihre Spiegelung? Wie fühlen Sie sich mit Ihrer Gabe? Wie beeinflusst diese Mitteilung Ihr Verbundenheitsgefühl?

Nehmen Sie sich, wenn Sie die Übung beenden, einen Augenblick Zeit, um die Absicht zu bekräftigen, Ihre Wertschätzung direkt zu übermitteln.

ZEHN MÖGLICHKEITEN, DIE PRAXIS DER LIEBENDEN GÜTE IM ALLTAG LEBENDIG WERDEN ZU LASSEN

- Fassen Sie den Vorsatz, eine Woche lang jeden Morgen über das Gutsein der Menschen nachzudenken, mit denen Sie zusammenleben oder am regelmäßigsten zusammenkommen. Bieten Sie ihnen dann, wann immer Sie sich im Laufe des Tages daran erinnern, im Stillen Ihr Gebet dar.
- Halten Sie, wann immer jemand, den Sie kennen, Irritation oder Unsicherheitsgefühle bei Ihnen auslöst, inne und vergegenwärtigen Sie sich ein konkretes Beispiel für das Gutsein dieser Person. Flüstern Sie im Stillen: »Mögest du glücklich sein.«
- Suchen Sie sich eine »neutrale« Person aus, der Sie regelmäßig begegnen. Vergegenwärtigen Sie sich immer dann, wenn Sie ihr im Laufe der Woche begegnen, ihr Gutsein und wünschen Sie ihr im Stillen Gutes. Beachten Sie, ob sich Ihre Gefühle dieser Person gegenüber verändern.
- Suchen Sie sich eine »schwierige« Person aus und denken Sie täglich zu einer festgelegten Zeit über ihr Gutsein nach. Stellen Sie sich, nachdem Sie mindestens zwei Wochen lang Gebete der Liebenden Güte für sie gesprochen haben, die Frage: »Haben sich meine Gefühle verändert?

Hat sich ihr Verhalten mir gegenüber in irgendeiner Weise verändert?«

- Schauen Sie, was passiert, wenn Sie jemandem von dem Gutsein erzählen, das Sie in ihm sehen.
- Experimentieren Sie mit Worten, Bildern oder Gesten, die ein echtes Gefühl von Verbundenheit und Fürsorge wecken, damit Ihre Praxis frisch und lebendig bleibt.
- Was passiert, wenn Sie Ihr an sich selbst oder eine andere Person gerichtetes Gebet einmal tatsächlich laut aussprechen?
- Was passiert, wenn Sie den Namen der Person, für die Sie beten, aussprechen?
- Stellen Sie sich vor, dass die Menschen, für die Sie beten, in Ihrem Herzen gehalten sind, und nehmen Sie wahr, wie sich das anfühlt.
- Visualisieren Sie diese Menschen, wie sie sich durch Ihr Gebet geheilt und geliebt und aufgerichtet fühlen.

Schon ein paar wenige Momente in der Reflexion über das Gutsein und im Gebet der Liebenden Güte vermögen uns wieder mit der Reinheit unseres liebenden Herzens zu verbinden.

Vorurteile überwinden: Das Gutsein in allen Wesen sehen

Könnten Sie sich vorstellen, das Herz und die Seele derer wertzuschätzen, mit denen Sie während Ihres Alltags zu tun haben, und ebenso die Schönheit der Wolken, der Vögel, der Gräser und Bäume? Natürlich beziehen Sie auch ein, was schmerzhaft ist, wie vielleicht Ihren Ärger über jemanden, der Sie verletzt hat, oder das Leid einer Freundin, deren Partner an Alzheimer erkrankt ist. Doch gibt es da ein Gewahrsein, das sich an das Gutsein erinnert, das unser Sein belebt. Thomas Merton schrieb: »Das Leben ist ganz einfach: Wir leben in einer Welt, die absolut transparent ist, und das Göttliche scheint die ganze Zeit durch sie hindurch. Das ist nicht etwa eine nette Geschichte oder ein Märchen, es ist die Wahrheit.«

Bei einem Weihnachtsgottesdienst wurde einmal eine Geschichte vorgelesen, die genau dies verdeutlichte.

Eine Frau, ihr Mann und ihr einjähriger Sohn waren am ersten Weihnachtsfeiertag lange unterwegs gewesen, bis sie endlich ein offenes Lokal an der Straße fanden.

Es war still und fast leer, und sie warteten dankbar auf ihr Essen, als der kleine Junge von seinem Kinderstuhl aus plötzlich jemandem hinter ihnen zuwinkte und rief: »Hallo, hallo!« Zum Entsetzen der Mutter war da ein Wrack von einem Mann, ungepflegt und dreckig, ganz offensichtlich ein betrunkener Obdachloser. Jetzt winkte er dem Kind zurück und rief: »Hallo, Kleiner, hallo, Süßer. Ich seh dich, Kumpel.«

Die Frau und ihr Mann warfen sich bedeutsame Blicke zu, und die paar anderen Leute im Lokal schauten missbilligend in ihre Richtung. Der Alte machte weiter, auch als ihr Essen schon auf dem Tisch stand. »Kennst du Backe, backe Kuchen? Guter Junge … Kennst du Kuckuck, Kuckuck? He, sag bloß, er kennt Kuckuck, Kuckuck.« Die Mutter versuchte, den Stuhl in eine andere Richtung zu drehen, doch ihr Sohn kreischte fröhlich und drehte sich so weit um, bis er seinen neuen Freund sehen konnte.

Schließlich brachen sie die Mahlzeit ab, ihr Mann stand auf, um die Rechnung zu bezahlen, und die Mutter nahm ihr Kind auf den Arm in der Hoffnung, sie komme schnell an dem betrunkenen Alten vorbei, der bei der Tür saß. Doch als sie an ihm vorbeikamen, streckte ihr Sohn beide Arme aus – sein Nimm-mich-in-den-Arm-Signal – und warf sich dem Mann in dessen offene Arme.

Doch nun konnte die Mutter Tränen in den Augen des Mannes sehen, als ihr Sohn seinen Kopf an dessen Schulter lehnte. Er hielt ihn und wiegte ihn sanft in seinen Armen, dann sah er ihr direkt in die Augen. »Achten Sie gut auf dieses Kind«, sagte er nachdrücklich. Und als er ihn ihr langsam zurückgab: »Gott segne Sie, gute Frau. Sie haben mir ein großes Weihnachtsgeschenk gemacht.«

Sie murmelte irgendetwas Unverständliches als Antwort, doch als sie zum Auto eilte, liefen ihr die Tränen über die Wangen, und sie hatte nur einen Gedanken im Kopf: »O Gott, o Gott, bitte vergib mir.«

Als ich diese Geschichte hörte, spürte ich ein tiefes, schmerzliches Bedauern gegenüber allen Lebewesen, die ich nicht richtig wahrgenommen hatte. Zu lernen, das zu erkennen, was Merton »verborgene Schönheit« nennt, ist eine Entwicklungsaufgabe für uns alle: Es ist das innerste Wesen des radikalen Mitgefühls. Wir müssen uns spirituell ganz neu dazu erziehen, das Gutsein in den anderen zu erkennen und ihnen zu helfen, auf den Menschen zu vertrauen, der sie sind.

Doch wie ich im nächsten Kapitel ausführlich erläutern werde, sind wir darauf konditioniert, unsere Aufmerksamkeit auf einige wenige Menschen zu beschränken und viele andere in Blitzesschnelle abzuurteilen. Um uns und unsere Welt heilen zu können, müssen wir unsere Zuwendung bewusst über diesen unseren kleinen Kreis von Familie und Freunden hinaus ausdehnen.

Meditation: Die verborgene Schönheit sehen

Die buddhistische Metta-Meditation oder Meditation der Liebenden Güte erweckt unsere Fähigkeit zu bedingungsloser Freundlichkeit und Liebe. Unser Herz öffnet sich, wenn wir unsere Aufmerksamkeit auf das uns und allen Wesen innewohnende Gutsein richten.

Setzen Sie sich bequem und entspannt hin. Lassen Sie alle Anspannung in Schultern, Händen und Bauch los. Nehmen Sie wahr, wie sich ein Lächeln in Ihren Augen ausbreitet und das Gesicht ringsum weich wird. Auf die Lippen legt sich ein leichtes Lächeln, das Sie auch im Innern des Mundes wahrnehmen. Lächeln Sie in Ihr Herz hinein und stellen Sie sich vor, wie sich das Lächeln ausdehnt und im gesamten Herz- und Brustbereich einen zarten, empfänglichen Raum entstehen lässt.

Nehmen Sie jetzt jemanden in Ihr Herz auf, den Sie lieben und zu dem Sie idealerweise eine unkomplizierte Beziehung haben. Lassen Sie sich etwas Zeit, um sich die von Ihnen am meisten geschätzten Eigenschaften dieser Person zu vergegenwärtigen. Denken Sie an ihre Intelligenz, Freundlichkeit, Lebendigkeit, an ihren Sinn für Humor. Sehen Sie die Person vor sich, wenn sie voller Liebe für Sie ist. Seien Sie sich ihres guten, wachen, liebevollen Kerns gewahr. Flüstern Sie innerlich ihren Namen und das Wort »danke« und nehmen Sie wahr, wie Ihre Wertschätzung für diese Person Ihr Herz erfüllt. Nehmen Sie sich einige Augenblicke Zeit, um ihr Ihre Liebe mitzuteilen, indem Sie innerlich das Gebet oder den Satz flüstern, der für Sie am besten ausdrückt, was Sie ihr an Gutem wünschen. Sie könnten sich auch vorstellen, ihr eine Geste der Liebe zu schenken (sie auf die Stirn zu küssen, ihre Wange zu streicheln, sie zu umarmen).

Wenden Sie nun die Aufmerksamkeit sich selbst und der Liebe in Ihrem Herzen zu. Nehmen Sie sich Zeit, um Ihr eigenes Gutsein wirken zu lassen – diese Liebe für jemand anderen und sonstige Eigenschaften, die Ihnen gerade einfallen. Nehmen Sie Ihr tiefes Streben wahr – hin zu Liebe und Wahrheit, dazu, voll und ganz zu leben – und das Gutsein in der Absicht Ihres Herzens.

Falls es Ihnen schwerfällt, sich mit dem eigenen Gutsein zu verbinden, dann denken Sie an jemanden, dem Sie vertrauen und der Sie liebt, und betrachten Sie sich mit seinen Augen. Schauen Sie nur, wer hier unter der oberflächlichen Konditionierung steckt, das Wesen, in das Sie sich hineinentwickeln (Ihr künftiges oder wahres Selbst). Sehen Sie Ihr eigenes Gutsein, können Sie sich ebenfalls eine zärtliche Geste der Liebe schenken und sich zum Beispiel eine Hand leicht aufs Herz legen und sich im Stillen Worte der Liebe zuflüstern.

Weiten Sie nun Ihren Kreis der liebenden Anteilnahme aus, indem Sie an eine »neutrale« Person denken. (Dabei könnte es sich um jemanden handeln, den Sie zwar regelmäßig sehen, aber nicht gut kennen oder auch nicht besonders mögen.) Nehmen Sie sich einen Moment Zeit, um sich zu vergegenwärtigen, wie diese Person aussieht, sich bewegt und redet. Versuchen Sie sich jetzt vorzustellen, wie derjenige ein geliebtes Kind ansieht … oder von der Schönheit von Neuschnee ergriffen ist … oder locker und entspannt lacht. Denken Sie daran, dass derjenige glücklich sein und nicht leiden möchte. Und stellen Sie sich nun vor, während diese Person in Ihnen lebendig wird, dass Sie ihr eine Geste der Liebe und gute Wünsche darbieten.

Vergegenwärtigen Sie sich nun jemanden, mit dem Sie eine schwierige Beziehung verbindet – vielleicht jemanden, der Wut, Angst oder Schmerz hervorruft. Lenken Sie zunächst eine liebevolle, urteilsfreie Aufmerksamkeit auf Ihre eigenen Gefühle. Versuchen Sie, wenn Sie sich dann wieder dieser für Sie schwierigen Person zuwenden, hinter ihre Schutzschicht zu schauen. Versuchen Sie, irgendeinen Aspekt ihres grundlegenden Gutseins zu sehen. Vielleicht hilft es, sie sich als kleines, friedlich schlafendes Kind vorzustellen oder auch ganz im Gegenteil als jemanden, der gerade gestorben ist. Fällt Ihnen irgendetwas an dieser Person ein, das Sie bewundern, irgendeine Eigenschaft wie Hingabe, Fürsorglichkeit oder Kreativität? Vergegenwärtigen Sie sich, auch wenn es schwerfallen sollte, das Gutsein dieser Person und die Tatsache, dass jeder Mensch glücklich sein möchte und vermeiden will zu leiden. Denken Sie daran, dass das Leben für diese Person ebenso wichtig ist wie für Sie. Halten Sie sie in freundlicher Aufmerksamkeit und stellen Sie sich vor, ihr eine Geste der Zuwendung und/oder Ihr Gebet zu widmen.

Stellen Sie sich als Nächstes vor, dass Sie all die Menschen, für die Sie gerade gebetet haben, zusammenbringen – die Ihnen nahestehende Person, Sie selbst, die neutrale Person, die schwierige. Halten Sie sich und diese anderen in Ihrem Herzen und nehmen Sie das gemeinsame Menschsein wahr, die Verletzlichkeit und das grundlegende Gutsein. Senden Sie Gebete mit guten Wünschen an alle zugleich und erkennen Sie, dass Sie alle im selben Boot sitzen.

Erlauben Sie schließlich Ihrem Gewahrsein, sich in alle Richtungen zu öffnen – nach vorn, zu den Seiten, nach hinten, nach unten und oben. Ihre liebende Präsenz hält alle Lebewesen in diesem weiten Raum: die wilden Kreaturen, die fliegen und schwimmen und über die Felder laufen; die Hunde und Katzen, die in unseren Häusern leben; die Lebensformen, die vom Aussterben bedroht sind; die Bäume und Gräser und Blumen; die Kinder überall auf der Welt; Menschen in größter Armut und die ganz Reichen; die Menschen, die im Krieg, und diejenigen, die im Frieden leben; die Sterbenden und die Neugeborenen. Stellen Sie sich vor, Sie können unsere Mutter Erde in Ihrem Schoß und alles Leben überall auf der Welt in Ihrem grenzenlosen Herzen halten. Beten Sie noch einmal im Gewahrsein des Gutseins, das allen Lebewesen innewohnt.

Im Verweilen *nach RAIN* können Sie sich die Frage stellen: »Wer bin ich, wenn ich liebevolle Wünsche aussende?« Lassen Sie sich in

Offenheit und Stille ruhen und alles, was in Ihrem Herzen und Gewahrsein auftauchen mag, von liebender Güte berühren.

FRAGEN UND ANTWORTEN

Hat denn wirklich jeder diese verborgene Schönheit? Wie steht es mit Stalin, Hitler, Idi Amin? Sind manche Menschen nicht einfach nur böse?

Je mehr wir über die vielzähligen Faktoren wissen, die die Charakterbildung beeinflussen – Genetik, intergenerationales Trauma, Kindesmissbrauch, soziale Unterdrückung, Krieg –, umso schwieriger wird es, einen Menschen als böse abzuschreiben. Wie der russische Schriftsteller Alexander Solschenizyn es ausdrückte, der unter den Sowjets viele Jahre in Arbeitslagern verbrachte:

»Wenn es nur so einfach wäre! – dass irgendwo schwarze Menschen mit böser Absicht schwarze Werke vollbringen und es nur darauf ankäme, sie unter den übrigen zu erkennen und zu vernichten. Aber der Strich, der das Gute vom Bösen trennt, durchkreuzt das Herz eines jeden Menschen. Und wer mag von seinem Herzen ein Stück vernichten?«

Mitunter ist die menschliche Psyche so gestört oder verletzt, dass das Gutsein so gut wie gar nicht erkennbar ist. Doch wenn wir uns erinnern, dass diese »schwarzen« Menschen einst hilflose Kinder waren; wenn wir sie weinend vor Schmerz, verzweifelt nach Liebe oder Aufmerksamkeit heischend, vor uns sehen; wenn wir wissen, dass sie nicht leiden wollen – vielleicht können wir dann auch in ihnen so etwas wie universelle Ströme des Gutseins erahnen.

Ich muss oft an die Worte eines tibetischen Lehrers denken: »Die Essenz des menschlichen Mutes besteht darin, sich zu weigern, einen Menschen aufzugeben.« Jedem Menschen grundlegendes

Gutsein zu unterstellen hilft uns, zusammen mit den Unzulänglichkeiten der anderen unsere eigenen Unvollkommenheiten zu akzeptieren. Egal, wie tief jemand in Hass, Wut oder Sucht vergraben sein mag, das Gutsein und das Potenzial, in dieses Gutsein hinein zu erwachen, sind immer da. Wenn wir es herbeirufen wollen, ist das Vertrauen in das Gold von wesentlicher Bedeutung.

Was ist, wenn jemandem, den ich sein Gutsein wissen lasse, nur das Ego anschwillt und es ihn für seine Schwächen blind macht?

Diese Frage führt uns zu dem Unterschied zwischen dem »guten Selbst« einer Person (den Ego-Eigenschaften, die uns soziale Akzeptanz bescheren) und der Bedeutung von »grundlegendem Gutsein« zurück. Ein angemessenes Lob des »guten Selbst« – wie zum Beispiel die Würdigung seiner Sportlichkeit, Klugheit, physischen Schönheit oder mathematischen Fähigkeiten – kann auf kurze Sicht bestätigend, ja sogar motivierend sein. Doch wie Sie schon gesagt haben: Übermäßiges Lob könnte dazu führen, dass sich derjenige auf ungesunde Weise aufbläht. Oder – noch wichtiger – es wäre sogar eine stressfördernde Botschaft nach dem Motto: Wir müssen uns die Anerkennung und Liebe der anderen ständig *verdienen*.

Im Gegensatz dazu erkennen wir, wenn wir den Menschen ihr grundlegendes Gutsein spiegeln, die universellen Eigenschaften der Liebe und des Gewahrseins an, genau so, wie sie in ihnen zum Ausdruck kommen. Wir spiegeln die Wahrheit dessen, wer sie sind, jenseits aller veränderlichen Fähigkeiten. Weit entfernt davon, ihr Ego aufzuplustern, versetzt diese Botschaft sie in die Lage, ihre Zugehörigkeit zum Leben zu spüren, und schenkt ihnen den Frieden, der aus dem Wissen erwächst, dass wir alle Teil des Ganzen sind.

Wenn Sie an Ihr eigenes Leben denken, können Sie den Unterschied spüren. Über die Jahre habe ich festgestellt, dass, ganz egal, was mein »gutes Selbst« erreicht, dies die Trance der Unzulänglichkeit nicht lindert. Doch wann immer ich mich an das grundlegende Gutsein erinnere – nämlich dann, wenn ich liebende Verbundenheit, Präsenz, Ehrfurcht oder Dankbarkeit empfinde –, ist das Selbstwertgefühl gar kein Thema mehr. Dann bin ich in meinem wahren Selbst zu Hause.

Sie können sich Ihr wahres Selbst wie einen Ozean vorstellen, dessen Wellen sich an der Oberfläche ständig verändern. Wenn Sie wissen, dass Sie der Ozean sind, machen Ihnen die Wellen keine Angst. (Dagegen werden Sie womöglich seekrank, wenn Sie es vergessen.) Indem wir Menschen helfen, ihr Gutsein – ihr Ozeansein – zu sehen, macht sie das nicht blind für die Ego-Wellen an der Oberfläche, die nach Aufmerksamkeit verlangen. Im Gegenteil, wie ich immer wieder erleben durfte, wächst mit zunehmendem Vertrauen in unser grundlegendes Gutsein unsere Hingabe, die Achtsamkeit und das Mitgefühl von RAIN überall dort anzusetzen, wo Schmerz und Abgetrenntheit verursacht werden.

10

RAIN des Mitgefühls

Dein Weg besteht nicht darin, nach Liebe zu suchen, sondern einfach nur darin, in dir alle Hindernisse zu suchen und zu finden, die du selbst gegen sie aufgestellt hast.

RUMI

Falls du hergekommen bist, um mir zu helfen, vergeudest du nur deine Zeit. Bist du aber hier, weil deine Befreiung mit der meinen verbunden ist, dann lass uns zusammenarbeiten.

EINE GRUPPE VON AKTIVISTEN DER ABORIGINES, QUEENSLAND, 1970ER-JAHRE

DER LANGJÄHRIGE GEFANGENE und Meditierende Jarvis Jay Masters war gerade beim Hofgang in San Quentin, als eine Möwe in einer Pfütze landete. Da sah er einen jungen großen Häftling, wie er einen Stein aufhob, um die Möwe damit zu töten. Ein ungeschriebenes Gesetz im Hof lautete: Kümmere dich um deine Angelegenheiten. Der kleinste Zwischenfall konnte in Gewalt ausarten. Doch Jarvis hob sofort den Arm, um ihn zu stoppen. Wütend rief der junge Mann: »Was soll das?« Jeder, der das sah, erwartete jetzt eine Prügelei. Doch Jarvis antwortete spontan: »Dieser Vogel hat meine Flügel.« Der Jüngere brummte kopfschüttelnd irgendetwas, aber die angespannte Stimmung löste sich auf. Und noch Tage darauf kamen Häftlinge zu Jarvis, um ihn zu fragen: »Was hast du damit gemeint, Jarvis?«

Irgendetwas in uns weiß, was Jarvis Masters meinte. Wenn wir wirklich aufmerksam hinschauen, egal, ob es sich um unseren Hund, eine Lieblingspflanze oder einen Vogel handelt, dann wird dieses Wesen wie zu einem Teil von uns; es ist uns wichtig. Wir haben dieselben Flügel, dieselbe Sehnsucht, erfüllt und frei zu leben. Doch ist uns ebenso die Trance vertraut – wenn Sorgen, Urteile oder das Gefühl der Bedrohung uns dazu verführen, uns zu distanzieren, vor allem von denen, die wir nicht kennen und die anders sind als wir.

Die Trance macht sie zu den unechten anderen, plötzlich sind sie keine fühlenden Subjekte mehr wie wir. In Trance können wir die Tageszeitungen mit all dem Leid lesen – von Häusern, die in Fluten zerstört werden, Flüchtlingsfamilien, die abgewiesen werden, einem weiteren Tod an der Drogenfront, vom Selbstmord eines schwulen Teenagers –, ohne die Wirklichkeit dieser einzelnen Leben zu registrieren. »Ist das nicht schrecklich«, sagen wir dann, oder »Was für ein Glück, dass es nicht mich getroffen hat«, bevor wir uns wieder unserem stressigen Alltag zuwenden.

Aber natürlich sind nicht nur Fremde die unechten anderen. Je gestresster und reaktiver wir sind, umso mehr können auch diejenigen, die wir als unsere Liebsten betrachten, unecht werden. Genau so, wie wir unser Gefühl für ihr grundlegendes Gutsein abschalten können, kann sich unser Herz verschließen, um uns vor ihrer Verletzlichkeit zu schützen. Machen wir uns gefühllos für ihren Schmerz und ihre Ängste, dann sind wir auch nicht mehr in der Lage, mit Wärme und Zärtlichkeit auf sie einzugehen.

Und doch besitzt jeder von uns das Potenzial, allen Wesen in dem Geist von »Dieser Vogel hat meine Flügel« zu begegnen. Mit dieser Erkenntnis kommt das Glück echter Offenheit und Herzenswärme, sie bringt die Hoffnung für eine Heilung unseres Planeten. In diesem Kapitel wollen wir erkunden, wie das durch RAIN erweckte radikale Mitgefühl die Trance der Distanzierung auflöst.

Die evolutionsbedingten Wurzeln der unechten anderen

Unsere tiefe Konditionierung, andere Menschen als unechte andere wahrzunehmen, hatte ursprünglich mit unserem Überleben zu tun. Über Millionen Jahre lebten unsere frühesten Vorfahren in kleinen, voneinander isolierten Gruppen, in denen Vertrautheit Sicherheit bedeutete und jeder Fremde eine mögliche Bedrohung darstellte. Diese Gruppen nannten sich »das Volk« oder »Menschen«. Andere Gruppen waren »weniger als menschlich«, Feinde, die es zu hassen und/oder zu fürchten galt. Und weil »das Volk« anders und überlegen war, zögerte es nicht, andere Gruppen anzugreifen und zu verletzen: Da sie keine Menschen sind, können wir ihnen Schaden zufügen, sie bestehlen, zu Sklaven machen, töten.

Vor etwa 70 000 Jahren dann erlebten die Menschen eine kognitive Revolution, die durch eine dramatische Veränderung in der Sprache, Kommunikation und Zusammenarbeit gekennzeichnet war. Körperlich hing dies mit einer radikalen Evolution des Gehirns zusammen, die ihren Höhepunkt in der Entwicklung des präfrontalen Kortex fand mit seiner Fähigkeit zu Achtsamkeit und Vernunft, Mitleid und Mitgefühl sowie dazu, die Überlebensreaktionen unseres Stammhirns zu beruhigen und zu regulieren.

Diese kognitive Revolution kurbelte eine Kommunikation zwischen den Gemeinschaften an und richtete unsere Evolution auf entscheidende Weise neu aus: auf unsere Entfaltung hin zu einer wechselseitig abhängigen, globalen Gemeinschaft. Und trotzdem existiert der unechte andere in den primitivsten Teilen unseres Gehirns weiter, nur dass dies jetzt unserem Überleben entgegenwirkt und uns in einer regressiven, schädlichen Trance gefangen nimmt: Es fördert institutionalisierten Rassismus, Klassenbewusstsein, die Unterdrückung von Geflüchteten und anderen marginalisierten Menschengruppen, eine unvorstellbare Brutalität gegenüber Tieren, Kriege und eine sinnlose Zerstörung des Ökosystems unserer Erde.

Doch während unser altes Reptilhirn die Trance des unechten anderen am Leben erhält, gibt uns unser höher entwickelter präfrontaler Kortex die Werkzeuge an die Hand, diese Trance aufzulösen. Sowohl als Individuen wie auch als Gesellschaft haben wir die Fähigkeit, die Vorurteile zu erkennen, die uns in dem Bereich unterhalb der Linie festgehalten haben. Und sind diese erst einmal bewusst, können wir auch leichter aus einem wachen und umfassenden Herzen heraus handeln.

REFLEXION: SICH UNBEWUSSTE VORURTEILE INS BEWUSSTSEIN RUFEN

Der englische Ausdruck implicit bias *(der im Deutschen als »unbewusste Voreingenommenheit« oder »unbewusste Vorurteile« wiedergegeben werden kann) ist der wissenschaftliche Begriff für die unbewussten oder halbbewussten Stereotype, mit denen wir je nach unserer sozialen Konditionierung Individuen oder Gruppen belegen. Bitte verstehen Sie die folgende Reflexion als Gelegenheit, sich selbst auf die Spur zu kommen, und nicht als Zündstoff für Schuldgefühle und Selbstkritik.*

Denken Sie an Personengruppen:

- mit einer anderen Hautfarbe als der Ihren
- einer anderen ethnischen Gruppe oder Nationalität
- mit einer anderen Religion
- mit einer anderen sexuellen Orientierung
- mit einer anderen Geschlechtszugehörigkeit
- mit anderen Fähigkeiten (oder einer Behinderung)
- einer anderen sozialen Klasse
- mit einer anderen politischen Überzeugung

Führen Sie sich, falls möglich, von jeder Gruppe einige Personen vor Augen, die Ihnen persönlich bekannt sind. Nehmen Sie jedes noch so subtile Urteil wahr, das in Ihnen aufsteigt. Sind diese Menschen weniger intelligent, anständig, attraktiv, liebevoll, spirituell oder fähig oder umgekehrt intelligenter, anständiger etc. als Sie? Stellen Sie sich vor, Ihr Kind oder jemand anders, der Ihnen nahesteht, geht mit jemandem aus einer dieser Gruppen aus. Nehmen Sie Ihre Körperreaktionen wahr, denn sie sind leichter erkennbar als der mentale Ausdruck eines Vorurteils. Beachten Sie im Rückblick bitte auch Folgendes: Neigen Sie dazu, die Gruppe zu beschuldigen, in irgendeiner Weise schlecht oder verkehrt zu sein oder Schaden zu verursachen?

Psychologen und Neurowissenschaftler, die *implicit bias* getestet haben, konnten zeigen, dass diese sich mitunter sogar auf die Fähigkeiten oder den Wert unserer eigenen Gruppe richten.

Erzbischof Desmond Tutu, Friedensnobelpreisträger, ausgezeichnet für seine Bemühungen, die Apartheid zu beenden, erzählt eine einprägsame Geschichte darüber, wie er sich selbst auf die Schliche kam:

> Als ich für das Weltkirchenkonzil arbeitete, hatte ich in Nigeria zu tun und sollte nach Jos fliegen. Ich fuhr also zum Flughafen in Lagos, und als ich ins Flugzeug einstieg, waren die beiden Piloten im Cockpit Schwarze. Juchhu, da wurde ich gleich um zwei Zoll größer. Wissen Sie, das war fantastisch, denn uns Schwarzen hatte man immer gesagt, dass wir das nicht können. Und dann hatten wir einen guten Start, aber in der Luft gerieten wir in den stärksten aller Stürme. Also, das war wirklich schrecklich beängstigend. Und wissen Sie, ich kann es selbst kaum glau-

> ben, aber der erste Gedanke, der mir in den Kopf kam, war: »Hilfe, in dem Cockpit sind keine Weißen. Werden diese Schwarzen das schaffen?« Und natürlich schafften sie es – ich bin ja hier. Aber ich hätte nicht gedacht, dass ich so verkorkst war, dass ich tatsächlich übernommen hatte, was diese ganzen Weißen in Südafrika uns eingetrichtert hatten – nämlich das Vorurteil, dass wir minderwertig und unfähig wären.

Frühe Untersuchungen von Achtsamkeit legen nahe, eine zentrale Wirkung der Achtsamkeitspraxis sei die Reduzierung automatischer Reaktionen. Diese These wird durch jüngere Ergebnisse gestützt, laut denen Achtsamkeitspraxis unbewusste Voreingenommenheit oder Vorurteile Älteren und anderen Ethnien gegenüber reduziert. Sagen wir, Sie assoziieren schwarz mit schlecht und alt mit schlecht. Achtsamkeit löst diese Assoziationen und befähigt dazu, sie wahrzunehmen und infrage zu stellen, sodass Sie einen farbigen oder älteren Menschen klarer und weniger durch gesellschaftlich vorgegebene Vorurteile verzerrt sehen können. Dies ermöglicht es Ihnen, die gemeinsame Verletzlichkeit und Zugehörigkeit zu erkennen.

Die Infragestellung unserer Konditionierung weitet sich auf die ganze Reihe vorgefasster Meinungen aus, die wir vielleicht über andere Völker haben. Sie betrifft außerdem unsere Tendenz, uns von Tieren abgetrennt und für wertvoller als sie zu empfinden.

Ich selbst erlebte ein Erwachen aus dieser scheinbaren Überlegenheit, als ich vor vielen Jahren ein Frühjahrs-Retreat in den Blue Ridge Mountains leitete. Das Meditationszentrum lag nahe einer großen Farm, und während unserer frühmorgendlichen Sessions konnten wir das verzweifelte Muhen von Kühen hören, die gerade von ihren Kälbern getrennt worden waren und um diese trauerten. (In der Fleisch- und Milchindustrie trennen die Bauern die Kälber so früh wie möglich von ihren Müttern, damit Letztere schnell wieder gedeckt werden können.) Die Mutter-Kind-Bindung geht bei allen Säugetieren sehr tief, und jetzt konnte ich mir zum ersten Mal den entsetzlichen Schmerz dieser Mütter und Kinder vorstellen. Anderen ging es genauso. Daher nahmen wir die Kühe und Kälber in unsere tägliche Herzmeditation mit auf. Durch diesen Kontakt zu der Wirklichkeit des enormen, durch die industrielle Landwirtschaft verursachten Leides damals und über die darauffolgenden Jahre kam ich zu einer pflanzenbasierten (veganen) Ernährung.

Die Schritte von RAIN erlauben uns, die Trance in Bezug auf den unechten anderen, die unser Herz anderen Lebewesen gegenüber verschließt, zu erkennen und aufzuheben. Die in RAIN enthaltene Achtsamkeit fragt: »Wie fühlt es sich an, du zu sein?« und kultiviert echtes Verstehen. Das Mitgefühl von RAIN erlaubt uns, auf andere mit einem Herzen einzugehen, das sagt: »Dieser Vogel hat meine Flügel.«

Ein anderes Wesen verstehen: *Erkennen* und *Zulassen*

Den ersten Schritt von RAIN üben wir, indem wir andere Wesen mit der Absicht anschauen zu *erkennen,* was in diesem Augenblick mit ihnen vor sich geht: ihre Stimmung oder Emotionen, das Energieniveau, die Art, wie sie sich ausdrücken, ihre Erscheinung. Dann halten wir bei dem, was zunächst unsere Aufmerksamkeit auf sich zieht, inne und *lassen zu,* was wir sehen. Wir nehmen es auf, ohne zu urteilen.

Ein Video, das ich vor Kurzem sah, illustriert den Einfluss des *Erkennens* und *Zulassens* auf wunderbare Weise.

Unter dem Titel *Look Beyond Borders* wurde es 2016 als Teil einer Studie erstellt, das einige wenige unter den Millionen in Europa gelandeten Geflüchteten mit Menschen aus den Gastländern paarte. Das Video zeigt sie, wie sie einander vier Minuten lang in die Augen schauen. Zuerst sehen wir nervöses Lächeln, Lachen, Tränen. Nach der Stille nimmt die Kamera eine Frau aus Berlin ins

Visier, die zu dem Syrer vor ihr spricht. »Sind Sie allein hier oder mit Ihrer Familie?« – »Allein«, antwortet er leise. Nach einer kurzen Pause fügt er hinzu: »Das ist das Leben. Manchmal schön, manchmal nicht gut.« Dann ist ihre Zeit um; sie stehen auf und umarmen einander fest. Sie sind Wirklichkeit geworden füreinander.

Das ist die Kraft der urteilsfreien, achtsamen Präsenz des *Erkennens* und *Zulassens*. Aber was ist, wenn Sie beim Üben ins Urteilen geraten? Statt sich selbst dafür zu verurteilen, können Sie einfach innerlich RAIN praktizieren, den urteilenden Gedanken *erkennen* und *zulassen,* seine Energie auf der körperlichen Ebene *erkunden* und wahrnehmen und sich dem, was Sie dort vorfinden, in Liebe zuwenden.

Zu sehen, dass es nur ein Gedanke ist, macht den Weg frei für die nächsten RAIN-Schritte und erlaubt Ihnen ein tieferes *Erkunden* – was, wie wir sehen werden, Urteile radikal aufheben kann.

Reflexion: Einander in die Augen schauen

Dies ist meiner Erfahrung nach eine der wirksamsten Übungen zur Auflösung von Trancezuständen. Schauen Sie mal, ob Sie einen Partner, ein Familienmitglied oder eine Freundin haben, der oder die bereit ist, sie mit Ihnen auszuprobieren.

Setzen Sie sich einander gegenüber, sodass die Knie sich fast berühren, und schließen Sie die Augen. Nehmen Sie einige tiefe Atemzüge, entspannen Sie sich und erlauben Sie sich, zur Ruhe zu kommen und präsent zu sein. Besinnen Sie sich auf die beiderseitige Absicht, einander ausdauernd, offen und urteilsfrei Aufmerksamkeit zu widmen. Öffnen Sie nach etwa einer Minute die Augen. Schauen Sie sich fünf Minuten in die Augen. *Erkennen* Sie bzw. nehmen Sie einfach die Erfahrung wahr, die sich zeigt, und *lassen*

Sie sie *zu,* lassen Sie sie da sein. Nehmen Sie sich danach etwas Zeit für einen Erfahrungsaustausch.

Unsere Aufmerksamkeit für den anderen vertiefen: *Erkunden* und *Nähren*

Ruby Sales ist eine Veteranin der Bürgerrechtsbewegung und lebenslange politische Aktivistin mit Schwerpunkt auf Gemeinschaftsbildung auf spiritueller Grundlage. In einem wunderbaren Interview mit Krista Tippett beschreibt sie einen Wendepunkt auf ihrem Weg.

Eines Morgens war Ruby gerade bei ihrer Friseurin, als deren Tochter hereinkam, ganz offensichtlich von einer langen Nacht auf der Straße – erschöpft vom Anschaffen, mit Wunden am Körper, auf Drogen. Als Ruby sie sah, lag ihr plötzlich eine ganz einfache Frage auf den Lippen: »Wo tut es weh?« Bei diesen Worten begann jahrelang aufgestauter Schmerz aus der jungen Frau herauszuströmen. Sie war seit ihrer Kindheit sexuell traumatisiert. Sie hatte alles für sich behalten und nicht einmal ihrer eigenen Mutter davon erzählt. Als sie ihr zuhörte, wurde Ruby klar, dass sie ihre Arbeit erweitern und einen Weg finden musste, wie wir unserem Innenleben, der Art und Weise, wie wir in dieser Welt leben, eine Aufmerksamkeit schenken können, mit der wir die Wurzel des Schmerzes erfassen und zu echtem Verstehen kommen.

»Wo tut es weh?« Wenn Ruby jetzt über Rassismus spricht, meint sie nicht nur den Schmerz der farbigen Menschen. Sie fokussiert sich auch auf das, was sie die spirituelle Krise des weißen Amerika nennt. Sie spricht über die »fünfundvierzig Jahre alte Person in der Appalachen-Region, die jung stirbt und sich entwurzelt fühlt, weil das Weißsein heute so viel unbedeutender ist als gestern«, und über »die weiße Person in Massachusetts, die heroinabhängig ist, weil sie das Gefühl hat, ihr Leben sei sinnlos«. Ruby fordert eine Theologie der Liebe, die selbst diejenigen, die vielleicht als Feinde betrachtet werden, zu verstehen sucht – und sich ihnen fürsorglich zuwendet.

Das *Erkunden* offenbart eine Verletzlichkeit, die ganz natürlich zum *Nähren* führt. Die Frage »Wo tut es weh?« oder in weiterem Sinne »Wie ist es, du zu sein?« beruhigt unser reaktives Stammhirn und weckt Mitleid, Verständnis und Fürsorge.

Für Valarie Kaur, eine Bürgerrechtsanwältin, politische Aktivistin und Sikh, wurde diese Erkundung in den Tagen, Monaten und Jahren nach 9/11 ganz besonders dringlich. Nach dem Sturz der Twin Towers war der erste Mensch, der durch ein Hassverbrechen getötet wurde, ein Sikh, der wie ein Onkel für sie gewesen war. Sein Mörder war ein Mann, der sich selbst als Patrioten bezeichnete und sagte, er habe beschlossen, »hinauszugehen und« aus Rache »so ein paar verdammte Turbanträger zu erschießen«.

Valarie war am Boden zerstört und voller Panik. Sie hatte einen jungen Sohn, der den traditionellen Turban der Sikhs trägt, und Angst um sein Leben. »Er wird als Terrorist betrachtet«, sagte sie, »genau wie Schwarze als Kriminelle und Frauen als Eigentum betrachtet werden.« Inmitten ihrer Angst dachte sie eingehend darüber nach, wie sie am besten mit diesem Mord umgehen sollte. Mit der Zeit wurde ihr klar, dass sie nicht wollte, dass sich ihr Schmerz zu einer Wut gegen einen unechten anderen verhärtete. Zwei Fragen tauchten auf, die zu Leitlinien für ihre Arbeit geworden sind:

Wen haben wir noch nicht versucht zu lieben?
Können wir uns für ihre Wunden
interessieren und sie versorgen?

Sie hatte ihre Aufmerksamkeit aufs *Erkunden* und *Nähren* verlagert. Fünfzehn Jahre nach dem Mord ihres Adoptivonkels nahm Valarie im Gefängnis Kontakt zu seinem Mörder auf. Zu Beginn des Telefongesprächs unterstellte Frank eine Verbindung zwischen ihrem Onkel und den Toden von 9/11. Valarie musste sich zur Ruhe zwingen und an ihren tiefen Vorsatz erinnern, dass sie versuchen wollte, ihn zu verstehen. An einem Punkt fragte sie sich laut, warum er eingewilligt hätte, mit ihr zu sprechen. Da sagte ihr Frank: »Was ich getan habe, tut mir leid … Wenn ich eines Tages in den Himmel komme, um von Gott gerichtet zu werden, möchte ich darum bitten, ihn [Valaries Onkel] zu sehen. Dann werde ich ihn umarmen und um Vergebung bitten.«

Heute tritt Valarie landesweit auf und fördert die Liebe als Grundlage unserer kollektiven Arbeit für soziale und ökonomische Gerechtigkeit. Sie gestaltet den Aktivismus nach dem Vorbild der Wehen bei einer Geburt, bei denen es das Allerwichtigste ist, in den Schmerz hineinzuatmen. Hier geleitet sie uns in eine achtsame, urteilsfreie Präsenz; eine Präsenz, die versucht zu verstehen und unser Herz voll und ganz zu dem zu führen, was ist: *Erkunden* und *Nähren* – über andere staunen und ihre Wunden versorgen. Nur dann können wir unsere Energie effektiv für einen radikalen Wandel einsetzen – und neues Leben in die Welt pressen. Valarie beschreibt ihr Ziel auch weiterhin auf sehr persönliche Weise: »Eines Tages werdet ihr meinen Sohn so sehen, als wäre es euer eigener, und ihn beschützen, wenn ich nicht da bin.«

RAIN in Aktion: Der ethnischen Kluft ins Auge sehen

Liebe ist häufig harte Arbeit. Und wenn wir mit jemandem im Streit liegen, können wir in Nullkommanichts in die Funktionen unseres Stammhirns regredieren. Das entdeckte ich vor einigen Jahren bei einer Versammlung einer multiethnischen Gruppe in unserer lokalen Gemeinde. Irgendwann erzählte ich offen von einigen ernsten gesundheitlichen Problemen, um zu erklären, warum ich hoffte, die Gruppe könne sich weniger oft treffen. Im nächsten Moment war ich verletzt, wütend und fassungslos angesichts der Kommentare einer afroamerikanischen Freundin. Sie hatte auf meine Bitte mit stiller Wut geantwortet: »Ich bin enttäuscht und glaube nicht, dass du unsere Gruppe wirklich unterstützen willst.« Am Ende unserer Versammlung waren wir beide aufgebracht und distanziert.

Wie konnte sie so unsensibel sein? Wusste sie denn nicht, wie wichtig mir die Gruppe war? Hatte ich mich nicht über Jahre in verschiedensten Gruppen engagiert, bei denen es um die Privilegien der Weißen und die Rassenungerechtigkeit ging?

Als ich später am Tag ein wenig Ruhe hatte, ließ ich RAIN auf mich wirken, zunächst, um mir meine eigene Reaktivität anzuschauen. Schnell *erkannte* ich die Gefühle, verletzt und wütend zu sein, und *ließ* sie *zu*. Beim *Erkunden* konnte ich wahrnehmen, dass ich mich verraten fühlte; ich war verletzlich und vertrauensvoll gewesen, als ich meine gesundheitlichen Probleme preisgab, und war heruntergemacht worden. Der dahinterstehende Glaube war: »Sie versteht nicht, es ist ihr egal.« Dann das *Nähren:* Ich legte mir eine Hand aufs Herz, atmete in die verletzte Stelle ein und aus ihr aus und flüsterte innerlich: »Es ist okay, Süße.« Dieser mir vertraute Prozess beruhigte mich und schenkte mir ein wenig Raum. Doch fiel es mir sehr viel schwerer, den RAIN-Prozess auch auf meine Freundin anzuwenden. Ich konnte zwar *erkennen* und *zulassen,* dass sie aufgebracht war, aber das *Erkunden* blieb fruchtlos.

Eine Woche später bat ich eine Freundin (ebenfalls eine farbige Frau) um Hilfe, weil ich immer noch blockiert war und nicht begriff, warum das Mitglied meiner Gruppe so wütend gewesen war. Ich sagte ihr, ich hätte vergebens versucht zu verstehen, warum sie so reagiert hätte. Meine Freundin antwortete: »Tara, für dich ging es darum, ein paar Versammlungen über einen weiteren Zeitrahmen zu strecken. Für dich als Weiße sind diese Treffen beliebig. Für eine Afroamerikanerin in ihrer Lage fühlt es sich an wie eine Frage von Leben und Tod.«

Im Nu verschob sich meine Wahrnehmung. Ich erinnerte mich

an die Male, bei denen meine Freundin von ihren Sorgen bezüglich eines Enkels gesprochen hatte, der im Gefängnis saß. Ich dachte an ihren eindringlichen Blog-Beitrag, in dem sie schilderte, dass sie sich gegenüber all den afroamerikanischen Männern auf der Straße, die Zielscheibe rassistischer Gewalt waren, wie eine Mutter fühlte. Unsere Versammlungen waren Teil eines größeren Prozesses der Heilung von Rassismus, dem sie ihr Leben widmete. Und wir in der Gruppe waren die Freunde und Verbündeten, denen sie vertraute, in die sie Kraft investiert hatte. Und nun drohte eine Weiße einen Teil ihrer Energie abzuziehen. Und nicht nur das, ich war eine Weiße, die Macht besaß, deren Führungskraft in der Arbeit gegen Rassismus benötigt wurde.

Jetzt ging mir das Herz auf. Ihre Erfahrung als afroamerikanische Frau war greifbarer und wirklicher für mich geworden.

In manchen spirituellen Gemeinschaften gibt es die Tendenz, Unterschiede mit dem Glauben wegzuwischen, dass wir »doch alle eins sind«. Das stimmt zwar, doch Menschen (wie zum Beispiel Farbige), die ausgegrenzt worden sind, leben in einer wesentlich gefährlicheren Welt, als es Weißen bewusst ist. Ich musste bis in die Zellebene begreifen, was die jungen schwarzen Männer, die ihr Leben auf den Straßen verloren, für meine Freundin waren: »Dies sind meine Söhne.« Und wie es sich anfühlte, sich nicht darauf verlassen zu können, dass Weiße sich wirklich nachhaltig in der anhaltenden und oft verfahrenen Arbeit zur Heilung von Rassismus engagierten.

Als wir einige Tage darauf miteinander sprachen, war ich in der Lage, mit voller Präsenz zuzuhören, wie sie unseren Konflikt erlebte. Auch sie hatte eingehend nachgedacht, konnte meinen Blickwinkel einnehmen und mir ihre Zuneigung ausdrücken. Wir hatten einander in diesem Zusammenprall verletzt, doch aufgrund der Tatsache, dass es uns beiden wichtig war, die Aufmerksamkeit füreinander zu schärfen, vertiefte sich unsere Freundschaft.

In den darauffolgenden Monaten half mir mein größeres Augenmerk auf die Unterschiede, noch etwas anderes bewusster wahrzunehmen: mein Weißsein. Ich konnte im Rückblick erkennen, dass die Konfrontation meiner Freundin heftige Schuldgefühle bei mir ausgelöst hatte: das unterschwellige, chronische Gefühl, dass ich als Weiße nicht genug dafür tat, dem Rassismus ein Ende zu bereiten.

Das Gewahrsein meines Weißseins ist inzwischen für mich ein fortdauernder Prozess, durch den mir die Voraussetzungen und Privilegien immer klarer werden, die mit meiner Hautfarbe einhergehen: Ich kann in jedes Geschäft gehen, ohne als potenziell Kriminelle gesehen zu werden. Ich kann mir in jeder Nachbarschaft ein Haus kaufen. Ich habe gute Chancen, eine Arbeit zu bekommen, für die ich qualifiziert bin. Es ist immer selbstverständlich für mich gewesen, dass ich medizinisch gut und respektvoll versorgt werde. Und was vielleicht subtiler ist: Wenn mir ein anderer Termin für unsere Gruppentreffen besser passte, bat ich einfach um eine Verlegung. Dies war ein Anspruch, den ich als Weiße und als Autoritätsperson nie infrage gestellt hatte.

In dieser Zeit des Erwachens bezüglich meines Weißseins nahmen mein Mann Jonathan und ich einmal Urlaub. Eines Nachmittags beschlossen wir, vom Strand zu einer kleinen Insel zu schwimmen, die ein Stück entfernt gelegen war. Das Hinausschwimmen war die reinste Freude: Ich schwamm sicher und gleichmäßig, fühlte mich stark und anmutig. Die Rückkehr dagegen war völlig anders. Ich war schnell ermüdet, und als wir endlich wieder ankamen, war ich durstig, erschöpft und fühlte mich gedemütigt. Mir war nicht klar gewesen, dass mich auf dem Weg zur Insel Strömungen getragen hatten, die beim Zurückschwimmen gegen mich arbeiteten. Genauso ist es auch mit den Strömungen einer von Weißen dominierten Kultur: Sie machen das Leben für Weiße unglaublich leicht und schmerzhaft schwer für farbige Menschen.

Reflexion: Ist diese Person Wirklichkeit für mich?

Wir haben uns bisher angesehen, wie wir andere zu unechten anderen machen. Es ist wichtig, sich klarzumachen, dass diese Gewohnheit der Distanzierung vor allem, wenn wir gestresst sind, auch bei den Menschen einsetzt, die uns am nächsten stehen – unserem Bruder, Kind, der Mutter, Freundin, dem Arbeitskollegen. Wir versuchen, den Tag zu überstehen, und sie machen es uns schwer oder leicht oder spielen nur kleine Nebenrollen, die für unsere Belange unwichtig sind. Wir sind einfach nicht da; unser Herz ist verschlossen. Wollen wir zuverlässiger und mitfühlend präsent sein, müssen wir die uns gewohnte Trance des unechten anderen in den Bereich oberhalb der Linie, ins Gewahrsein verlagern. Unser Ausgangspunkt besteht darin, bei unseren Alltagsbegegnungen genauer hinzuschauen.

Nehmen Sie einige lange, tiefe Atemzüge, um alle Anspannungen im Körper loszulassen und in die Präsenz zu kommen. Lassen Sie nun den oder die letzten Tage Revue passieren. Denken Sie an jemanden, mit dem Sie Zeit verbracht haben. Schauen Sie neugierig hin, inwieweit Sie auf diese Person eingestimmt waren. Wie »echt« kam sie Ihnen vor? Haben Sie bemerkt,

- in welcher Stimmung sie war?
- wie sie sich körperlich fühlte?
- was in dem Moment, in dem Sie miteinander zu tun hatten, für sie wichtig war?
- ob sie entspannt und offen mit Ihnen war, ob sie sich mit Ihnen wohlfühlte?
- ob sie angespannt und abwehrend Ihnen gegenüber war?
- ob irgendetwas an dem Austausch schwierig für sie war?

Erkunden Sie die Situation urteilsfrei und beobachten Sie, während Sie noch genauer hinschauen, ob derjenige, über den Sie da nachdenken, facettenreicher, interessanter und realer für Sie wird. Und beobachten Sie, wie Sie mit dem Herzen auf diese Person reagieren. Bevor Sie die Übung abschließen, könnten Sie noch an jemanden denken, mit dem Sie demnächst Zeit verbringen werden. Stellen Sie sich vor, Sie gingen mit der Frage »Wie ist es, du zu sein?« in die nächste Begegnung. Oder – falls derjenige es gerade schwer hat – mit der Frage: »Wo tut es weh?«

Kann man zu viel Mitgefühl haben?

Aber vielleicht spüren Sie ja gerade, wie Sie die Schotten dicht machen. »Ich bin ohnehin schon so sensibel«, sagen mir die Leute. »Wenn ich dann noch den Schmerz von jedem aufnehme, der mir begegnet, bin ich völlig überschüttet.« Ich werde oft nach »Mitgefühlsermüdung« gefragt, nach der Erschöpfung, die aus der Begegnung mit dem vielen Leid auf der Welt resultiert.

Natürlich haben viele Menschen, vor allem politische Aktivisten und Menschen in helfenden Berufen, Erfahrung mit Burn-out. Doch ist hier der wahre Übeltäter vermutlich nicht Mitgefühl, sondern Mitleid. Mitleid ist unsere Fähigkeit, die Emotionen anderer zu fühlen und/oder den Blickwinkel anderer einzunehmen. Aber genau hier findet sich die Falle: Wenn uns ihr Leid zu sehr mitnimmt, haben wir vielleicht nicht genügend kognitive oder emotionale Ressourcen, um ihnen zu helfen.

Mitgefühl fängt mit dem Mitleid an, doch *beschützt uns Achtsamkeit als Kernelement davor, mit dem Schmerz zu verschmelzen oder uns mit ihm zu identifizieren*. Mitleid allein kann zu Burn-out führen, die im Mitgefühl enthaltene Achtsamkeit und Fürsorge dagegen fördert Resilienz, Verbundenheit und Handlungsfähigkeit.

Neurowissenschaftler haben sogar deutliche Unterschiede darin feststellen können, wie diese beiden Zustände im Gehirn verarbeitet werden. Mitleid aktiviert Bereiche, die mit Emotion, Eigenwahrnehmung und Schmerz zu tun haben. Mitgefühl stimuliert Bereiche, die mit Fürsorge und Nähren assoziiert sind, ebenso wie mit Lernvorgängen, Entscheidungsfindung und dem Belohnungssystem des Gehirns. Außerdem stimuliert Mitgefühl die Ausschüttung von Oxytocin, dem »Bindungshormon«, das beim Liebemachen und Stillen freigesetzt wird. Wir empfinden Wärme und Verbundenheit – positive Gefühle, die unsere Energie mobilisieren und uns eher in die Lage versetzen, effektiv zu helfen.

Mithilfe von RAIN Mitgefühl kultivieren

Mitch, einem Mitglied unserer Meditationsgemeinschaft, dessen Vater an Alzheimer erkrankt war, fiel das Miterleben, wie sehr seine Mutter darunter litt, am schwersten. »Es fühlt sich an wie ständige, unaufhörliche Tode«, sagte sie zu ihm. Mitch war der Einzige unter den Geschwistern, der in der Nähe lebte, und er besuchte seine Eltern regelmäßig. Je mehr sein Vater in der Verwirrung versank, umso mehr fürchtete Mitch die obligatorischen Zeiten in der kleinen Wohnung der Eltern. Manchmal überfluteten ihn die Einsamkeit und Verzweiflung seiner Mutter förmlich, und wenn er ging, fühlte er sich völlig überfordert, erschöpft und hilflos. Ebenso häufig aber passierte es – vor allem, wenn er gestresst war oder eigentlich keine Zeit hatte –, dass er sich kalt und distanziert, wie ein Roboter, fühlte. Egal wie, er steckte voller Schuldgefühle, weil er nicht wirklich präsent war.

Bei einem Tagesworkshop erkundete Mitch seine gemischten, schmerzlichen Gefühle mithilfe von RAIN. Der Tag begann mit einem Austausch in Kleingruppen, bei dem Mitch von seiner eigenen Trauer darüber erzählte, dass er den Vater verlor, den er gekannt hatte, von der Trauer seiner Mutter und auch von seinen

Schuldgefühlen: »Ich fühle mich, als würde ich in ein bodenloses Fass hineingezogen, und da will ich nicht sein.«

Als die Gruppenmitglieder einzeln mit RAIN arbeiteten, konzentrierte sich Mitch darauf, seine Not mit dem Mitleid zu *erkennen* und *zuzulassen:* Dabei nahm er ebenso die Gefühle seiner Mutter wie auch seine Reaktivität wahr, seine Überforderung und den inneren Rückzug. Er nahm sich Zeit, benannte still für sich die Emotionen – Angst, Trauer, Schuld, Hilflosigkeit – und *ließ* sie *zu,* ließ jede einzelne so da sein, wie sie gerade war.

Achtsamkeit ermöglichte es ihm, seine Gefühlslage tiefer zu *erkunden* und festzustellen, wie sich sein Gefühl des Versagens körperlich ausdrückte: Die Brust wurde ihm eng, und die Eingeweide zogen sich ihm zusammen. Während er der Intensität seiner Empfindungen zusah, begann er, sich zu *nähren,* indem er flüsterte: »Es ist in Ordnung, atme, entspann dich.« Dann fiel ihm ein kürzlicher Besuch ein, der ganz besonders erschütternd für ihn gewesen war: Seine Mutter hatte den Vater angeschrien, weil er im Pyjama nach draußen gegangen war, und war dann in Tränen der Reue ausgebrochen. Mitch schämte sich über die Hilflosigkeit, die er empfunden hatte, und über seine Abwehr, denn am liebsten hätte er diese Situation gar nicht miterlebt.

Wieder schickte er sich liebevoll die Botschaft »Es ist in Ordnung, atme, entspann dich« und wiederholte sie mehrere Male. Die Klammer tief im Innern löste sich, ein kleiner Raum öffnete sich. Nun sah er sich, wie er seine weinende Mutter umarmte. Er hielt sie ganz zärtlich, und kurz darauf umschloss der liebevolle Raum auch seinen Vater. Wie er mir später berichtete, »hatte ich nach so vielen Monaten, in denen ich nur außer mir war wegen ihrer Situation, ein paar Augenblicke, wo ich sie einfach nur liebhatte. Es war das erste Mal … einfach nur in Liebe.«

Vielleicht haben Sie das auch schon erlebt, dass Sie so besorgt und überfordert oder reaktiv waren wegen des Leides einer anderen Person, dass es gar keinen Raum für die reine Erfahrung der Liebe mehr gab. In solchen Zeiten kann uns RAIN helfen, zur Zärtlichkeit unseres Herzens zurückzufinden.

RAIN TRANSFORMIERT MITLEID IN MITGEFÜHL

R – ***Erkennen:*** Begegnet schmerzhaften Mitleidsgefühlen und -reaktionen wie Angst, Trauer, Schuld, Scham, Abwehr, Wut, Taubheit oder Enge mit Achtsamkeit.
A – ***Zulassen:*** Löst unsere Identifikation mit diesen Gefühlen und schenkt uns mehr Raum, sodass wir Zeuge sein können, statt blind zu reagieren.
I – ***Erkunden:*** Im liebevollen *Erkunden* und direkteren Kontakt zu den Mitleidsgefühlen im Körper steigen auf natürliche Weise Zärtlichkeit und Zuneigung in uns auf.
N – ***Nähren:*** Das Mitgefühl manifestiert sich in ganzer Fülle, während wir uns selbst und allen Leidenden gegenüber Zuneigung und Liebe empfinden und ausdrücken.
Nach RAIN: Während wir in dieser mitfühlenden Präsenz ruhen, werden wir vertraut mit der Natürlichkeit der Offenheit, Zärtlichkeit und des strahlenden Glanzes unseres Herzens.

Das warme und offene Gefühl der Zuneigung, das Mitch nach der RAIN-Übung erfahren hatte, ließ ihn den nächsten Besuch bei seinen Eltern am folgenden Tag auf ganz neue Weise erleben. Ihm fiel sofort auf, in welcher Falle seine Mutter steckte. Während ihm nun eine Übung zur Verfügung stand, von der er wusste, dass sie ihm helfen würde, war seine Mutter den ganzen Tag alleine mit ihrer Überforderung und brauchte mehr emotionale Unterstützung, als er ihr bieten konnte. Außerdem brauchte sie eine tägliche Hilfe für die Pflege seines Vaters. In den folgenden Wochen setzte Mitch seine ganze Energie daran, sie zur Teilnahme an einer Selbsthilfegruppe von Alzheimer-Angehörigen zu bewegen und eine Teilzeitpflege zu organisieren. Seine Mutter brauchte, wie jeder andere Mensch, das Gefühl, einer unterstützenden Gemeinschaft zuzugehören, die ihr helfen konnte, Trauer und Verlust zu tragen. Und da Mitch sich nun weniger gefangen fühlte in Überforderung oder Schuldgefühlen, wurde der Umgang mit den Eltern für ihn einfacher und klarer: Er konnte sich jetzt zunehmend von ihrem Leid berühren lassen und sich ihnen in Liebe zuwenden.

Für mich ist es hilfreich, den Atem als Bild für das Mitgefühl zu verwenden. Wir müssen einatmen – dabei nehmen wir achtsam auf, was wir und andere empfinden, und verbinden uns damit. Es gibt weder Präsenz noch irgendein Potenzial für Mitgefühl, wenn wir nicht ernsthaft Kontakt zur Wirklichkeit dieser Emotionen aufnehmen. Ebenso müssen wir ausatmen – dabei drücken wir aktiv unsere Zuneigung aus und verbinden uns mit dem weiteren Raum, der entsteht, wenn wir das Gefühl haben, zu lieben und/oder geliebt zu sein. Nur die Weite unseres Herzraums bietet genug Platz für die Intensität menschlicher Emotionen.

Diese Wahrheit ist in der tibetischen Mitgefühlspraxis namens Tonglen verkörpert, was wörtlich »Empfangen und Aussenden« bedeutet. Mit dem Einatmen empfangen wir achtsam das Leiden; mit dem Ausatmen senden wir unsere Fürsorglichkeit und Liebe aus. Genau wie RAIN kultiviert Tonglen die beiden Flügel des Gewahrseins: achtsamen Kontakt mit der Wirklichkeit des Leidens und einen aktiven Ausdruck des Nährens.

Dieser Vogel hat meine Flügel … ganz in echt

Mitleid verkleidet sich häufig als Mitgefühl – als hätte Jarvis Masters gedacht: »Ach, du armer Vogel!« Mitleid trennt uns ab und stellt uns über den anderen. Wir haben Mitleid mit ihm und wollen helfen, aber der andere ist noch immer anders. In echtem Mitgefühl dagegen nehmen wir die Erfahrung des Gegenübers als die uns Menschen gemeine Verletzlichkeit wahr. Unser Drang zu helfen besteht nicht darin, Gutes zu tun; es ist eher so, als würden wir eine Wunde am eigenen Körper versorgen. Um es mit den Worten der Gruppe von Aktivisten der Aborigines in Queensland zu sagen, die am Anfang dieses Kapitels stehen: »Falls du hergekommen bist, um mir zu helfen, vergeudest du nur deine Zeit. Bist du aber hier, weil deine Befreiung mit der meinen verbunden ist, dann lass uns zusammenarbeiten.« Wahre Heilung erwächst aus der Weisheit unserer gegenseitigen Bedingtheit.

Als Praktikant in einem Pflegeheim für Bedürftige in Peru begleitete ein junger Mann namens Phil eines Tages einen alten Mann ins Krankenhaus in die Notaufnahme, weil Letzterer sich die Hüfte gebrochen hatte. Während sie dort stundenlang warteten, konnte Phil nichts weiter tun, als ihm Gesellschaft zu leisten, und er fühlte sich hilflos, da er ihm die Schmerzen nicht erleichtern konnte. Irgendwann gab jemand dem Mann ein Brötchen, das dieser sofort entzweibrach, um Phil eine Hälfte zu geben. Überrascht lehnte Phil ab, doch der Mann drückte sie ihm in die Hand und machte ihm Zeichen zu essen. Das tat er, verwirrt und demütig, denn der alte Mann schien sehr froh darüber, sein Mahl teilen zu können.

Diese Erfahrung veränderte Phils Verständnis von Mitgefühl grundlegend. Der ältere Mann war nicht mehr ein unechter anderer, einer passiver, unglücklicher Mensch, dem geholfen werden musste. Und Phil war nicht mehr der privilegierte Helfer, der etwas Gutes tat. Sie saßen im selben Boot, verbunden durch gegenseitige Fürsorge und Zugehörigkeit.

Wir stellen uns den spirituellen Pfad so häufig als Pfad der Disziplin und Hürden vor. Natürlich, Mitgefühl will geübt sein; die folgende Meditation zeigt, wie wir Mitgefühl bewusst zu einem bleibenden Charakterzug entwickeln können. Doch weil Mitgefühl evolutionär unser Potenzial ist, spüren wir, je weiter wir in diese Richtung gehen, ein umso stärkeres Gefühl von Heimkehr. Radikales Mitgefühl entspringt der Tiefe unseres Wesens. Leben wir aus dieser Quelle heraus, dann reagieren wir auf unsere Welt spontan mit der Weisheit: Dieser Vogel hat meine Flügel.

Meditation: RAIN des Mitgefühls – Wie ist es, du zu sein?

Es gibt Zeiten, in denen diese Mitgefühlsübung unpassend sein kann. Hat man es mit einer Angst aufgrund von Trauma, nicht nachlassender Depression oder schwerem psychischem Ungleichgewicht zu tun, dann könnte diese Übung eine Gefühlsüberflutung oder das Gefühl auslösen, dass man feststeckt. Sollten Sie sich für die Übung entscheiden und an irgendeiner Stelle überfordert fühlen, dann brechen Sie sie bitte ab und suchen Sie Unterstützung bei einem spirituellen Lehrer, einer Therapeutin oder eine sonstige vertrauenswürdige Anleitung, die Ihnen auf Ihrem Heilungsweg am besten helfen kann.

Setzen Sie sich so hin, dass Sie sich entspannen können und zugleich wach sind. Lassen Sie zu, dass sich Ihr Körper entspannt und Ihr Geist ruhig wird.

Nehmen Sie sich etwas Zeit und gehen Sie im Geist Familienmitglieder und/oder Freunde durch, die Ihnen nahestehen. Suchen Sie sich jemanden aus, von dem Sie wissen, dass er gerade Schwieriges durchmacht. Verbinden Sie sich mit Ihrer Absicht, Mitgefühl für diese Person zu entwickeln.

R – *Erkennen:* Nehmen Sie wahr, was an dieser Person besonders heraussticht, während Sie sich ihre derzeitigen Herausforderungen vergegenwärtigen. Erinnern Sie sich zum Beispiel an eine häufige Stimmung dieser Person, an etwas in ihrem Erscheinungsbild, an eine regelmäßige Aktivität oder den Tonfall kürzlicher Gespräche.

A – *Zulassen:* Lassen Sie Ihre Empfindung dieser Person – der

Art, wie sie lebt, fühlt oder sich ausdrückt – einfach genau so sein, wie sie ist, ohne sie in irgendeiner Weise zu beurteilen.

I – *Erkunden:* Forschen Sie jetzt freundlich, neugierig und interessiert tiefer nach der Erfahrung dieser Person. Stellen Sie sich vor, Sie fühlen mit ihrem Herzen, sehen die Welt aus ihrer Perspektive. Sie können für die Erforschung der Frage »Wie ist es, so zu sein wie du?« einige der folgenden Fragestellungen verwenden.

- Welche deiner Lebensumstände quälen dich besonders?
- Welche Ängste, Enttäuschungen oder Verletzungen erlebst du?
- Was glaubst du über dich selbst?
- Wie fühlt sich deine derzeitige Lebenslage – mitsamt den Gefühlen von Angst, Verletzung, Wut oder Scham – in Herz und Körper an?
- Wo im Innern fühlst du dich am verletzlichsten?
- Was will oder braucht dieser verletzliche Ort in diesem Augenblick am dringendsten – von anderen? Von dir selbst?

N – *Nähren:* Erweitern Sie, während Sie die Person und ihre Verletzlichkeit im Herzen halten, Ihr Gewahrsein auf Ihren gesamten Körper und die Geräusche wie auch den Raum, die Sie umgeben. Spüren Sie die betreffende Person von diesem allumfassenden Herzraum aus als Teil von Ihnen und bieten Sie ihr dar, was nötig ist. Ist es Akzeptanz? Gehaltensein? Vergebung? Gesellschaft? Verständnis? Auch energetisch können Sie ihr Ihre Fürsorge anbieten, als Wärmefluss, als Bild oder mithilfe von Worten. Stellen Sie sich vor, wie diese Person Ihre Fürsorge empfängt und in sich aufnimmt, und visualisieren Sie sie geheilt, glücklich und wohlauf.

(Wenn Sie mögen, können Sie in dieser Meditation bewusst Ihren Atem einsetzen, indem Sie beim *Erkunden* einatmen und die Wirklichkeit der Erfahrung der betreffenden Person in sich aufnehmen. Beim *Nähren* atmen Sie dann Ihre Gabe aus, egal, ob das, was gebraucht wird, Raum, Fürsorge oder etwas anderes ist.)

Die Kreise ausdehnen: Dehnen Sie nun das Feld des Mitgefühls aus und schließen Sie all jene mit ein, die an demselben Schmerz leiden. Verbinden Sie sich, falls der Mensch, über den Sie gerade nachdenken, einen Verlust betrauert, mit all denen, die ebenfalls einen Verlust betrauern, und schenken Sie ihnen Ihre Fürsorge und Liebe. Verbinden Sie sich, falls der Betreffende sich wie ein Versager fühlt, mit all denen, die auf dieselbe Weise leiden, und schenken Sie ihnen Ihre Fürsorge und Liebe. Nehmen Sie die Bereitschaft Ihres Herzens wahr, sich (im Einatmen) von Schmerz berühren zu lassen, wie auch die Weite des liebenden Gewahrseins, das da ist, während Sie allen Wesen (im Ausatmen) Fürsorge und Liebe schenken.

Nach RAIN: Lassen Sie alle Vorstellungen von den anderen los und nehmen Sie die Qualität des Herzens und der Präsenz in Ihnen wahr. Ist da ein Gefühl von Offenheit? Zärtlichkeit? Liebe? Was immer Sie vorfinden, lassen Sie los und ruhen Sie darin.

Übung: Mitgefühl auf der Straße

Wann immer Sie irgendwo Leid wahrnehmen, können Sie Mitgefühl üben. Vielleicht lesen Sie online die Geschichte einer Flüchtlingsfamilie. Vielleicht sehen Sie auf der Autobahn einen Autounfall. Oder Sie sind bei einem Treffen der Anonymen Alkoholiker und hören jemandem zu, der gerade von seinem Kampf mit dem Alkoholismus erzählt.

Gleich an Ort und Stelle können Sie diesen einfachen Schritten folgen (aus der Tonglen-Übung adaptiert):

- Halten Sie inne und verbinden Sie sich mit Ihrer Absicht, Mitgefühl aufzubringen.
- Atmen Sie mit mehreren langsamen, vollen Atemzügen den

Schmerz der Betreffenden ein und stellen Sie sich vor und fühlen Sie, was sie gerade erleben.

- Atmen Sie mit dem Ausatmen Ihre Fürsorge und Liebe aus – wünschen Sie ihnen Linderung und dass sie in der Offenheit des liebenden Gewahrseins gehalten sein mögen.
- Atmen Sie, falls Sie Widerstände in sich spüren, sich abwenden wollen oder Angst vor dem Schmerz haben, erst einmal für sich selbst, bevor Sie sich, falls möglich, wieder der Person zuwenden, die da gerade leidet.

FRAGEN UND ANTWORTEN

Ich wünschte, ich hätte mehr Mitgefühl, aber in Wahrheit stecke ich ziemlich in meinen eigenen Problemen fest. Ich scheine einfach nicht viel echtes Interesse für andere aufzubringen.

Danke, dass Sie so ehrlich sind, und seien Sie sich gewiss, dass viele andere genauso empfinden wie Sie. Einer der Gründe, aus denen ich das Bild vom Mitgefühl als sich ausdehnenden Kreisen so oft thematisiere, ist, dass es uns daran erinnert, dass Mitgefühl für unser eigenes Leben im Mittelpunkt steht. Haben wir eine schwere Zeit und halten unsere eigene Verletzlichkeit nicht in Liebe, dann ist es sehr schwer, andere in vollständiger, weiser Präsenz zu umarmen.

Sie schreiben, dass Sie wünschten, Sie hätten mehr Mitgefühl. Ich erinnere mich, wie der Dalai Lama einmal sagte, dass es ihm wichtig sei, Mitgefühl zu üben, auch wenn er nicht immer gut darin sei. Mit anderen Worten: Selbst wenn unser Herz nicht immer offen ist, geht es darum, dass es uns im tiefsten Innern *wichtig ist, Anteil zu nehmen*. Sie können darauf vertrauen, dass dies Ihrem Wesen zu eigen ist.

Machen Sie es sich zum Vorsatz, dem Schmerz, der durch Ihre eigenen Schwierigkeiten bedingt ist, die fürsorgliche Präsenz von

RAIN zu schenken. Erkunden und erspüren Sie Ihre schmerzhaftesten Gefühle, wie Angst, Verletzung oder Selbstkritik, und nehmen Sie diese wirklich voll und ganz auf der Körperebene wahr, denn das ist die Grundlage, auf der Sie echtes Mitgefühl für sich selbst wecken können. *Nähren* Sie sich damit und weiten Sie dann den Kreis aus: Bleiben Sie bei der Empfindung der inneren Verletzlichkeit, während Sie sich andere Menschen vergegenwärtigen, die womöglich ähnliche Lebensthemen und Gefühle haben. Dehnen Sie die Präsenz von RAIN auf diese Personen aus: Stellen Sie sich ihren Schmerz vor, lassen Sie sich davon berühren und *nähren* Sie sie ebenfalls mit Mitgefühl. Nehmen Sie wahr, wie wir alle im selben Boot sitzen; wir haben wirklich die Flügel voneinander! Sie werden mit der Zeit feststellen, dass diese Praxis der sich ausdehnenden Kreise eine sehr ehrliche, zärtliche Fürsorglichkeit für uns alle weckt.

Ich habe die Übung »Mitgefühl auf der Straße« ausprobiert, merke aber, dass ich einfach nur wütend oder panisch werde, und mache dann innerlich zu. Was soll ich tun?

Und noch mal: Wenn wir im Außen unser Mitgefühl darbieten und reaktiv werden, ist das ein Signal dafür, dass wir das RAIN des Mitgefühls erst einmal uns selbst und unserer eigenen Erfahrung schenken müssen. Manchmal dauert es gar nicht lange, die eigenen Reaktionen zu *erkennen* und *zuzulassen,* zum Beispiel dass wir wütend darauf sind, wie man selbst oder jemand anders behandelt wird; dass wir verurteilen, wie wir uns selbst behandeln; dass wir Angst haben, weil jemand ein aggressives Verhalten an den Tag legt. Das *Erkunden* hilft, hinter der Reaktion Verbindung zur Verletzlichkeit im eigenen Körper aufzunehmen, und schließlich kann das *Nähren* uns beruhigen und trösten. Dies schenkt Ihnen vielleicht schon die Präsenz und Bandbreite, um die Echtheit des Schmerzes anderer wahrzunehmen und ihnen Ihr Gebet und Ihre Zuwendung darzubieten.

Doch seien Sie geduldig, falls Ihr Selbstmitgefühl noch mehr Zeit braucht. Sie können darauf vertrauen, dass Sie, je häufiger Sie Ihrem eigenen Herzen eine liebevolle Geste schenken, umso leichter auch auf Ihre Umgebung warmherzig und mit natürlicher Fürsorge reagieren werden.

Ich möchte ja gern aufhören, andere als unechte andere zu sehen, aber wie soll ich Mitgefühl für Menschen empfinden, die mich hassen, weil ich ein Weißer bin? Zum Beispiel für Muslime oder Schwarze, die mich als Feind betrachten? Es fühlt sich an wie ein schlechter Tanz im Fremdsein, den keiner von uns allein beenden kann!

Wir alle unterliegen unserer gesellschaftlichen Konditionierung, und wenn wir das Thema nicht auf Gruppenebene angehen, verfehlen wir die Heilung, die möglich wäre.

Fühlen Sie sich gehasst oder irgendeiner Schuld bezichtigt, müssen Sie im ersten Schritt Akzeptanz und Mitgefühl für das aufbringen, was in Ihnen aufsteigt – wie etwa für Ihr eigenes Gefühl von Verletztheit oder Wut darüber, Zielscheibe anderer zu sein. Das können Sie nun zwar allein für sich tun, doch ist es von unschätzbarem Wert, eine Gruppe gleichgesinnter Weißer zu finden, die sich dem Aufwachen widmen, die unbewusste Vorurteile an die Oberfläche bringen und der gemeinsamen Konditionierung Zuwendung und Aufmerksamkeit schenken wollen. Indem Sie Ihre Vorurteile gegen die unechten anderen kollektiv und mitfühlend halten, werden Sie Einsichten und Eingebungen gewinnen, die in der individuellen Praxis nicht zugänglich sind.

Hat sich die Eigenwahrnehmung erweitert, ist es dann an der Zeit, sich die Mühe zu machen und mit Menschen anderer Ethnien zu verbinden, um deren Wirklichkeit und den Schmerz verstehen zu lernen, mit denen sie leben.

Ich habe einmal ein Video mit dem afroamerikanischen

CNN-Moderator Van Jones gesehen, in dem er von einem wütenden jungen Weißen angegangen wurde, der sich darüber aufregte, dass man sich auf die Gewalt gegen Schwarze konzentrierte, während gerade ein weißer Polizist von einem Afroamerikaner getötet worden war. Van antwortete ihm: »Wenn Sie genauso weinen, weil der schwarze Mann in diesem Polizeiauto gestorben ist, und ich genauso weine, weil dieser schreckliche Fanatiker den Polizisten erschossen hat … Wenn Sie weinen und ich genauso weine und wir gemeinsam weinen, dann können wir einen Weg finden, der unsere Polizisten zu besseren Polizisten und unsere Kinder zu besseren Kindern macht.« Was als feindselige Begegnung begonnen hatte, wurde zu gegenseitigem Respekt und endete mit einer warmen Umarmung.

In einem Mitgefühlstraining, das Gruppen von unechten anderen zum Thema hat, ist es natürlich und sinnvoll, zunächst unser Verständnis für die Leute zu vertiefen, mit denen wir uns sicher und leicht verbinden können – Gruppen Gleichgesinnter nur für Farbige, Weiße, Muslime, Menschen spezieller sexueller Orientierung oder Geschlechtszugehörigkeiten etc. Wollen wir uns aber weiterentwickeln, dann müssen wir uns fragen »Wo tut es weh?« und uns weiteren Kreisen zuwenden. Menschen unterschiedlicher und in Konflikt zueinander stehender Ethnien, Religionen und politischer Überzeugungen müssen Zeit miteinander verbringen und ihr Interesse für das Leid der jeweils anderen in sich erwecken. Wie Van sagt, müssen wir gemeinsam weinen, damit wir eine bessere Welt erschaffen können.

Ich bin weiß, und der Rassismus macht mir schwer zu schaffen. Aber je mehr ich mein Privileg, Weiße zu sein, sehe, umso befangener werde ich im Umgang mit meinen schwarzen Freunden und umso schuldiger fühle ich mich. Ich weiß, dass das nicht hilfreich ist, weiß aber nicht, was ich tun soll.

Das Privileg zu sehen, Weißer zu sein, mit all den oft verborgenen Weisen, auf die Weiße in modernen Gesellschaften von ihrer Hautfarbe profitieren, ist von wesentlicher Bedeutung, wenn wir uns in eine gerechtere, mitfühlendere Welt hinein entwickeln wollen. Was aber dieses Privileg so heimtückisch macht, ist, dass es eine alles durchdringende gesellschaftliche Konditionierung und keine persönliche Verfehlung ist. Wir können uns unsere Hautfarbe nicht aussuchen, ebenso wenig die Gesellschaft, in der wir leben, oder die Vorurteile, mit denen wir gespeist werden. Es geht hier nicht um individuelle Schuld. Es ist nicht Ihr Fehler, und wie Sie schon sagten, tragen Schuldgefühle und Befangenheit nicht zu einer Heilung bei. Und doch ist es so, dass sich Weiße in dem Moment, wo sie sich dem anhaltenden Leid stellen, das Farbige erleben, und dem unbewussten Anteil, den sie an der Aufrechterhaltung dieses Leides haben, durch die weiße Schuld wie gelähmt fühlen.

Die ersten acht Monate in einer meiner Diversitätsgruppen fühlte ich mich jedes Mal, wenn ich sprach, ängstlich, unbeholfen und unecht. Nach einem Treffen, bei dem ich Gastgeberin gewesen war, verabschiedete ich die Leute und erkannte, als ich in mein leeres Wohnzimmer zurückkam, dass ich mich in diesem Kreis wie eine Außenseiterin fühlte, so, als gehörte ich nicht dazu. RAIN half mir, Kontakt zu einem nackten Gefühl von Scham aufzunehmen, zu einem Teil von mir, der das Gefühl hatte, schon allein das Weißsein sei verletzend und ich könne nie genug tun, um die Schrecken wiedergutzumachen, die Generationen von Farbigen angetan worden waren. Natürlich fühlte ich mich ängstlich und abgetrennt. Ich hatte das Gefühl, ein grundsätzlich schlechter Mensch zu sein! Meiner weißen Schuld war ich in einer solchen Diversitätsgruppe schon einmal begegnet. Da sie mir nun wieder voll ins Bewusstsein gerückt war, konnte ich den Ort in mir *nähren,* der Rassismus persönlich nahm. Auch wenn es eine gewisse Zeit brauchte, machte mich die Erkenntnis, dass dies Teil meiner konditionierten Identität als

Weiße – und nicht mein persönlicher Fehler – war, so frei, dass ich danach mich in der Gruppe besser und echter engagieren konnte. Es half mir, bei antirassistischen Aktivitäten eine bessere Verbündete zu sein und Freundschaften zu entwickeln, die ich noch heute pflege.

Wir können zwar weder unsere Hautfarbe noch unsere Gesellschaft wählen, doch können wir uns entscheiden, wie wir mit dem aus Rassismus resultierenden Leid umgehen wollen. Jeder von uns leidet in unterschiedlichem Maße an dem Rassismus, ganz egal, welcher Bevölkerungsgruppe wir angehören. Es gibt keine – spirituelle oder sonstige – Freiheit, wenn wir nicht achtsam sind. Ich denke da an Valarie Kaurs wunderbaren Aufruf zur Aktion: Wir müssen mit dem Schmerz des Rassismus atmen – ihn spüren, ihm Mitgefühl entgegenbringen – und pressen, uns aktiv für den Wandel engagieren. Atmen und pressen!

11

Vier kurze Übungen: Mit erwachtem Herzen leben

Die Weisheit sagt, dass ich nichts bin.
Die Liebe sagt, dass ich alles bin.
Und zwischen den beiden bewegt sich das Leben.
SRI NISARGADATTA

VOR ÜBER 25 Jahren besuchte ich zusammen mit meiner lieben Freundin und Lehrerkollegin Luisa Montero-Diaz ein von Zen-Meister Thich Nhat Hanh geleitetes Wochenend-Retreat. Wir freuten uns, dass Thay (so wurde er allgemein genannt) so ganz in der Nähe lehrte, und ebenso freuten wir uns, dass wir uns frei genommen hatten vom Unterrichten und Elterndasein, um zwei Tage zusammen zu verbringen. Doch am lebhaftesten ist mir das Ende des Retreats in Erinnerung geblieben.

Als Thay uns aufforderte, Paare zu bilden, fanden Luisa und ich schnell zusammen. Er erklärte uns, wir sollten uns voreinander verneigen und damit anerkennen, dass wir den Buddha in unserem Gegenüber sähen. Als Nächstes sollten wir uns umarmen und dabei drei lange, tiefe Atemzüge nehmen. Beim ersten Atemzug sollten wir uns auf den Satz besinnen: »Ich werde sterben.« Beim zweiten: »Du wirst sterben.« Und beim dritten: »Und wir haben nur diese kostbaren Augenblicke miteinander.«

Als Luisa und ich unsere Umarmung lösten, blieben wir still beieinander stehen. Ich war mit Zärtlichkeit für sie angefüllt; sie war mir unendlich lieb, einzigartig und wunderbar. Und ich konnte spüren, wie mir aus ihrem Lächeln und ihren glänzenden Augen dieselbe Wärme entgegenkam. In dieser warmherzigen, offenen Präsenz blieben wir, auch als wir wieder redeten, uns von den anderen Teilnehmern verabschiedeten, durch die Pinien zu unserem Auto gingen und während der Heimfahrt lachten, uns Geschichten erzählten und die Stille teilten.

Was wir am meisten schätzen – Liebe, Kreativität, Spiel, Schönheit, Weisheit –, lässt sich nur im Hier und Jetzt erfahren. Und doch geschieht es so leicht, dass wir durchs Leben rasen und vergessen, dass wir nur diese kostbaren Augenblicke miteinander haben. Das Geschenk von RAIN besteht darin, uns ans Innehalten zu erinnern, uns mit einer weisen, mitfühlenden Präsenz zu verbinden und unser Leben mit unserem Herzen in Übereinstimmung zu bringen.

Zum Abschluss unserer gemeinsamen Reise möchte ich vier kurze Übungen mit Ihnen teilen, die mich durch meinen Alltag geleiten. Sie werden feststellen, dass jede Ihr naturgegebenes fürsorgliches Interesse und Ihre Intelligenz zu Zeiten lebendig werden lassen kann, in denen Sie normalerweise in emotionaler Reaktivität gefangen wären. Diese informellen Übungen sind von RAIN inspiriert und lassen sich in stressige Momente bei der Arbeit, in schwierige Gespräche und sonstige Situationen einbinden, in denen Sie sich Unterstützung wünschen, um sich selbst getreu leben und handeln zu können. Die kurzen Übungen sind eine Grundlage für unsere kontinuierliche Entfaltung.

Praktizieren Sie die vier Übungen regelmäßig, dann werden Sie feststellen, dass die für Sie wichtigsten Herzens-/Geistesqualitäten, wie etwa Warmherzigkeit, Offenheit und Gelassenheit, abrufbar, stark und stabil werden. Bei der Umwandlung dieser erhebenden Geisteszustände in dauerhafte Charakterzüge wird das Potenzial Ihres künftigen Selbst im Alltag erblühen.

DIE VIER KURZEN ÜBUNGEN

Innehalten, um präsent zu sein
Ja sagen zu dem, was da ist
Sich der Liebe zuwenden
Im Gewahrsein ruhen

Innehalten, um präsent zu sein

Pater Gregory Boyle, ein Jesuitenpriester und Autor, der wegen seiner Arbeit mit Gangs in Los Angeles bekannt geworden ist, erzählt folgende Geschichte: Nach dem Sonntagmorgengottesdienst sitzt er in seinem Büro, das nur ein kleines Fenster hat, und geht, kurz bevor er eine Taufe zelebrieren muss, noch schnell seine Post durch. Da kommt Carmen, Gangmitglied und Gelegenheitsprostituierte, herein und lässt sich aufs Sofa plumpsen. Sie redet umständlich herum, sie brauche Hilfe, sie sei auf eine katholische Schule gegangen, in zahllosen Entzugskliniken gewesen, sei landesweit bekannt. Er hat den Blick auf der Uhr; sie bringt ihm alles durcheinander, in nur fünf Minuten kommt die Familie zur Taufe.

Plötzlich sieht ihn Carmen direkt an, die Augen voller Tränen. Sie sagt, sie habe nach Abschluss der Highschool direkt zu fixen begonnen und seitdem vergeblich versucht, wieder vom Heroin herunterzukommen. Dann sagt sie langsam und deutlich: »Ich … bin … eine … Schande.« Pater Greg schreibt: »Plötzlich bin ich genauso beschämt wie sie. Denn als Carmen durch die Tür gekommen war, hatte ich sie irrtümlich als eine Störung betrachtet.«

Die meisten von uns wissen, wie es ist, wenn wir irgendwohin unterwegs sind und das, was gerade hier und jetzt passiert, uns nur wie ein schnellstmöglich zu überwindendes Hindernis vorkommt. Andere werden zu einer Störung, doch ist das noch nicht alles. Wenn wir in unserem Alltag immer nur an der Oberfläche dahinplätschern, verlieren wir den Kontakt zu unserem Herzen und zu unserem Gewahrsein.

In meinem Büro hängt ein Spruch von Mary Webb, den ich besonders liebe: »Wenn du ein gütiger Mensch sein willst, musst du regelmäßig Umwege machen.« Die Herausforderung, die in diesem Lehrsatz steckt, wurde in einer berühmten sozialwissenschaftlichen Forschungsstudie aufgezeigt, die unter dem Namen »Der barmherzige Samariter« bekannt ist. Die Fragestellung lautete: Was beeinflusst die Wahrscheinlichkeit, dass wir einem Fremden in Not helfen? In einem Teil der Studie fragten die Wissenschaftler Studenten in ihrem Seminar (und damit gewiss Leute, die sich gern in den Dienst anderer stellen!), eine kurze Rede zur Bibelgeschichte vom Guten Samariter vorzubereiten. Dann sollten die Seminarteilnehmer ihre Rede in einem anderen Gebäude vorstellen. Einigen wurde gesagt, sie hätten jede Menge Zeit, anderen, sie seien schon spät dran. Ihr Weg führte sie direkt an einer Einfahrt vorbei, in der ein in sich zusammengesackter und hustender, offensichtlich hilfsbedürftiger Mann (ein Schauspieler) saß. Die Schlüsselerkenntnis der Studie war: Von den Studenten, die dachten, sie seien spät dran, hielten weit weniger an, um zu fragen, ob sie helfen könnten – auch wenn sie gleich über den Guten Samariter sprechen sollten.

Vor allem, wenn starke Gefühle wie Angst, Scham und Wut das Sagen haben, werden wir alles tun, um bloß nicht hier zu sein und diese nackten, unangenehmen Gefühle nicht zu spüren. Stecken wir in unserer reaktiven Trance fest, ist das so, als säßen wir auf einem Fahrrad und versuchten, vom gegenwärtigen Augenblick wegzuradeln, und je gestresster wir sind, desto schneller träten wir in die Pedale.

Was auch immer wir in unserem Leben am meisten bedauern mögen – die eigenen Kinder nicht ernst genommen zu haben, süchtiges Essverhalten, einen Unfall verursacht zu haben, in einer missbräuchlichen Beziehung geblieben zu sein –, es entsteht alles daraus, dass wir in einer reaktiven Trance gefangen sind. Innerhalb einer Trance können wir keine Umwege machen, wir können uns selbst oder anderen nicht mit Güte begegnen.

Das Innehalten, um präsent zu sein, fängt im RAIN-Prozess in dem Moment an, in dem wir *erkennen* und *zulassen,* was da ist, und aufhören, in die Pedale zu treten. Wir lernen hier, unser übliches Kontrollverhalten abzulegen – die ganzen Strategien, mit denen wir Unangenehmem und Unbehagen ausweichen und dem Genuss hinterherlaufen. Das informelle Üben dieses Innehaltens im Alltag kann unbequem oder gar unheimlich, aber auch erfrischend oder erleichternd sein. Egal, wie es sich anfühlt, Innehalten ist das Tor in die Präsenz, in ein Leben, das auf unser Herz eingestimmt ist.

KURZE ÜBUNG: INNEHALTEN, UM PRÄSENT ZU SEIN

Nehmen Sie sich zunächst vor, in einer oder zwei Situationen innezuhalten, die nur begrenzt Stress und Reaktivität hervorrufen. Das könnte ein Wust von E-Mails sein, die beantwortet werden müssen; die Sorge über einen baldigen Abgabetermin; ein Ärger mit einem Freund, einer Kollegin oder einem Familienmitglied.

Das Innehalten selbst ist einfach. Hören Sie auf mit dem, was Sie gerade tun, und nehmen Sie sich einen Augenblick Zeit, um ruhig zu werden und zu *erkennen* und *zuzulassen,* welche Emotionen und Gedanken gerade da sind. Nehmen Sie nun drei bis fünf lange, tiefe Atemzüge. Stimmen Sie die Länge des Einatmens und des Ausatmens aufeinander ab: Atmen Sie tief ein, füllen Sie Brust und Lunge mit Luft, und lassen Sie sie dann mit einem langen, langsamen Ausatmen wieder gehen. Spüren Sie am Ende, ob sich irgendetwas verändert hat, und kehren Sie dann zu Ihrer Alltagstätigkeit zurück.

Weiten Sie die Praxis auf immer mehr Situationen aus, in denen Sie absichtsvoll innehalten, auch auf solche, die Sie emotional stärker triggern. Mit der Zeit werden Sie in der Lage sein, in vielen unterschiedlichen Situationen innezuhalten, und somit besseren Zugang zu Ihrer inneren Klarheit, Widerstandsfähigkeit und Ihrem Herzen haben.

Ja sagen zu dem, was da ist

Der heilige Mann in Kapitel 6 stellte denjenigen, die spirituelle Heilung suchten, eine entscheidende Frage: »Was ist es, was du nicht fühlen möchtest?« Häufig ist das, was uns weiter in die Pedale treten lässt, um der Präsenz zu entkommen, unsere Angst vor schmerzhaften oder uns unvertrauten Erfahrungen. Wenn wir aber Ja sagen, können wir die Stellen in uns, die unsere mitfühlende Aufmerksamkeit am dringendsten benötigen, ins Licht des Gewahrseins holen. Ja sagen öffnet die Tür zu echtem Vertrauen, zu Zuversicht und Heilung.

Das habe ich am eindringlichsten am Leben und Sterben meiner geliebten guten Freundin und buddhistischen Lehrerin Cheri Maples miterlebt, die mich und viele andere mit ihrem Ja tief inspiriert hat.

In den ersten Wochen nach ihrem Unfall – sie war auf ihrem Rad mit einem fahrenden Lkw zusammengestoßen – zweifelten die Ärzte, ob Cheri die vielzähligen, schweren Traumata des Körpers überleben würde. Falls sie es schaffte, so würde sie, die zeit ihres Lebens sportlich gewesen war und ihre größte Freude in Outdoor-Abenteuern gefunden hatte, mit Sicherheit nie wieder laufen können. Bevor Cheri ihr buddhistisches Nonnengelübde abgelegt hatte, war sie Polizistin, politische Aktivistin und stellvertretende Oberstaatsanwältin des Staates Wisconsin gewesen. Diese höchst unabhängige Frau würde fortan für jede Bewegung vom Liegen zum Sitzen, fürs

Urinieren, Waschen, ja, für nahezu alles immer auf die Hilfe anderer angewiesen sein.

Doch als ich sie in der Intensiv-Rehaklinik besuchte, in der sie viele Monate verbrachte, war sie frohen Mutes und ganz ihr natürlich warmherziges, interessiertes, heiteres Selbst. Wie war es möglich, dass sie trotz der harten Wende, die ihr Leben genommen hatte, so fröhlich war? Wie Cheri es mir gegenüber ausdrückte: »Den schlimmsten Tod bin ich schon gestorben; hiermit kann ich leben.«

Zwei Jahre zuvor hatten Cheri und der Mann, mit dem sie neun Jahre zusammengelebt hatte, eine qualvolle Trennung durchgemacht. Cheri war in eine Depression gerutscht, die ihr völlig außer Kontrolle geraten war. Sie hatte mit dem Unterrichten und dem politischen Aktivismus, mit den Outdoor-Aktivitäten und der formalen Meditationspraxis aufgehört. Sie isolierte sich, außer von ein paar wenigen Freunden, komplett. Bei einem Gespräch sagte sie mir, etwas in ihrem Innersten sei verkümmert: »Ich habe die Hoffnung verloren, mich je der Welt nahe fühlen zu können.«

Dann machte sich ganz langsam die informelle Praxis – die Achtsamkeit und das Selbstmitgefühl von RAIN – bemerkbar. Cheri begann, den allerschlimmsten Tod, den Schmerz des Liebesverlusts, anzuerkennen und Ja dazu zu sagen. Das war beileibe kein vollmundiges Ja, keine Akzeptanz aus vollem Herzen und ohne jeden Widerstand. Es war eher so, dass sie jetzt, wenn sie konnte, in Kontakt ging zu den Wellen der Einsamkeit, des Schreckens und der Verzweiflung und sie da sein lassen konnte. *Erkennend* und *zulassend*. Ja sagend. Mit der Zeit füllte sich das Ja mehr und mehr mit Mitgefühl.

Es vergingen viele Monate, in denen Cheri Körper und Herz für die Wirklichkeit des Verlustes öffnete und tief trauerte, bis sich die Tentakel der Depression schrittweise lockerten. Sie tauchte mit einer frischen Offenheit für das Leben und einem tiefen Vertrauen in ihre eigene Widerstandsfähigkeit daraus auf. Zusammen mit einer weiteren guten Freundin leiteten wir ein Retreat, bei dem Cheri voller Kreativität und Lebensfreude war. Sie war, wie schon immer, mutig und ging offen mit ihren Verletzlichkeiten um. Sie sagte Ja zu ihrem Leben und lebte mit immer furchtloserem Herzen.

Cheris Heilung erinnerte mich an den Lehrsatz »Begegne deinen Grenzen und schmilz«, der das Wesen des *Erkennens* und *Zulassens* erfasst. Manchmal ist dieses Den-eigenen-Grenzen-Begegnen das *Erkennen* eines Gefühls des Grolls oder Ärgers oder der Entmutigung. Manchmal müssen wir auch Angst und Niederlage anerkennen, wenn wir in einer Beziehung scheitern, lebensbedrohlich erkranken oder jemand leidet, den wir lieben. Wir schmelzen, indem wir Ja sagen, unseren Widerstand loslassen und unsere Erfahrung so *zulassen,* wie sie ist. Denn das Leben fährt uns in ständigem Fluss große und kleine Herausforderungen auf, es ist eine stetige Übung. Und mit jedem Mal, bei dem wir unseren Grenzen begegnen und schmelzen, wächst unser Vertrauen, dass wir mit allem, was uns begegnet, umzugehen vermögen.

Nur eine Woche nach unserem Retreat und ein halbes Jahr nachdem sie ihr aktives Leben wieder aufgenommen hatte, hatte Cheri den Fahrradunfall. Jetzt war sie mit einer anderen Art von Tod konfrontiert – dem Kontrollverlust angesichts der einfachsten Aufgaben des täglichen Lebens. Und doch war bei dieser Runde alles anders. Sie wusste, wie sie ihren Grenzen begegnen und schmelzen musste: Sie konnte Ja sagen zu Vergänglichkeit und Verlust; mit diesem Tod konnte sie leben.

Ja sagen drückt die Weisheit unseres Herzens aus. Nur wenn wir uns ohne Widerstand oder festhalten zu wollen der Wirklichkeit öffnen, so wie sie ist, können Herz und Intelligenz ganz und gar lebendig werden. Nur wenn wir zu diesem Augenblick Ja sagen, können wir mit dem Mut radikalen Mitgefühls auf unser eigenes Leben und das der anderen eingehen.

KURZE ÜBUNG: JA SAGEN ZU DEM, WAS DA IST

Wir müssen uns zwar letzlich für unsere tiefen Ängste und Verluste öffnen, doch können wir Widerstandsfähigkeit und Vertrauen entwickeln, wenn wir zunächst üben, zu moderat Unangenehmem Ja zu sagen. Vielleicht versuchen Sie erst einmal, Ja zu sagen zu einer Verstopfung oder zu Kopfschmerzen; zur Angst, zu spät zu kommen, der Enttäuschung darüber, nicht zur Hochzeit einer nahestehenden Person gehen zu können. Denken Sie daran, dass sich Ihr Ja an Ihre eigene innere Erfahrung richtet und nicht an etwas, was jemand anders tut. Sie begegnen Ihrer Grenze – einem Gefühl emotionaler Reaktivität oder einem inneren Konflikt – und lassen sich schmelzen.

Hier einige Einstiegsmöglichkeiten:

- Flüstern Sie innerlich »Ja« oder sprechen Sie es leise aus. Oder ersetzen Sie das Ja durch »Es ist okay«, »Ich bin einverstanden«, »Das gehört dazu« oder durch irgendeinen sonstigen Ausdruck oder Satz der Akzeptanz.
- Stellen Sie sich vor, Sie schicken das Ja mit seiner positiven Botschaft direkt an den inneren Ort der Verletzlichkeit, Verstimmung, des Unbehagens oder Schmerzes.
- Verneigen Sie sich respektvoll vor Ihrer inneren Erfahrung oder visualisieren Sie Ihre Verneigung.
- Begegnen Sie der inneren Erfahrung mit einem leichten Lächeln; erlauben Sie diesem Lächeln, sich auf den Lippen zu zeigen, und versuchen Sie dann, es auch in den Augen und im Herzen zu spüren.

Lassen Sie sich zum Ende der Übung einen Augenblick Zeit und nehmen Sie wahr, ob sich in Körper, Herz oder Geist irgendetwas verändert hat.

Sich der Liebe zuwenden

Wie so viele von uns war Cheri nie sehr gut darin gewesen, um Hilfe zu bitten oder sie entgegenzunehmen. Sie war ungeduldig und erledigte Dinge normalerweis schnell. Jetzt, nach ihrem Unfall, stellte sie fest, dass Ja sagen bedeutete, sich ihrer kompletten Abhängigkeit hinzugeben. Sie musste akzeptieren, dass andere sie in Zuständen mentaler Verwirrtheit, akuten Schmerzes, aufgelöster Verzweiflung und Hilflosigkeit sahen. Sie musste akzeptieren, dass sich Menschen, die sie nicht kannte, mit ihrem verletzten Körper befassten. Sie musste akzeptieren, dass es lange dauerte, bis man sie in aufrechtes Sitzen verlagert hatte, akzeptieren, dass sie um absolut alles, was sie wollte oder brauchte, bitten musste.

Ja zu sagen zu der Nacktheit und den Tiefen der Verletzlichkeit öffnete sie für etwas, das sie sich nie hätte vorstellen können. Als ich Cheri besuchte, erzählte sie mir von einer Schwesternhelferin, die sie eines Abends gewaschen habe: »Ich hatte sie noch nie gesehen. Sie war klein, eine ganz stille Frau aus Guatemala. Aber als sie mir den Kopf massierte, mir den Nacken und den Rücken einseifte, war jede Geste eine Geste der Liebe. Sie hat mir nicht einfach nur geholfen, sie hat mir ihre Liebe geschenkt. Sie war ein Engel, der mich in Liebe gebadet hat!«

Es blieb bei diesem einem Mal, aber tatsächlich wurde Cheri von allen Richtungen her in Liebe gebadet – von jeder Karte mit guten Wünschen und jedem umsichtigen Geschenk, von dem hingebungsvollen Einsatz und der unaufhörlichen Pflege ihres engen Teams von Helfern, von dem Kreis von Heilern, die wöchentlich vorbeikamen.

Wie ich an jenem Tag erleben durfte, als ich an ihrem Bett saß, hatte Cheri mit ihrem Ja Raum nicht nur dafür geschaffen, Liebe zu empfangen, sondern auch dafür, sie großzügig und mit Freude zu verschenken. Als ein Pfleger hereinkam, um Cheris Werte zu nehmen, feierten sie zusammen den Sieg der Packers (Cheris

Football-Heimteam). Als eine ältere Schwester erschien, fragte Cheri sanft, wie es ihrem Mann gehe, und ich erlebte mit, wie die Frau näher kam, um von seiner kürzlich erfolgten Kündigung zu erzählen. Cheri erzählte mir von einer Freundin, mit der sie ein Brainstorming zur Werbung für deren neues Buch gemacht hatte, und von ihren Sorgen um eine Schülerin, deren Sohn suchtgefährdet war.

Dieselbe warmherzige Stimmung erfüllte unsere gemeinsame Zeit. Cheri zog ihren kostbaren Vorrat an Ingwerbonbons hervor, um ihn mit mir zu teilen. Wir schauten uns die Fotos eines anderen kürzlichen Besuchs an – ihres geliebten Hundes Bear, wie er neben ihr auf dem Krankenhausbett lag. Dann nahm ich Bears Platz ein, während eine Freundin Fotos für unsere gemeinsamen Freunde in Washington, D. C., machte. Wir witzelten, jetzt würde ich zum Diensthund für sie trainiert.

Während unseres Zusammenseins war uns beiden die ganze Zeit bewusst, dass wir nur diese kostbaren Augenblicke hatten. Als ich an jenem Abend aufbrach, wussten wir, dass wir uns vielleicht zum letzten Mal sahen. Und so war es tatsächlich. Doch unser gemeinsamer Herzraum war groß genug, um auch unsere Trauer zu halten. Wir konnten uns einander in Liebe zuwenden, ohne irgendetwas zurückzuhalten.

Vielleicht haben Sie auch schon erlebt, dass es leichter sein kann, angesichts von einer Naturkatastrophe oder Tragödie, oder wenn jemand schwer krank ist, offen Liebe zu zeigen. Wenn wir aber den *Charakterzug* liebender Präsenz kultivieren wollen – wenn wir sie verkörpern und in unserem Leben konsequent ausdrücken wollen –, dann müssen wir täglich viele Male üben, uns der Liebe zuzuwenden. Wir müssen auf eine Weise aufmerksam werden, die unser Herz wärmt, weicher macht und öffnet. Das heißt nicht, dass wir nach der großen emotionalen Erfahrung suchen müssten. Allein das Sich-Zuwenden setzt die Samen.

Wenn ich es gerade schwer habe, macht mich allein schon die

Erinnerung an die *Vorstellung* von Güte oder ein inneres Aussprechen des Wortes »Güte« weicher. Manchmal flüstere ich mir etwas Fürsorgliches zu und lege mir sanft die Hände aufs Herz. Häufig stelle ich mir vor, ich spüre das Göttliche, wie es mir die Stirn küsst, und wenn ich mich so von dieser liebenden Präsenz angefüllt fühle, schenke ich anderen meine Zuwendung. All das dauert vielleicht nur ein paar Augenblicke, doch kann es am Tag viele solcher Augenblicke geben.

Ich habe festgestellt, dass für mich und andere die ehrliche Absicht das eigentlich Wichtige ist. Selbst wenn Körper und Geist im Widerwillen feststecken, gibt es dann eine Öffnung, aus der heraus die Zärtlichkeit und das Licht unseres Herzens leuchten können.

KURZE ÜBUNG: SICH DER LIEBE ZUWENDEN

Nehmen Sie sich vor, sich der Liebe zuzuwenden, wenn Sie merken, dass Sie sich einsam, depressiv oder ängstlich fühlen oder in Selbstkritik oder Schuldzuweisungen gefangen sind. Geben Sie sich die Erlaubnis, damit zu experimentieren, wie Sie sich wieder mit der Liebe verbinden können. Hier einige mögliche Zugänge:

- Senden Sie sich eine liebevolle Botschaft oder ein Gebet (im Stillen oder geflüstert). Hier sind einige Beispiele: »Möge ich glücklich sein«; »Möge ich in Sicherheit sein«; »Bitte sei gütig«; »Es ist okay, Liebling«; »Es tut mir leid und ich liebe dich«; »Möge ich mich lieben und heil werden«.
- Stellen Sie sich vor, Sie erhielten von einem geliebten Menschen oder einer mitfühlenden spirituellen Persönlichkeit eine liebevolle Botschaft.
- Legen Sie sich eine oder beide Hände aufs Herz; um-

armen Sie sich selbst; legen Sie sich eine tröstende Hand auf die Wange; legen Sie die Handflächen im Gebet zusammen.

- Stellen Sie sich vor, Sie seien von warmem Licht umgeben und darin gehalten; stellen Sie sich vor, Sie würden von einem geliebten Menschen oder einer mitfühlenden spirituellen Persönlichkeit umarmt; stellen Sie sich vor, Sie selbst umarmten Ihr inneres Kind.
- Stellen Sie sich vor und spüren Sie, wie es ist, Liebe zu sich einzulassen. Visualisieren Sie die Augen eines geliebten Menschen, der Liebe und Fürsorge für Sie verspürt und dies durch seinen Blick ausdrückt. Nehmen Sie nun wahr, wie Ihr Körper zulässt, dass die Wärme dieser Liebe und Fürsorge Sie durchdringt und badet.
- Senden Sie Ihre Liebe und Fürsorge an Ihre Lieben, an andere Menschen in Ihrem Leben, an Unbekannte. Tun Sie dies etwa mithilfe einer Botschaft und/oder eines Bildes.

Je häufiger Sie sich bewusst der Liebe zuwenden – ihr Ausdruck verleihen und sie zulassen –, umso mehr werden sich im Laufe des Tages spontan und auf ganz natürliche Weise Ihre Liebe, Fürsorge und Ihr Mitgefühl zeigen.

Im Gewahrsein ruhen

In der RAIN-Praxis entstehen oft, direkt *nachdem* man die vier Schritte durchlaufen hat, entscheidende Augenblicke von Integration, Heilung und Freiheit. Deshalb habe ich das Verweilen *nach RAIN* so hervorgehoben, wenn wir einfach nur wahrnehmen und in der Präsenz ruhen. In diesen Augenblicken des Nichttuns erfahren wir direkt die Offenheit, Wachheit und Zärtlichkeit unserer wahren Natur. Diese Momente können uns das formlose Strahlen des Bewusstseins an sich, des Kerns dessen, wer wir sind, enthüllen.

Viele Menschen aber lassen diese Einladung, »nichts zu tun und im Gewahrsein zu ruhen«, aus oder hauen sich hier selbst übers Ohr. Wir sind so konditioniert, dass wir rastlos zum nächsten Punkt auf der Tagesordnung übergehen wollen. Die Uhr tickt, es gibt immer noch etwas zu tun. Im Ergebnis sind Augenblicke reinen Seins sowohl in der Meditation wie im täglichen Leben selten. Würden wir jedoch am Ende des Lebens zurückblicken, dann sind die wichtigsten Erfahrungen – wie etwa das Gefühl, uns mit uns selbst zu Hause, verbunden mit anderen und ganz und gar lebendig zu fühlen – genau die Momente, die aus dieser offenen Präsenz entstehen.

Stecken wir emotional im Chaos, dann fällt es schwer, sich des im Hintergrund immer vorhandenen Gewahrseins bewusst zu werden. In solchen Momenten fixiert sich unsere Aufmerksamkeit automatisch auf die obsessiven Gedanken, Ängste und Wünsche im Vordergrund. Mithilfe der RAIN-Schritte können wir Achtsamkeit und Mitgefühl wieder zum Leben erwecken. Wenn wir RAIN aber vervollständigt haben oder im Alltag relativ entspannt sind, ist unser Blickwinkel weiter. Dann fällt es leichter zu spüren, dass sich unter den sich ständig verändernden Bildern, Klängen und Empfindungen ein untergründiges Bewusstsein befindet.

Hier eine meiner liebsten Sekundenübungen: Hören Sie auf zu lesen, schließen Sie die Augen und versuchen Sie mal, die nächsten zwanzig Sekunden NICHT BEWUSST zu sein. Und los!

Sind Sie erfolgreich gewesen? Vermutlich haben Sie festgestellt, dass Sie das Gewahrsein nicht ausschalten können. Gewahrsein ist immer da und merkt immer, was vor sich geht. Doch weil wir so sehr auf unser Kino im Kopf, auf unsere Emotionen oder auf Äußeres fokussiert sind, sind wir uns des Gewahrseins gar nicht gewahr.

Die Aufmerksamkeit aber von den Geräuschen oder Empfindungen auf das zu richten, was sich ihrer gewahr ist, und in dieser formlosen Gegenwärtigkeit zu verweilen, ermöglicht einen radikalen Wandel in der Seinserfahrung.

Erinnern Sie sich noch an das Bild von dem Goldenen Buddha? Die meiste Zeit ist unser Identitätsgefühl mit unseren äußeren Schichten verheiratet – mit dem »Film«, der in unserem Geist abläuft, unserer Persönlichkeit, unseren Abwehrmechanismen, Wünschen, Ängsten, Erfolgen und Versäumnissen. Diese Schichten sind natürlicher Teil dessen, wer wir sind, doch spiegeln sie nicht die Gesamtheit unseres Seins wider. Das Ruhen im Gewahrsein verbindet uns wieder mit der Weite, Schönheit und dem Mysterium unserer Existenz. Der formlose, wache Raum des Gewahrseins ist die Quelle unserer Liebe, Weisheit und Kreativität. Dies ist das Gold, die heilige Essenz unseres Lebens.

KURZE ÜBUNG: IM GEWAHRSEIN RUHEN

Nehmen Sich sich vor, in Momenten im Gewahrsein zu ruhen, in denen Sie ruhig und auf stille Weise präsent sind. Zum Beispiel, wenn Sie sich schlafen legen und wahrnehmen, wie Sie abschalten; wenn Sie dem Rauschen von Wind oder Regen lauschen; wenn Sie Wolkenformationen oder die Komplexität einer Blume betrachten; beim Schweigen in vertrautem Beisammensein. Oder zum Beispiel, wenn Sie im Auto Ihr Ziel erreicht haben und kurz davor sind auszusteigen. Oder wenn Sie aus dem Fenster schauen.

Schließen Sie die Augen, werden Sie ganz still und nehmen Sie die vordergründige Erfahrung wahr – die Gedanken, Empfindungen, Bilder, Geräusche. Lassen Sie alles einfach so sein, wie es ist. Nehmen Sie nun Ihre eigene Präsenz wahr, das formlose Gewahrsein im Hintergrund. Was ist Gewahrsein eigentlich? Können Sie die Ruhe empfinden? Die Stille? Die Offenheit, in der alles geschieht? Entspannen Sie sich und ruhen Sie in diesem Gewahrsein; *werden* Sie zu dem Gewahrsein.

Nach wenigen Sekunden fixiert sich der Geist oft wieder auf irgendetwas Vordergründiges oder vielleicht auf einen Gedanken darüber, was als Nächstes dran ist. Das ist ganz natürlich. Kämpfen Sie nicht darum, das Gewahrsein übers Gewahrsein beizubehalten (was ja wieder ein »Tun« wäre), sondern bleiben Sie achtsam, während Sie sich wieder Ihrem Alltag zuwenden.

Am besten lässt sich das Ruhen im Gewahrsein viele Male pro Tag für kurze Momente üben. Gehen Sie an diese Übung mit Neugier und Leichtigkeit heran, dann werden Sie feststellen, dass Sie zunehmend in die innere Stille des Seins hineingezogen und schließlich dort zu Hause sein werden.

Auf das Gold vertrauen

Vor Kurzem durfte ich die Gnade der Geburt meiner Enkelin Mia miterleben. Als sie entbunden wurde, schluchzte ich – dieses alltägliche und immer wieder erstaunliche Wunder zerriss mir das Herz. Als wir zur Ruhe kamen und Mia zufrieden in den Armen ihrer Mama lag und gestillt wurde, suchte ich nach einem Gebet für sie. Mein Gebet war, dass sie auf ihre Güte vertrauen möge. Dass sie das Gewahrsein, die Intelligenz und Liebe, die ihrem Sein innewohnen, erkennen und darauf vertrauen möge.

Wer weiß, was für eine Persönlichkeit Mia entwickeln wird, welchen Herausforderungen sie gesundheitlich, in ihren Beziehungen, im Lernen, in ihrer Welt begegnen wird. Wenn sie sich an die Güte erinnern kann, die in ihr und in allen Wesen lebt, wird sie wahres Glück erleben. Und nicht nur das. Sie wird zum Erwachen der Herzen in unserer Welt beitragen.

Mein Gebet für Mia ist mein Gebet für uns alle. Es ist ganz natürlich, dass wir in Selbstzweifel und emotionale Reaktivität geraten und mitunter so handeln, dass wir Abgetrenntheit und Schaden verursachen. Das tun wir als Einzelne ebenso, wie wir auf gesellschaftlicher Ebene anderen – Menschen und Tieren – Schaden zufügen. Und doch sind wir an einem Wendepunkt in unserer Entfaltung als Gattung angelangt, an dem wir bewusst unser Herz und unseren Geist weiterentwickeln können. Wir können Achtsamkeit und Selbstmitgefühl kultivieren; wir können lernen, hinter die Maske der unechten anderen zu schauen; wir können das Gold in unserem eigenen Wesen und in anderen *erkennen* und einladen, sich zu zeigen.

Es hilft zu wissen, dass alles, was Sie üben, stärker wird. Je mehr Sie RAIN üben und die vier kurzen Übungen ins tägliche Leben einbinden, desto vertrauter werden Sie mit dem warmherzigen, offenen Gewahrsein. Mit der Zeit werden Sie feststellen, dass dieses grundlegende Gutsein sich viel eher als die Wahrheit dessen anfühlt, wer Sie sind, als jede Persönlichkeitsschicht, so gewohnt sie auch sein mag.

Es hilft auch zu wissen, dass unser Erwachen in Etappen vor sich geht. Denken Sie daran, wie der Schattengott Mara den Buddha nach seiner Erleuchtung weiterhin aufsuchte. Der Buddha antwortete dann klar und freundlich: »Ich sehe dich, Mara. Komm, lass uns Tee trinken.« Genauso wird Ihre Zuversicht immer dann weiter wachsen, wenn Sie Schwierigkeiten mit Achtsamkeit und Selbstmitgefühl begegnen. Die alte, begrenzende Selbstgeschichte bestimmt Sie nicht mehr. Selbst wenn schwierige Gefühle aufkommen, können Sie darauf vertrauen, dass im Wesentlichen alles in Ordnung ist. Dann wird das Teetrinken mit Mara zu einem freundlichen, fröhlichen, weisen und liebevollen Umgang mit diesem unserem Menschenleben.

Und schließlich und endlich vergessen Sie nicht, dass wir selbst dann, wenn uns das Leben sehr einsam vorkommt, nie allein sind auf diesem Pfad. Wir können nicht allein erwachen (oder leiden). Wir sind untrennbar mit dem Netz der Lebewesen verwoben – immer miteinander verbunden, immer einander beeinflussend und einander brauchend, um uns unser Gutsein zu spiegeln und uns gegenseitig an das Potenzial in uns zu erinnern.

Zum Abschluss möchte ich Sie einladen, sich eine Welt vorzustellen, in der wir Menschen das Gold in allen Wesen sehen und ehren und darauf vertrauen. Stellen Sie sich vor, wie wir einander darin beistehen, in Übereinstimmung mit uns zu leben, wie wir einander trösten und begleiten, wie wir gemeinsam Schönheit erschaffen, wie wir zusammen erwachen und der Erde und allen Wesen überall auf der Welt unsere kollektive Fürsorge und Liebe schenken.

Wir säen die Samen des radikalen Mitgefühls, wenn wir innehalten und Ja sagen zu dem, was da ist; wenn wir uns der Liebe zuwenden und im Gewahrsein ruhen. Damit kultivieren wir die Präsenz, die uns in einem aus dem Mitgefühl heraus gelebten Leben geleitet, in einem Leben, das wir in Übereinstimmung mit unserem erwachten Herzen leben.

Mögen wir weiterhin gemeinsam eine Welt erschaffen, an die wir glauben, und mögen die Segenswünsche des liebenden Gewahrseins sich endlos in alle Richtungen ausdehnen.

Anhang 1

Entwicklung des Akronyms RAIN

URSPRÜNGLICHE VERSION VON RAIN
(MICHELE MCDONALD)

R Erkennen
A Zulassen
I Erkunden
N Nicht-Identifikation

AKTUELLE VERSION VON RAIN

R Erkennen
A Zulassen
I Erkunden
N Nähren

Nach RAIN

Nachdem ich die ursprüngliche Version von RAIN Ende der Neunzigerjahre kennengelernt hatte, lehrte ich sie eine Reihe von Jahren. Zusammen mit vielen anderen Menschen war ich dankbar, ein eingängiges Achtsamkeitstool zur Verfügung zu haben, das mir half, Emotionen zu entwirren.

Währenddessen veränderte ich RAIN infolge einer entscheidenden, persönlichen Entdeckung. Ich stellte fest, dass es ohne Liebe und Zuwendung mir selbst gegenüber keine Heilung gibt. Das zeigte sich auch ganz deutlich in den Erfahrungen meiner Schüler: »Ich weiß, dass ich diese Scham *erkunden* sollte, aber ich hasse sie … und ich hasse mich dafür, dass ich sie fühle.« Als mir bewusst wurde, wie notwendig Selbstmitgefühl ist, ermutigte ich die Schüler, ihre Situation liebevoll zu *erkunden,* also ihrem Innenleben mit einer Haltung echten Interesses, echter Fürsorge und Freundlichkeit zu begegnen.

Auch hatten viele meiner Schüler Schwierigkeiten mit dem N – der Nicht-Identifikation. Regelmäßig tauchte die Frage auf: »Wie *machen* Sie das, das mit der Nicht-Identifikation?« Ich musste dann erklären, dass es sich nicht eigentlich um einen Schritt handelte. Dass eher die R-A-I-Schritte von RAIN eine volle Präsenz erwecken, mit der wir das begrenzende Selbstgefühl transzendieren. Die Nicht-Identifikation ist nichts, was wir bewusst tun; es ist ein Seinszustand, der auf natürliche Weise entsteht.

Das Bedürfnis nach einem aktiven Schritt des Mitgefühls und die mit der Nicht-Identifikation verknüpfte Verwirrung motivierten mich 2014 dazu, das Akronym zu verändern.

In seiner aktuellen Version lädt der letzte Schritt, das *Nähren,* dazu ein, volles Mitgefühl zu entfalten. Er schafft ein Gleichgewicht zwischen der Achtsamkeit und der Verbundenheit des Herzens, den beiden Schwingen von RAIN.

Die Nicht-Identifikation wird in der Phase *nach RAIN* am intensivsten wahrgenommen. Genau wie die Erde nach einem Frühlingsregen erblüht, können Sie nach dem durch die vier RAIN-Schritte erfolgten Erwachen einfach in einer klaren und offenen, natürlichen Präsenz verweilen. Da Sie jetzt nicht mehr mit flüchtigen Zuständen wie Angst oder Wut identifiziert sind, entdecken Sie das grenzenlose, wache Gewahrsein als Ihr Zuhause.

Die RAIN-Übung entwickelt ihr Potenzial immer weiter, denn die Menschen nutzen sie inzwischen auch für Konfliktlösung, in klinischem Umfeld und in interpersonellen Meditationen, wie RAIN-Partner (s. Anhang 2) eine ist. Da RAIN unsere Fähigkeit weckt, so hoch geschätzte Qualitäten wie Weisheit und Mitgefühl zu entwickeln, hoffe ich, dass sich uns noch viele andere anschließen und diese Übungen für unsere Welt lebendig werden lassen.

Anhang 2

RAIN-Partner – mit anderen zusammen üben

Diese Idee entstand aus dem Feedback, das mir Teilnehmer meiner Wochenendseminare gaben. Jahrelang habe ich RAIN in Vierergruppen angeleitet. Zu Beginn teilten die Teilnehmer einander mit, an was sie arbeiten wollten, am Ende besprachen sie ihre Herausforderungen, Erkenntnisse und Einsichten.

Viele haben dies als äußerst bereichernd erlebt. Vor allem haben mich die Berichte derer beeindruckt, die mit RAIN bereits vertraut waren. Sie erzählten, wie sehr die unterstützende Präsenz ihrer Partner die innere Arbeit vertiefte und wie der gemeinsame Heilungsprozess echte Verbundenheit entstehen ließ.

Ihre Erfahrung hat mich motiviert, ein Format für RAIN anzulegen, das man selbstständig mit Partnern durchführen kann und das sich in die Meditationspraxis und den Alltag einbinden lässt. Einige Hauptmerkmale dieser Partnerübung möchte ich hier vorstellen; falls Sie sich näher damit befassen möchten, finden Sie auf Englisch eine ausführliche Beschreibung mit geführter Meditation auf meiner Website:

www.tarabrach.com/blog-rain-partners-protocol.

Was sind RAIN-Partner?

RAIN lässt sich in kleinen Gruppen machen, doch der Einfachheit halber arbeiten die meisten Leute gern mit einer einzelnen Person zusammen. Ihr RAIN-Partner könnte eine Freundin oder ein Familienmitglied sein, ein Kollege oder auch eine Person, die Sie nicht weiter kennen.

RAIN-Partner vereinbaren, dass sie sich regelmäßig zu RAIN-

Meditationen treffen – einmal pro Woche, alle zwei Wochen, einmal im Monat oder in welchen Abständen auch immer es für beide passt. Ein Treffen dauert zwischen fünfunddreißig und fünfundvierzig Minuten und kann in persönlichem Zusammensein, per Telefon oder per Internet stattfinden. Eine dauerhafte Zusammenarbeit mit einem Partner ermöglicht mit der Zeit eine Stärkung des Vertrauens und des Gefühls von Sicherheit sowie die Vertiefung der gegenseitigen Unterstützung.

Gibt es bestimmte Voraussetzungen, damit man RAIN-Partner sein kann?

Bevor Sie in eine RAIN-Partner-Übung einsteigen, sollten beide jeweils für sich bereits regelmäßig Achtsamkeit praktizieren und einige Erfahrung in der Arbeit mit RAIN mitbringen. Jeder Partner sollte vor Beginn die Leitlinien in der ausführlichen Beschreibung sorgfältig gelesen haben.

Was passiert bei einem RAIN-Treffen?

Beide Partner vergegenwärtigen sich im Vorlauf eine Situation, in der sie in schwierigen Emotionen gefangen sind. Vielleicht geht es um eine Beziehung, um die Arbeit, um ein gesundheitliches Problem, um Suchtverhalten oder um politisch-gesellschaftliche Ereignisse. Jeder Partner kommt mit einer bestimmten Situation im Kopf, die das reaktive Muster aktiviert, zum Treffen. Dabei sollten Sie nichts auswählen, das potenziell traumatisch oder so emotional geladen ist, dass es in einem Partner-Setting nicht auf gesunde Weise gehalten werden kann.

Wie Sie in der ausführlichen Beschreibung sehen werden, benennen Sie und Ihr Partner im *Erkennen* und *Zulassen* die gewählte Erfahrung laut, während das *Erkunden* und *Nähren* im Stillen stattfinden. Der abschließende Austausch wird Ihnen helfen zu würdigen, was womöglich schwierig gewesen ist, und die Einsichten und Erkenntnisse zu klären, die Sie besonders im Gedächtnis behalten wollen.

Die Beschreibung beinhaltet zudem wesentliche Leitlinien (wie zum Beispiel Vertraulichkeit), die Ihnen beiden helfen, einen sicheren, nährenden Raum für Ihre RAIN-Treffen herzustellen.

Was sind die Vorteile?

Hier einige Wortmeldungen von Schülern, die die RAIN-Partner-Übung praktiziert haben:

- Ein Partner hilft mir, Verantwortung zu übernehmen. Wenn ich ein RAIN-Treffen vereinbare, muss ich mich meinen Problemen stellen.
- Die Übung unterstützt mich darin, mich voll und ganz auf den Prozess einzulassen. Wenn ich alleine bin, drifte ich manchmal während der Übung ab oder höre einfach mittendrin auf. Zusammen mit Partner muss ich dranbleiben und durch alle Schritte gehen. Ich bin immer dankbar dafür.
- Wir nennen das unseren »RAIN-Tanz«, weil im Zusammensein so viel mehr Kraft steckt – und das gemeinsame Üben uns auf wunderbare Weise miteinander verbindet. Mit unserer Präsenz holen wir gegenseitig das jeweils Beste aus uns heraus.
- Wenn wir uns unsere Probleme erzählen, fühlen sie sich weniger schambesetzt, persönlich und schwerfällig an. Es ist dann viel leichter, Neugier für das zu entwickeln, was in mir vorgeht, und mir selbst mit Freundlichkeit zu begegnen.
- Gemeinsam zu erforschen, was wir gelernt haben, scheint mir tiefer zu gehen. Und es bleibt hängen. Ich kann mich während der Woche noch daran erinnern und nehme jedes Mal viel mehr mit.
- Dank meiner Partnerin fühle ich mich sicher genug, Themen zu erkunden, die ich alleine nicht angehen möchte.

- Das gibt so viel Kraft – ich brauche keine Therapeutin oder Gruppe zu bezahlen und kann mit jemandem an tiefer Heilung arbeiten, der das Gleiche sucht wie ich!
- Die Übung gemeinsam mit einem Partner ist tiefe spirituelle Praxis. Am Ende von so einem Treffen ist mein kleines Ich verschwunden. Was bleibt, ist ein Wir-Gefühl, eine warmherzige und offene Präsenz.
- Wenn ich RAIN mit jemandem zusammen mache, bin ich immer wieder überrascht, wie sich das Gefühl von »meinem Problem« verändert. Was als große Schwierigkeit angefangen hat, durch die ich mich in der Regel mit mir selbst schlecht fühle, wird zu etwas, das sich zwar unangenehm anfühlt, aber trotzdem in einem liebevollen Raum gehalten ist.

Wir stehen immer in Beziehung zu unserem Innenleben und zueinander. Wenn wir, wie zum Beispiel in der Übung mit einem RAIN-Partner, gemeinsam Präsenz praktizieren, erschaffen wir ein Feld radikalen Mitgefühls. Dies erleuchtet die Wahrheit unserer Verbundenheit und das innewohnende Gutsein, das in uns und allen Wesen leuchtet.

Dank

Die vielen Inspirationen, die wunderbare Zusammenarbeit und Unterstützung, die dieses Buch zu dem gemacht haben, was es ist, fühlen sich wie eine große Gnade an.

Es war ein unglaubliches Glück für mich, Toni Burbank bei drei Büchern als wunderbare Herausgeberin und Freundin an meiner Seite zu haben. Tonis scharfsinniger Blick und ihre weise, liebevolle Begleitung haben durchweg zur Gestaltwerdung des Projekts beigetragen.

Meine tiefe Anerkennung gilt meiner lieben Agentin Anne Edelstein, die mir in diesen Jahren des Schreibens immer zur Seite stand mit ihrem unglaublichen Enthusiasmus, ihrer Klugheit und ihrem großen Herzen.

Einen herzlichen Dank an meine erste Herausgeberin bei Viking, Carole DeSanti, die die Zeitlosigkeit und Bedeutung eines Buches erkannte, das die Kreise des Mitgefühls erweitern möchte; und an meine zweite Herausgeberin bei Viking, Laura Tisdel, die ihre Lebendigkeit, Visionskraft und ihre wunderbare Professionalität beigesteuert hat, um dieses Buch in die Welt zu bringen.

Zu den Lesern gehörten mein langjähriger Freund und Kollege Jack Kornfield und meine geliebte Schwester Darshan Brach. Ihr Feedback hat enorm zur Klarheit, Tiefe und Dimension des Buches beigetragen. Meiner schwesterlichen Freundin Ruth King eine dankbare Verneigung für ihre unschätzbare, weise, »ethnisch achtsame« Betreuung.

Dank an meine Assistenten Janet Merrick, Barbara Newell, Christy Sharshel und Léo Guillemin sowie an meinen Retreat-Manager und Mitlehrer La Sarmiento. Jeder dieser lieben Freunde hat mich großzügig und liebevoll unterstützt und mit ganzer Seele, kreativ und höchst kompetent die Dharma-Lehren verbreitet.

Ich fühle mich mit einer weitgespannten Gemeinschaft von Lehrerfreunden und Schülern gesegnet, die sich hingebungsvoll dem Erwachen ihres Herzens und dem Dienen widmen und mich beständig mit dem Mut, der Ehrlichkeit und Aufrichtigkeit inspirieren, mit denen sie auf ihrem spirituellen Pfad sind. Meine Liebe und Dankbarkeit gilt meiner lokalen IMCW-*Sangha;* unserem Inklusivitäts-, Fairness- und Diversitätskomitee; meiner White-Awake-Trainingsgruppe und meiner Diversitäts-*Sangha;* meiner globalen *Sangha* aus Lehrertrainingsteilnehmern und Mentoren wie auch unseren stetig unterstützenden Freunden und Partnern bei Sounds True. Euch allen: Dieses gemeinsame Abenteuer ist eine große Freude für mich.

Meine besondere Wertschätzung geht an diejenigen unter euch, die sich in unserer Pilotphase als RAIN-Partner zur Verfügung stellten, und an all die vielen, die mir ihre RAIN-Geschichten erzählt haben. Ihr habt unermesslich zur Entstehung dieses Buches beigetragen.

Ich danke für die brillanten Beiträge von Dan Siegel und Rick Hanson; für die Inspiration von Van Jones, der mit seinem Aktivismus und seinen Dialogen radikales Mitgefühl weckt; für die bahnbrechende Arbeit von Kristin Neff und Chris Germer, mit der sie das Konzept des achtsamen Mitgefühls für die Welt zugänglich machen, und für die Weisheit der Dharma-Lehrerin Michele McDonald, die das Akronym RAIN ursprünglich geprägt hat.

Meiner lieben Freundin und Lehrerkollegin Cheri Maples gilt mein liebendes Andenken. Mit ihrem Mut und ihrem Licht hat sie zahllose Leben berührt. Cheri, meine Liebste, du wirst sehr vermisst.

Meinen früheren und heutigen Lehrern bin ich auf ewig dankbar, weil ihr mich an das erinnert habt, was mir das Teuerste ist.

Mein Herz ist voller Dankbarkeit für meine Familie: Narayan, Nicole, Mia, Betsy, Mady, Darshan, Peter und Ryan und Alex. Und für meine allerliebsten Mitbewohner – Jonathan, meinen geliebten Mann, und kd, unseren heiß geliebten, verzogenen Hund: Ihr lasst die Gnade der Liebe auf unzählige lustige, nährende, süße Weisen im besten Sinne lebendig werden. Danke.

Jeff Shore

Der Weg beginnt unter deinen Füßen

Zen für das moderne Leben

Der moderne Zen-Lehrer Jeff Shore lässt keine Frage zur Praxis des Zen unbeantwortet. Welche Stufen kann man in der Meditation erreichen, und wo befinden sich die Stolpersteine? Was ist gemeint mit dem Ausdruck Nicht-Selbst, mit dem im Buddhismus unsere wahre Wesensnatur beschrieben wird? Und was hat es mit der berühmten Koan-Praxis des Zen wirklich auf sich?

Für alle Praktizierenden ist *Der Weg beginnt unter deinen Füßen* ein lebensbegleitendes Handbuch, das spürbar auf authentischem Erleben beruht.

Zen-Meister Jeff Shore inspiriert dazu, einen Weg zu gehen, der unmittelbar in die Erfahrung des Eins-Seins führt.

O.W. BARTH

Joan Halifax

Gratwanderung

Achtsame Ethik für ein nachhaltig bewusstes Leben

Joan Halifax hat fünf Kerneigenschaften erforscht, die echte Charakterstärke und gelebte Spiritualität verkörpern: Altruismus, Empathie, Integrität, Respekt und Engagement.

Doch werden diese Qualitäten falsch verstanden oder übertrieben, können sie auch die Ursache für persönliches und soziales Leiden sein. Deswegen ist ihre Entwicklung immer auch eine »Gratwanderung«. Es gilt, die Balance zu finden zwischen unserem eigenen Wohl und dem der anderen.

Ein einfühlsames Praxisbuch, das uns verstehen lässt, wie unsere größten Herausforderungen zur wertvollsten Quelle unserer Weisheit werden können.

O.W. BARTH